劉君祖易經世界

身處變動的時代，易經教你掌握知機應變，隨時創新的能力。

易經密碼 第七輯

易經六十四卦的全方位導覽

劉君祖——著

目錄

變革創新——革卦第四十九（䷰）

調和鼎鼐——鼎卦第五十(䷱)

恐懼修省——震卦第五十一（䷲）

止欲修行——艮卦第五十二(䷳)

雁行團隊——漸卦第五十三（䷴）

永終知敝——歸妹卦第五十四（䷵）

變革創新——革卦第四十九（䷰）

下經唯一元亨利貞的卦

成語「革故鼎新」包含革、鼎兩卦。革卦充滿革命性，鼎卦（䷱）和政權有著緊密的聯繫。革卦的革字就是革命，英文是revolution，有重新演化的意思。而evolution就是演化，包括物種演化、人間萬象的演化等等。不論是改朝換代、離合悲歡，舉凡形勢的推移變遷發展到一個關鍵點時，就得破舊立新，甚至是演化方式陡然一變，迥異於過去，而有了新的遊戲規則，從此開展一個美麗新世界。

革卦的特殊性不僅在於它的創新性，而且它「元亨利貞」四德俱全，是下經唯一一個全德的卦，其他三十三個卦都有缺憾，所以它的重要性不言而喻。換句話說，它跟上經的乾、坤二卦一樣，是開天闢地、再造乾坤，當然這開天闢地不是自然的演化，而是人所推動的革新，以人的智慧打造一個嶄新的世界。所以人的智慧和能量，可以仿效、學習自然法則；達到登峰造極的成就時，膽識魄力和創新能力非同一般，與乾、坤一樣是「元亨利貞」。

「元亨利貞」合乎最純粹的自然法則，代表天道自然的上經三十個卦就有六個卦「元亨利貞」俱全，而代表人間世的下經三十四個卦，僅有一個革卦，可見天、人之間的差距，只有革卦的精神配得上「天地人三才」，與天地參，人也可以像天地一樣化育萬物。上經的无妄卦〈大象傳〉就提到這個觀念：「先王以茂對時，育萬物。」參贊天地（「參」也是「三」的意思）、化育萬物，人的責任、角色就很重要了。革卦強調「人元」——人的核心創造力，這是從復卦就開始出現的。乾、坤二卦用「大哉」來讚歎「乾元」，用「至哉」來表述「坤元」，那麼「人元」就應該是「奉哉」。人要奉元而不是「奉天」，因為「奉天」的層級還不夠，天還不是「究竟」，天後面的「元」才是最根源的創造力，所以是「奉哉人元」。天、地、人都有「元」，復卦呈現天地之心的核心創造力，在下經，能以光輝燦爛、驚天動地的豐功偉業而將復卦一元復始、萬象更新的核心創造力表現出來的，就是革卦。

无妄卦是上經最後一個「元亨利貞」全德的卦，前面的臨卦也是「元亨利貞」，但臨、无妄二卦分別代表天命與天道，所以「元亨利貞」俱全。天道不等於天命，釐清這些觀念是很重要的，因為「乾道變化，各正性命」；天命是宇宙現象，諸如日月星辰的運轉、氣運的流行，都不是最後面的「天道」，天道變化會「各正性命」。无妄卦講天之命也，所以要大亨以正。臨卦就談天之道也，所以臨卦第二爻就可以不順天命，「咸臨，吉无不利」，「未順命也」。未順命就聯繫到了革卦，革卦是人革天命，不接受命運安排；創造力足夠，就可以扭轉形勢、突破困境，這就是革的意義——「未順命」。所以革卦不迷信、不認命，靠智慧扭轉不利的形勢，開創錦繡前程。

人志突破天命

重大的文明史或是重大的政治、經濟、社會改革，就是人志突破天命。從姤卦（䷫）開始，我們就一再強調，《易經》非常看重人的志向，把「志」看得非常高尚；就像孟子所說的「士尚志」。「志」是人心中的主宰，表現在《易經》就是震卦的「帝出乎震」，「萬物出乎震」。所以內卦是震的幾個卦，如地雷復（䷗）、天雷无妄（䷘）、風雷益（䷩）都談到「志」。自姤卦開始，人志跟天命之間的關係就是「有隕自天，志不捨命也」。既然「有隕自天」，大形勢對你有利，自然是「天地相遇，品物咸章」，到處燦爛開花；那就「順天命也」，專心致志把所有資源投入，去做萃卦（䷬）的工作。然後到了升卦（䷭），就是「南征吉，志行也」。因為「志」一直鎖定著天命，逮到千載難逢的機會，就順著天命去「萃」，到升卦「南征吉，志行也」，就可以發展得非常好。

升卦之後，「升而不已必困」，困卦（䷮）〈大象傳〉又是處理天命跟人志的關係。因為山窮水盡，從天堂掉到谷底，只好「致命遂志」，把天命、人志擺在當前。這就是革命前夕，即使在困的時候，還是要「致命遂志」，完成心中的想法。可是人在遭困的時候，天命是非常不利的，所以會出現井卦（䷯）的沉潛，設法轉型開發。因此在井卦卦辭中看不到「元亨利貞」的任何一個字，因為要不顯山不露水、低調開發。這和《易經》中幾個「元亨利貞」四缺一的卦要分開來看。像蒙卦跟咸、恒、萃這種情欲蒙蔽理智的卦，核心創造力難以開顯，故曰「亨利貞」，獨缺「元」。所以蒙卦（䷃）的啟蒙就是要復「元」。另外像蠱卦（䷑）缺「貞」，不正，所以就得撥亂反正，把貞德找回來；一旦成功，就進入臨卦（䷒）開放自由的社會。由此可見，我們完全可以把「元亨利貞」當成「人法地，地法天，天法道，道法自然」的遞進關係；看卦辭中「元亨利貞」缺哪一個，就知道卦的主旨在哪裡，應該怎麼做。像大有卦（䷍）跟鼎卦只有「元亨」，欠「利貞」，就要靠著卦的修行把「利貞」補上；像大壯卦（䷡）有「利貞」沒有「元亨」，可知大壯卦的缺陷在於血氣方剛，沒有第一代的創造力，能守住先人基業就算不錯了。

井卦「元亨利貞」一個都沒有，四德俱無，是不是很糟呢？當然不是。井卦只是一時沉潛，默默從事轉型研發的努力，希望開發潛在資源，以下一卦革卦的「元亨利貞」為目標。在井卦的環境中，可能很多人都想革，因此在成功之前最好不要張揚，在一次又一次的失敗中不斷調整自己，待到成功時一舉成名。所以此時「元亨利貞」四個外顯的生命能量統統隱而不發。如此看來，類似這樣「元亨利貞」全無的卦，反而是進行一樁重要任務的前奏，也是很重要的修行方法。像觀卦（䷓）卦辭也沒有「元亨利貞」，而它是觀世音菩薩的法門，不但沒有「元亨利貞」，也沒有吉凶悔吝，更不談得失成敗；這完全是宗教、準宗教萬物靜觀皆自得的象，透過冷靜觀察，觀察外在世界，也觀察內在的隱微。再就是止欲修行的艮卦（䷳），卦辭同樣沒有「元亨利貞」，也不談吉凶悔吝。觀卦和艮卦合起來就是佛家所謂的「止觀法門」。這三個「元亨利貞」全無的卦，正好提醒大家「不可為典要，唯變所適」；沒有「元亨利貞」，正是它值得深入探索的地方。

人為的創造

由井卦到革卦、鼎卦，是開啟新局面，重寫遊戲規則，把舊的東西徹底改變了。作為新世界的締造者，有創新品牌、創新產品、創新研究，下面就到了鼎盛時期。許多創新的東西一個個開始開拓佈建，享用革故鼎新的成果，就像鼎裡面裝滿吃不完的肉。鼎除了是盛肉的器具，又是祭天地的法器，也是政權的象徵，更是人為創造的頂級藝術品，雍容華貴、剛健厚重。革卦之前的井卦也是人造的，可是它代表平民化，鼎卦則代表權力階層。我們會發現，經過革卦的手段，前後兩卦上下易位，在下位的市井小民推翻無能腐化的統治階層既得利益者，就從井卦翻身變成鼎卦；從市井進入廟堂，過起鐘鳴鼎食的富貴生活。古代貴族要用敲鐘來進行一天的起居，享用的是鼎裡面的肉；井卦的市井小民只能用陶土燒的器皿來解決民生基本問題。用鼎吃肉，代表革命成功，改朝換代，身份隨之改變，這就是革卦的意義。像漢朝立國之初，包括劉邦在內的王公大臣，先前大多是市井小民，甚至是地痞流氓，像樊噲就是屠狗殺豬之流。可是後來這些人都變成漢王朝的開國文臣武將，這不是從井翻身變成鼎嗎？劉邦是中國歷史上第一個由井而革而鼎的平民皇帝，朱元璋也是。

可見，人民起義使得上下易位，井變成鼎。井是人造的，鼎也是人造的，而革命是人為的。命運的改變不能坐等，待遇的改善不能坐享，社會階層不是固定的，民不聊生的時候就得革命，要打破特權就得換人坐朝堂。革字本來是指製革工業，是人為的，不是自然的，把自然的東西經過人工改造而成為民生日用品。像天然皮革必須經過各種鞣製、加工，才能變成可以穿戴使用的皮革。這個人工改造的過程，也合乎革的意思。

另外，在六十四卦中，只有井、鼎二卦的卦名講的是實物，一個代表平民化，一個代表貴族化，不像其他六十二卦，不是代表抽象的觀念，就是某種狀態。

上下易位然後貞

「上下易位然後貞」，這是荀子的話。「貞」就是「元亨利貞」的「貞」，蠱卦的「幹父之蠱」，目的就是為了找回貞。蠱是一種體制內的變法改革，革則是打破既有體制，建立新體制，那就更激烈了，但是它最後也是貞。過程就是井變鼎、鼎變井，草莽進入廟堂、廟堂墮入草莽，朝野互換、上下易位，就像幹蠱的撥亂反正一樣。如果革命是必要的、正當的，那就要儘量減少因打破現狀導致的犧牲和破壞。因為做不好就得準備下台，沒有人能萬世一系；秦始皇把自己封為始皇，孰料二世就結束了。

蠱卦的改革是為了撥亂反正，革卦的革命是為了打破現狀，手段更激烈。目的都是為了「貞」——社會正義。戰國時期儒家的荀子曾到秦國考察，對秦國的守法風氣很是稱頌，認為當時秦國的強大並非僥倖，尤其是商鞅變法具有劃時代的意義。商鞅變法是「蠱」，是歷史上唯一體制內改革成功的例子。荀子大概看到問題的嚴重性，所以他的主張比孟子還露骨。孟子說「民為貴，社稷次之，君為輕」；荀子則說：「奪然後義，殺然後仁，上下易位然後貞。」這是對上層剝削下層極度不滿，逼不得已就可以革命，使上下易位、新朝推翻舊朝，讓社會秩序重歸於穩定。畢竟新朝剛開始都會以舊朝覆亡的經驗為戒，戰戰兢兢，表現還算不錯，讓民眾過上幾天好日子。只是後來往往風氣漸漸衰敗，又成為別人革命的目標。

儒家一貫主張仁義，孔、孟講了那麼多，尤其是孟子，可是到了荀子的時代才發現，有時候光講仁義就是姑息養奸；為了長久的社會穩定、確保全民福祉，革命是必要的手段。他主張的手段就是「殺」，因為那些既得利益階層，不殺、不奪，不可能自動讓位。毛澤東說，革命不是請客吃飯。革命不可能靠道德勸說，有時連「幹蠱」這樣的改革都行不通時，就得革命，在革命過程中就可能出現殺戮、奪權等血腥事件。荀子認為這是不得已的，只有殺了之後再講仁、奪了之後再講義；上下易位、革命成功，社會才能正。所以真正的儒家是主張革命、打倒特權的。但秦漢以後，尤其漢朝獨尊儒術，歷代封建帝王都是陽儒陰法，實際上用的是穩定君權至上的法家那一套，但表面上都是拿儒家的仁義調子粉飾太平，對於孔、孟、荀火辣辣的言論都避而不談。像孔老夫子寫《春秋》，司馬遷就說孔老夫子寫《春秋》的目的就是為了貶天子、退諸侯、討大夫，打倒一切特權；如果這三個統治階層已經腐爛到極點，天子可以貶低，諸侯可以退位，大夫可直接幹掉。

革、鼎、震卦序分析

革卦代表非常的破壞，驚天動地、高度震盪，徹底破壞僵化的舊體制，從零開始建設新體制，這就是鼎卦，就如同重新烹煮一鍋肉一樣。所以鼎卦代表「非常的建設」，因為它是從零開始，有別於舊時代，然後還要調和鼎鼐。這個龐大的事業很難在人的一生中完成，要永續經營，就要培植接班人，所以要傳給嫡長子，這就是震卦（䷲）的嫡長子繼承制。革、鼎之後就要交班，震卦則是在高度動盪的環境中考驗接班人能不能守住革命的成果和政權的基業，像香火一樣代代相傳。這就需要永續經營的智慧了。

流血犧牲的第一代所開創的江山，子孫萬代能否守得住，這就是震卦的政權保衛戰。要知道，主權延續是很嚴肅的事，而且絕不會有安穩太平的日子，不像開創的第一代在革、鼎時掃平群雄、脫穎而出，沒有人鬥得過他；很多同時競爭的梟雄、野心分子，在革、鼎那一代無法出頭，等到革命的老一輩凋零，血氣方剛的下一代經驗不夠，卻要直接繼承龐大的家業資產，他能經營下去嗎？那些野心分子就會蠢蠢欲動，挑戰尚未穩定的政權。所以政權在青黃不接的過渡階段非常重要。革、鼎後面為什麼是震？因為守不住就會被震垮。

《易經》不管先天、後天都有兩個談到永續經營的卦，一個是震卦的血脈傳承；一個是離卦的法脈傳承。為什麼說是先天、後天呢？因為在先天八卦和後天八卦的方位上，離卦跟震卦在同一個位置。先天八卦是離東坎西，先天屬「體」，離卦在正東方；後天八卦屬「用」，由「體」啟「用」，後天八卦的正東方是震卦。這就叫先後天同位。

革物者莫若鼎

〈序卦傳〉說：「井道不可不革，故受之以革。革物者莫若鼎，故受之以鼎。主器者莫若長子，故受之以震。」井道淤塞，想要「井冽，寒泉食」，就得轉型改造，這就是革的過程。讓一口廢棄的舊井，重新冒出質量俱佳，取之不盡、用之不竭的井水，可以養活一大堆人，那就非得改造不可。這就是「井道不可不革」。一口舊井、廢井明明還可以用卻不用，無疑是暴殄天物；如果經過研究開發而改造成可用的，這就說明井本身就有革的過程。這是一種人的創造性，利用自然資源，開物成務，值得歌頌。《尚書》講「天工人其代之」，造化就是天工，可是人可以代天行道。

中國儒家經典非常看重人作為天地之心的位置，自然面目固然好，但如果能像謙卦（䷎）一樣強調順著自然容許的範疇有節制地開發，豈非功德無量？有些學派認為只要自然就是好的，完全不用人工，這是聽天由命、因噎廢食。「天工人其代之」，人生在世才會朝乾夕惕、勤奮努力，創造人類文明。這就是井、革二卦的深意。

「革物者莫若鼎，故受之以鼎。」革故鼎新是既成的歷史事實，那麼何謂「革物者莫若鼎」呢？井是為了解決喝水的問題，「革」字最初的意思，按《說文解字》的說法是：「獸皮治去其毛，革更之。象古文革之形。凡革之屬皆从革。」亦即把皮製成可供人使用的「革」。而鼎的製造是一種古老的工業。這三個卦都有改革創造的意義，把自然之物經過加工或重新冶煉而成為基本生活用品。三個卦解決的是飲水、穿衣、吃肉的問題。需卦講「君子以飲食宴樂」，「需者，飲食之道也」，人最重要的就是吃穿問題，鼎是吃肉，比吃肉更重要的是喝水，不挖井就沒有那麼多現成的水可以取用，而有水井的地方就有人家。解決飲水問題，這是民生第一要項；然後就是想吃好一點，要吃肉，吃的時候還可以一邊欣賞鼎的製作藝術。吃喝問題解決了，還有穿衣問題；以前做衣服不像現在這麼方便，要將動物皮毛經過製革的人工處理過程。可見人要求生就得運用巧思創造。「革物」的物包括一切人、事、物，而要改革人、事、物，沒有比政權更有影響力的了。鼎代表政權，所以說「革物者莫若鼎」。你可以不喜歡政治，也可以不參政，但政權絕對與你有關；例如百姓要繳稅、要完成各種義務，你的一切都在政治管理之下。這是不容忽視的事實。而且掌權者最容易按他自己的想法行事，整個社會環境常隨著政治力量快速改變，一旦改朝換代，又是面目全非。

也就是說，政治有其特殊性，掌權者管理眾人之事，萬般不與政事同，政權具有統概性，掌握很多資源，可以伸張公權力，可以調集民力做政府應做的事。這種力量遠遠超過任何個人，要想改造舊社會，「革物者莫若鼎」，尤其想在短期見效，沒有比政權更快的。當年孫中山先生立志學醫以濟世救人，最後他發現醫人太慢，要醫國、要掌握政權。商朝的伊尹是一個善於烹飪的廚子（這也是鼎的概念），可是他靠廚藝接觸到商湯，參與權力核心的決策過程，最後變成滅夏的重臣。講到這一點，順便提一下，最原始的鞣製皮革是為了解決穿衣問題，革卦的爻辭就是取象於此。像「九五」的「大人虎變」，居高位者可以穿虎皮；而上爻的「君子豹變」，士君子則穿豹皮；初爻「黃牛之革」，說明一般老百姓只能穿黃牛皮，絕對穿不起珍禽異獸的虎豹之皮。從革字的不同取象，可知身份地位有所不同。

「革物者莫若鼎」，改變一切的力量沒有比政治更快的，這一點必須謹記。現在也有人講「唯經濟論」，認為經濟可以影響政治，金錢可以換得一切。其實錢、權可以互相交易、勾結，但權力的作用還要更大一些；有權就有錢，有錢則不一定有權。很多人追逐權力，有的是為了實現理想，有的則是想摟錢。另外，鼎本身是烹肉的器具，烹調的藝術也要講究。治理國家亦然。老子說「治大國，若烹小鮮」，在古代烹、享、亨是一個意思，目的都是為了通氣。「亨者，嘉之會也」，善於烹飪的，把不同的食材經過烹飪，火候恰到好處，就可以烹出美味；治理國家也是一樣，用各種不同的人，調度不同的資源，推動國家建設。如果能調和鼎鼐，讓不同的人，包括政見不同、才情不同的人，都可以共事，這樣的政治才有績效。舊時的宰相就是要能調和鼎鼐。像中國、美國這樣家大業大的大國，領導者更需要調和鼎鼐的高段領導統御藝術，促成全民共和。

從烹飪的角度來看，烹魚特別不容易，需要很高的烹調藝術。俗話說「千滾豆腐萬滾魚」，豆腐這麼平凡的食材，要烹調得好不容易，需要經過「千滾」；可是魚更不好做，需要「萬滾」。烹魚如果火候不對，外面焦了，裡面還沒有入味。很多政客處理問題，往往是把外面弄焦了，裡面還是生的。也就是說，只解決表面問題，實質問題卻完全碰觸不到。這就是火力太強，用強力的政治措施去「烹魚」，對於紓解一般老百姓的艱困使不上力。要知道烹得靠氣，跟煎、炸、煮、炒不一樣。氣要通，火大了不行，會導致外焦內生；火太小了也不行，所以更要有耐心。這就是調和鼎鼐的藝術。

「革物者莫若鼎，故受之以鼎」，食物從下鍋到起鍋，已經起了全面的變化，政治就是取這個象徵意義，所以政治的管理需要運用「鼎」的藝術。鼎卦後面是震卦：「主器者莫若長子，故受之以震。」這就涉及到接班人能不能保住政權的問題了。曾有學生送我一套由孫皓暉先生寫的《大秦帝國》，從商鞅變法講到漢朝的建立，我占了一卦問這套書所達到的層級，就是不變的鼎卦。其實，整個秦帝國的興亡也就是鼎。秦推動全國統一、創建各種政治體制，都是了不起的功業；可是秦始皇一去世，就出現鼎之後震卦的問題。因為接班人不當，秦二世而亡，才三年多，整個帝國就摧枯拉朽。這是歷史上一個很值得思考的問題，在戰國群雄紛爭的年代，大秦帝國經過好幾代的努力，從商鞅變法強國，到最後統一中國，最後卻因為「震」出了問題，趙高矯詔殺死長子扶蘇、扶植傀儡胡亥，很快就被新興的楚漢政權所滅，然後革故鼎新，又換了一輪。秦之後革故鼎新的是平民出身的劉邦，不是貴族出身的項羽。所以鼎卦之後震卦的安排要特別小心，以免先人開創的基業毀於一旦。

革故鼎新

〈雜卦傳〉說：「革，去故也；鼎，取新也。」這就是成語「革故鼎新」的由來。舊的東西已經失去生命力，不如重新打造還更快；不然，像「幹父之蠱」那樣修修補補，也不容易成功。我在講蠱卦的時候就提過，中國歷代變法改革成功的微乎其微，只有商鞅變法成功，但卻因改革而慘死，其他所有的改革都失敗了；可是歷史上改朝換代的革命成功，遠遠多於改革變法成功。這大概是因為蠱卦要在一定的體制或權力範疇下運作，難免招致保守派的反彈，很不容易；而革卦的革命則完全沒有顧忌。所以，「幹蠱」的改革就像端著一個金魚缸，魚在裡面游來游去，想換掉裡面的臭水就很難，只能每天換一點新鮮的水，臭水卻始終存在。這樣的改革本來就很難。革命則是把魚缸整個倒掉，哪管整缸魚都被沖走了，然後餵養新的金魚，這當然比較乾脆，只是這樣的革命不僅比較暴力，而且社會成本驚人，一旦成功，就是全面翻新。這就是所謂的革故鼎新。

「故」字在〈雜卦傳〉中出現好幾次，像隨卦（䷐）的「隨，無故也」，豐卦（䷶）的「豐，多故也」，革卦的「革，去故也」。這是〈雜卦傳〉講的「三故」。「故」就是故鄉、故土、故事、過去的東西。豐卦就是資源豐富，擁有很多舊的東西。隨卦就是不要讓舊的東西留下來，要與時俱進，丟掉包袱。革是最激烈的，過去的統統不要，有時難免過火，丟得太徹底，導致破壞嚴重。民國初年有段時間倡議「整理國故」，要打倒孔家店。「去故」就是打倒孔家店，把老東西完全都砸了。所以革卦要有嚴格的實施條件，不能隨便，因為新的不見得都好，老東西也未必不行。

〈繫辭傳〉中，孔子藉鼎卦「九四」做了深入的發揮。子曰：「德薄而位尊，知小而謀大，力小而任重，鮮不及矣。〈易〉曰：『鼎折足，覆公餗，其形渥，凶。』言不勝其任也。」。第四爻身為當朝新貴，卻很快就陷入貪腐，讓整個革命蒙塵。可見，人一旦佔據權勢的位置，受不起誘惑，墮落是很快的。

革鼎的錯卦、交卦分析

革鼎相綜，一邊破壞舊勢力，一邊建設新政權，兩者是一體的兩面。所以，破壞現狀的「革」，有時候確有其必要，因為舊的不去，新的不來；從另一個角度看，「革」是為了「鼎」，破壞舊的，是為了要創造新的，要清場、要剝極而復。生物大絕滅後就是新物種的重生。剝極而復、革故鼎新都有清場的效應，對舊勢力來說當然很殘酷，所以會抗拒變革；對新勢力來講，就迫不及待地希望推倒舊勢力、掃除革命的障礙，建立一個全新的社會。這就是「鼎」的推行新政，而且希望萬世一系。秦始皇當時的想法，也是希望「震」永續，但歷史的軌跡不會如其所願。

革卦的錯卦是蒙卦（䷃）。兩個卦中間相隔四十五個卦，才終於完成由下而上、由內而外、從基層到高層的六爻全變。所以，一個社會、一個文明從啟蒙到新秩序的建立，是很不容易的。按照正常的卦序發展，要經過四十五個卦的慢慢演變；但如果從蒙卦經過六爻全變，直接變成革卦，整個自然演化的歷程就縮短了，這需要注入很大的能量，才可能讓一個民智未開的社會轉成民智全開的社會。那時，大家都具備民主素養了，舊的統治者就無法再搞那套愚民的把戲。因此，經濟改革之後隨之而來的就是政治改革，如果當局要拖延「幹蠱」的政治改革，很可能就會引爆革命或引起社會動盪。

蒙卦六爻全變成為革卦，說明任何一種形式的革命，不一定是政治革命，像工業革命，影響全世界的近代化產業，生產方式、生產工具都產生劇烈的變動，從手工到機械化，再到現在的電子化，這些都是革命。觀念技術可以革命，學問、創作也一樣有驚天動地的變革。但是，要革，就一定要在外阻內險之中設法啟蒙、突破，開智慧、找出路，然後復「元」，找回核心創造力。從蒙卦的蒙昧無知，忽然茅塞頓開，產生瞬間劇變，那就可能導致「革」。正常來講，由「蒙」變「革」需要很長的時間，一旦時代劇烈變動，透過蒙、革兩卦相錯的關係，很可能昨天是「蒙」，今天就變成「革」；從懵懂無知變成充滿智慧和創意。

革卦之後是鼎卦，鼎卦的錯卦是屯卦（䷂），是「元亨利貞」四德俱全的新生命。兩者隔得更遠，是四十七個卦。以正常的進化過程而言，野性十足的屯卦還在草莽開創之初，必須經過四十七個卦的演化，才能變成有教養的、可以入朝執政的鼎卦。但如果從草莽到廟堂，從「屯」變成「鼎」壓縮在很短的時間內瞬間發生，朝野上下易位，往往會出現許多不適應的現象。就像衝撞舊體制的政黨輪替，結果「鼎」的人還帶著「屯」的草莽習氣，繼續帶民眾上街頭；由「鼎」變成「屯」的人，照樣官腔官調、放不下身段。在成熟的民主國家，執政黨變成在野黨，就要懂得在野黨的遊戲規則，但是在民主制度不夠成熟的社會，剛開始幾年往往就會變成朝不朝、野不野。這從《易經》卦象就可以推測出來，在瞬間劇變時，一定有很多「屯不屯」、「鼎不鼎」的例子。

另外，由蒙卦變革卦，從禪宗來講就是頓悟。正常來講，「蒙」變「革」應該是循序漸進的漸悟，讀了經典，再打坐、參禪，經過四十幾個卦才終於開竅；可是也有人沒聽完講經，一下就悟了，由「蒙」就變「革」，這就是六祖惠能的頓悟法門。這需要特殊機緣，也要有特殊的根器。

革、鼎中的大過卦

革卦是一種非常現象，以非常的破壞，產生非常的建設，所以在革卦的卦中卦裡，就藏有大過卦（䷛）的象。我們知道，自姤卦到鼎卦，每個卦裡面都藏有大過卦。大過卦大起大落，是非常時代、非常人物所開創的非常事業。所以自姤卦千載難逢的歷史機緣所引發的萃、升、困、井、革、鼎六個卦的卦中人，都是身心超負荷的，責任很大，壓力很重；必須有承擔、有開創能力的非常人，才過得了這些天翻地覆的關卡，然後才能再往下走，進入破壞、建設之後尋求永續發展的震、艮二卦。

萃、升、困、井卦中卦的大過卦都是四個爻構成的；革、鼎二卦則是由五個爻構成的。革卦是二、三、四、五、上爻構成的。也就是說，革卦第一爻還沒進入大過卦的暴風圈，但時代的氣息已經顯露出來。一旦進入第二爻，直到最後一爻，都在大過卦的動盪危險中，然後進入鼎卦。而鼎卦的大過卦是初爻到五爻，直到第六爻才離開「大過」的風險，可以好好吃一頓肉了。也就是說，從革卦第二爻直到鼎卦第五爻，長達十個爻都處在革故鼎新、社會轉型的劇烈變化中，在風雨飄搖中討生活，小老百姓會特別苦，但英雄人物往往會有很精彩的表現。

這是萃、升、困、井、革、鼎六個卦中有大過卦的象。此外，之前的夬、姤二卦其實也有大過卦的概念，但不是卦中卦。怎麼講呢？這八個卦——夬、姤、萃、升、困、井、革、鼎，體現了一個規律：奇數的卦如澤天夬、澤地萃、澤水困、澤火革，上卦都是兌；偶數的卦如天風姤、地風升、水風井、火風鼎，下卦都是巽，好。規律出來了，上卦是兌為澤，下卦是巽為風，合起來就是澤風大過卦。那它們經歷了什麼變化呢？這八個卦中，若上卦兌為澤，變的只是下卦；若下卦是巽為風，變的只是上卦，而它們都是按照天、地、水、火或乾、坤、坎、離的順序在變，完全就是上經始於乾、坤二卦的開天闢地，終於坎、離二卦的地獄天堂，這是自然演變的法則。所以，下經自夬卦起至鼎卦結束的八個卦，其實就是一個濃縮版，把上經宇宙自然的演化過程，壓縮在這八個卦裡頭。在一個動盪的大過卦裡，用短短八個卦體現整個宇宙生命演化的過程，這是《易經》理氣象數很妙的地方。由此可知，下經所代表的人間世，不知要出現多少風雲人物、歷史事件、時代變革，英雄、梟雄、才子、佳人都在這些卦中，呈現的就是大過卦的動盪局面。

《易經》的可怕在於此，辭生於象，有這個象，是因為有其數理的基礎。有其數，必有其象；有其象，必含其理，所以可以用來幫我們判斷形勢、做精準的預測。而且這個數是可以推算的，主宰宇宙人生的東西常常是有變數的，所以才會有革；但也有些東西是定數，所以也要順天命。

革卦的卦中卦

革卦中有五個卦中卦，第一個當然就是上面提過的大過卦（䷛，由二、三、四、五、上爻構成）。大過卦代表革命的狂潮，大家都要走出困境，開創新局；不管是哪種程度的創新，都想突破窠臼、甩掉同業競爭的包袱。像賈伯斯時期的蘋果電子產品，每一個創新產品出來，就會威脅到同業。這就是「革」中的「大過」。有這種創意、膽識的人，才有本事造成產業革命；他是領頭羊，其他的人還在泥巴裡掙扎，一旦搶得機先，鼎中的肉就吃不完了。革卦可能是世界性的，尤其下經凸顯人間世，一有突破性的創造發明，就足以改變世界。不管哪個國家、哪個部族，完全沒有疆界的限制，所以革卦中又有同人卦的象，只要是人，都會受到這種創新成果的影響或威脅，像宏碁電腦就受到蘋果很大的衝擊。革卦中的同人卦（䷌）也是由初、二、三、四、五這五個爻構成的。

二、三、四、五、上爻構成的是大過卦，初、二、三、四、五構成的是同人卦，代表在創新變革的過程中，要推陳出新，希望擁有最大的市場，首先就要群策群力，「同人于野」；同時也希望產品能滿足普天之下所有人的基本需求，所以要通天下之志，無遠弗屆，如此才能真正「元亨利貞」。如果只限於某一種人，而不是所有人，這就不算「革」。所以「革」中有「同人」的卦象，說明創新設計要照顧到人性的基本需求；「唯君子為能通天下之志」，這就是革的特殊意義，要爭取到革命同志的支持，才可能成功。

還有就是四個爻構成的卦中卦。首先是革卦初、二、三、四爻構成的風火家人卦（䷤）。由家人而同人，這是必然的階段，從一個家庭、一個團體乃至全社會，由近及遠，發揮革的影響力。卦中卦是家人卦，說明革必定要從身邊開始，總是要有幾個核心同志，說不定就在家裡的車房、庫房裡搞出的研究，申請專利成功，結果變成世界性的品牌。

再者，既然有五個爻的大過卦，當然就有四個爻構成的夬、姤二卦，這是一定的，因為「澤風大過」本身就包含夬、姤。革命中往往充滿驚喜，尤其在創新突破的時候，常常有預期不到的新發現。革卦的二、三、四、五爻構成的就是天風姤（䷫），而且是典型的卦中卦。革命的過程中充滿了奇遇，有時候靈感一來，「有隕自天」，新產品或新格局就出現了；所以許多變革往往是時機成熟、水漲船高。正是「時來天地皆同力，運去英雄不自由」。如果沒有姤卦的機遇，革卦就不見得能成功。換句話說，很多事情可遇不可求，有時拚老命一輩子無成；有些人其實能力並不是最強的，但他成功了，而且主導新世界。這就是「革」中有「姤」，許多驚天動地的大事，都有姤的機運；過早發動變革，有可能成為「先烈」；倘若選對時機，就可以一舉成功，甚至領導時代風騷。

三、四、五、上爻構成「革」中的「夬」（䷪），說明在革的時候有可能至親分離。革命是破壞舊體制，必然會拆散很多家庭，又組成很多新家庭。此外，家人、同人、大過，也都隱藏在革卦的大時代裡。所以，在翻天覆地的革卦中，自然而然會逼著我們轉換思維的角度。

革卦的單爻變與結構分析

從革卦的單爻變，也可以看到一些端倪，但爻變的概念跟卦中卦還是兩回事。

革卦的第二爻爻變就是夬卦（䷪），但它不在三、四、五、上爻構成的夬卦範圍內，可是一決定之後就進入卦中有夬卦的三、四、五、上爻。上爻變是天火同人（䷌），革命到最後一定要同人，所以一旦革命成功，就要休養生息，儘量化敵為友，接下來才能進入鼎卦；要不然誰願意跟你一起打拚建設新社會？革卦上爻也是要把變革的成果推廣到全世界，影響所有人。但革卦初爻到五爻是天火同人，上爻卻被排除在卦中卦的同人卦之外。

另外還有四個爻的爻變。革卦第一爻爻變為咸卦（䷞），人皆有情，在革命前夕，大家都感覺到風暴將至，情感也隨之攪動，雖然還不能拿出行動，但已經感受到大時代的風潮來臨。這就是「春江水暖鴨先知」，所有人都感覺到龍捲風在逐漸形成中，到第二爻爻變是夬卦時，就到了一個關鍵點；經過集思廣益，「揚于王庭，孚號有厲」，就要為了徹底告別舊時代而選擇大的作為。第三爻爻變是隨卦（䷐）。事在人為是革卦，隨時變化是隨卦，所以隨機應變的智慧在革卦第三個階段就很重要；想要「去故」，首先要建立「無故」的觀念，不受舊的包袱捆綁，才有膽識、魄力。如果心中還殘存著舊觀點，拿不起放不下，怎麼能狠心下手「去故」呢？「隨無故」也就是「革去故」的心理建設，有了「隨」的人生觀，才會做「革」的事，不然難免戀棧、懷舊，陷入保守的情結中。

革卦第四爻爻變是既濟卦（䷾），四爻本來是舊社會的官僚，最後發現革命已經不可逆轉，馬上轉向為新政權服務。這樣的例子太多了，所以在革的時候看到「九四」這個舊的行政班底都突然轉向了，就知道革命已經成功了。換句話說，革卦下卦還談不上成功，一定要到第四爻，革命的事業才真正有所突破，獲得成功；因為從生產到銷售的價值鏈已經建立起來了。這從單爻變就可以明顯看出來。我在困、井二卦就一直強調這個概念，推出一個新產品，一定要能佔據大部分的市場通路，才算成功。第四爻就是行銷通路，初爻、二爻、三爻只是廠內的生產，產品叫好不一定叫座；要能席捲市場，就要第四爻建立通路，重大通路商統統採用新產品。第四爻由「革」變「既濟」的突破點，就看有沒有佔據通路。要知道，革卦跟既濟卦就差在第四爻，革卦「初九」、「九三」、「九五」都正，「六二」、「上六」也正，只有「九四」是唯一不當位、不正的爻，只要它轉向，就全部都正了，形成一個新的穩定秩序。在家人（䷤）、睽（䷥）、蹇（䷦）、解（䷧）這四個卦裡面，都是一個單爻變而成為既濟（䷾）或未濟（䷿）。也就是說，人生的終極成敗往往只有一爻之差。而革、鼎二卦跟既濟、未濟二卦的關係也只差一爻變；革卦只要第四爻調整就是既濟。鼎卦（䷱）跟未濟卦也只差一個爻，只要第三爻一變，就如壯盛的大秦帝國一下子就崩垮了。而且，在改革創新的時候，每個人都坐得正、行得正，六個爻之中只有「九四」不正；一旦當權掌權變成鼎卦之後，五個爻都不正，都變成新的貪腐階層。可見在沒有擁有權力之前要正很容易，等到擁有權力之後，自己第一個就不正，又變成革命的對象。唯一正的第三爻發動革命，很快就使得鼎卦代表的政權「未濟」。

家人、睽、蹇、解四卦的人情輪迴要注意的是差在初爻或上爻的本末、終始不同；而革、鼎二卦的終極成敗是差在人位的第三爻和第四爻，完全是事在人為。人的力爭上游或自甘墮落，足以讓革、鼎變成既濟或未濟。

革、鼎二卦三爻或四爻的變化決定人生的終極成敗，晉卦、明夷卦的二爻或五爻的變化也是如此。晉卦（䷢）第二爻爻變是未濟卦，明夷卦（䷣）第五爻變是既濟卦，依此類推，可知由單爻變就可得知人生終極追求的目標是不是勝利成功，有時只是一個爻的調整，心念一轉，成敗殊途。

還有交卦的概念。革卦的交卦是睽卦，是兩個女人的戰爭，最後可能爆發家庭革命。睽卦是同床異夢，有時互相見面還很客氣，同住一個屋簷下，大紅燈籠高高掛；等到革卦的時候就翻臉了，成者為王，敗者為寇，中女（離火）跟少女（兌澤）之間到最後以一戰定輸贏。從革卦來看，最後一定是少女當權。你看卦象，澤火革，是不是少女（三房）掌大印？火澤睽的時候還是二房在上卦、小三在下面；至於老大，早在家人變睽的時候出家去了，然後睽卦的中女當家，又補了一個填房的老三。於是她們互相猜忌，等到有一天，上下易位變革卦，最後成功的是年輕貌美的老三。那麼鼎卦的交卦是什麼？風火家人。家人跟鼎的關係很密切，要知道齊家就能治國，治家成功，下面就可以治國，治國就是鼎。

革卦卦辭

䷰

革。己日乃孚。元亨利貞。悔亡。

革卦卦辭十二個字，中間四個字就是「元亨利貞」，最後兩個字是「悔亡」，因為革命會帶來很大的破壞，甚至不得不用殘酷的手段殺人流血，付出很高的社會成本。革卦最後講「悔亡」，就是指儘量降低成本、減少遺憾，不要有過多的殺戮和破壞，設法保全文明的成果。所以革卦的內卦、下卦就是象徵文明的離卦。「悔亡」的觀念體現在第四爻爻辭和革卦卦辭。當然，「悔亡」不等於無悔，只是要讓「悔」降到最低限度。

卦辭前面還有四個字，那就是「己日乃孚」，也就是說，革命要成功，一定要等待時機，而且要得到社會多數的擁護。雖然是人革天命，但個人的「命」、大環境的氣候都得具備，才有成功的機會。「孚」代表革命的信念，不是小我之情，而是集體長遠的共同夢想。「孚」是建立眾人對革命的支持，讓大家相信，革命的破壞是為了建設更美好的未來。「乃」字代表轉折，也就是說，信念、時機具備，才能取得大眾支持，願意加入革命的陣容。在「孚」之前，加一「乃」字，可見

「孚」不容易，必經艱難轉折，費好大的努力，甚至面對犧牲、拋頭顱灑熱血，在所不惜。「己」代表第六天干，也就是說要奮鬥到第六天才有「乃孚」的結果，可以發動革命。

有了創新的條件，推倒舊時代就比較容易，因為「己日乃孚」，大家都已建立對革的信仰和盼望，有錢出錢、有力出力。「己日乃孚」具體體現在革卦第二爻，爻變是夬卦，時機成熟，就可以決定革命了。我們看，卦辭中的「悔亡」出現在爻辭的「九四」；卦辭中的「己日乃孚」，出現在爻辭的「六二」。二與四同功而異位，這是對應的。第二爻是卦辭實踐的開始，一開始提醒我們要等待時機成熟，至少要經過六天的奮鬥；第四爻則是行動成功，就要「悔亡」，設法降低社會成本。這種由內而外、由產到銷、由下而上的關係，正好體現了二與四同功而異位的特點。

革卦〈大象傳〉

〈大象〉曰：澤中有火，革。君子以治歷明時。

「澤中有火，革」，這是革卦的象。「君子以治歷明時」，「治」即治理，拿出一套辦法，管理得井井有條。「歷」即曆法，「治歷」就是為了「明時」。依《尚書》記載，中國的曆法在堯的時候曾做第一次全國大探勘，這也是堯的重大政績，讓老百姓都明白四時八節，根據季節時令安排耕作、生產、休息。影響十分深遠。但制訂曆法也不是一次就確定了，還有歲差、閏月，需要不斷修正。《易經》很重視「時」，「大衍之術」的占法，就是以曆法為理論基礎。

此外，人體運作的生命軌跡，也跟「五運、六氣」的時間因素有關；而治理國家更要懂得在恰當時機做恰當的事。當然，也不能完全看陰曆，還要陰陽合曆，所以才有二十四節氣的概念；因為陰陽合才能生，不能只看月亮的運轉，還得看太陽的升沉，這就叫做陰陽合曆。天文星體的運轉決定春夏秋冬，那是自然現象；曆法則是人經過長期的探測發明，再加上不斷修正而來的，是人類文明重大的成就，它本身就是「革」。

我們知道，《易經》大衍之術的占法，就是模擬天、地、人、時的變化循環，讓我們瞭解自己的「時」和「位」。「大衍之數五十」，就是第五十卦的鼎卦，「正位凝命」的現象就具體表現在「位」上面；「其用四十有九」就是第四十九卦的革卦。這都不是偶然或巧合，因為卦序是緊扣著曆法的。所以整個占卦系統可說就是「明時、正位」。第五十五卦是豐卦（䷶），「五十五」代表天地之數，所以在斷卦的時候，一旦有爻變，一定要參考「五十五」這個數字。豐卦〈大象傳〉曰「折獄致刑」，就是說法官有裁斷權，就像我們占出一卦，會不會斷才是第一要素，這就是所謂的「折獄致刑」；一定要有一個主變數、次變數、宜變爻位，這些觀念就要用到五十五。節卦（䷻）是第六十卦，剛好一甲子，天干地支一個循環。

澤中有火的象

「澤中有火」這個象有點費解，像「澤中有水」是節卦，這個還好理解，水庫中有水，但是要節約使用；「澤無水」就是困卦，沒水就會鬧水荒，這也是可以理解的，但澤中怎麼會有火呢？澤中有水，同時也有火，水火同源，而且重點是火不會被水熄滅，道理很簡單，因為澤中的水含有油氣，像很多沼澤中就有甲烷的存在，那就是沼氣。《易經》取象於自然，都不是虛構的。所以，革卦的「澤中有火」就像革命的火花一樣，不但不會熄滅，而且星星之火可以燎原。一旦老百姓對當權者忍無可忍，想要改朝換代的火是撲滅不了的，前仆後繼者不計其數，讓火勢蔓延擴大。像陳勝、吳廣揭竿起義，馬上就席捲一方，雖然很快被撲滅，但馬上又出現項羽、劉邦的起義集團。當變革成為必然的趨勢，始終會有人在火上添油，加上統治集團不能及時反省、調整，以紓解民怨。長明不滅的澤中有火，終會讓老百姓串成牢不可破的網絡，不變天都難。

治歷明時

「治歷明時」也與改朝換代有關。中國過去有一個歷史傳統，就是每經一次革命、換一個朝代，一定要改正朔、易服色。所謂改正朔，就是重新紀元，說明舊時代結束，紀時、紀日的系統失效，要改新的紀元，一切從頭開始；有時一個皇帝在位期間也會改年號，像漢武帝就有好幾種不同的年號。唐、宋、元、明、清每個朝代都經歷過革的改朝換代，最明顯的改變就是曆法、年號、紀元的變更，還有服飾、裝束也隨之變化。像滿清王朝剛入關時，就強迫漢人留辮子，否則殺無赦。辛亥革命成功後開始用陽曆、採民國紀年，但民間照樣用陰曆；也不再留辮子、不穿清朝服飾，改穿中山裝。到了民國三十八年，也就是一九四九年十月，中國開始採用西元紀年。不過，西元的曆法跟耶穌有關，有些人不信基督教，就不接受西元，寧可採用佛誕或伊斯蘭教紀元的佛曆和回曆。還有些不信宗教的藝術家，他更討厭政治，也不接受朝廷的紀元，像齊白石就用自己的紀元，因為自己就是宇宙運行的中心，是自給自足的體系，隨著創作的生澀到成熟，藝術造詣越來越高；一旦生命終止，曆法就終止，不活在任何一個朝代，所以他的畫都註記白石老人幾歲、幾歲，只有藝術生命是他的曆法依據，才不管你是光緒幾年。這就是齊白石的紀元方式。一個《易經》迷也可以用「伏羲多少年」來紀年；信奉儒家的就會用「孔誕、孔曆多少年」來紀年。曆法根本就是人為的，自然界不會規定哪一個是開始、哪一個是結束，甚至根本就沒有開始和結束，只是人類覺得有運轉的次序是必要的。在文明的發展道路上，如果有重大的突破，我們也可以把它當成起點，然後希望它能延續萬萬年。這就是「治歷明時」，有一定的隨意性，象徵重大的突破。

「革物者莫若鼎」，紀元的方式反應人心的價值趨向，一般來說，還是跟政權的影響關係最密切。像夏、商、周三代曆法上就各差一個月，我們現在使用的陰曆是夏曆，當然不是夏朝的曆法，堯的時候中國就稱「夏」了，夏朝的時候只是沿用夏曆而已；所以夏曆不是夏朝的曆法，而是唐堯時期的曆法。大禹的時代並沒有在曆法上做大的變更，他主要的成就是水利建設。

革卦〈彖傳〉

〈彖〉曰：革，水火相息，二女同居，其志不相得，曰革。已日乃孚，革而信之。文明以說，大亨以正。革而當，其悔乃亡。天地革而四時成，湯武革命，順乎天而應乎人。革之時大矣哉！

我們看〈彖傳〉，前面分析革卦的背景，包括跟睽卦上下交易的關係。首先看「革，水火相息」。既是水火不容，又是水火同源的象，這就是革，將有重大的變遷；因為水、火存在同一個卦、同一個時代，它們遲早會有一戰。我在講睽卦的時候就講過，這就叫「水火相息」。「息」可以當做是「熄」，因為水可以滅火，火也可以滅水，生柴燒火，火產生的熱量就可以把水燒乾。所以保持一定的距離，火就能滅水，但是水不見得百分之百滅火；像「杯水」不能滅「車薪」，還有量的問題。在《孫子兵法》就提出「五行無常勝」，沒有說誰一定贏誰，還跟數量、形勢有關，所以「不可為典要，唯變所適」。換句話說，鹿死誰手還難料，改朝換代，是政權被革命滅了，還是舊勢力下台了？都不一定。總的來說，「水火相息」是互不相容，端看較量雙方最後是誰消滅了對方。

另外，「息」還有更深層的意思，就是消息卦的「息」，也就是經過一段休息之後再重新生長的概念。水火也能相反相成，造就一個變革創新的偉大時代，這就是錯卦的概念。整個宇宙也是從乾、坤相錯而來，故可以相反相成。可見，矛盾衝突的力量不見得是壞事，有時候反而可以互相造就、休養生息。十二消息卦的「消息」二字，「息」是「消」的反面，但是「消」是往下，「息」是往上。息是生息、生機，像人要會呼吸才有息；斷了氣就沒有息，那就是不生而滅了。消跟息是相反的意思，陽長陰消，陰長陽消。「革」可以說是水火相滅，也可以說水火相生。那種改朝換代、群雄崛起的時代，像東漢末年的三國，文臣武將、人才輩出，雖然到最後有成有敗，但這種「水火相息」的現象是很精彩的。

繼續看〈彖傳〉：「二女同居，其志不相得，曰革。」睽卦〈彖傳〉是「二女同居，其志不同行。」革卦是要伸張人志，要革天命、改變命運，可是在獲得革的成果之前，情勢是很混亂的；在群雄並起的時代，每個人都有志，項羽有志、劉邦有志，陳勝、吳廣都有志，但「其志不相得」，所以會有激烈的競爭。其志相得，才可以成為同志；志向不同，個個都想做老大，就得互相較量，看看逐鹿中原誰會贏？這就是「其志不相得」。「不相得」就是指人跟人處不來，好比一個家庭，二房跟三房互相嫉妒爭寵，當然「不相得」。睽卦卦象是「火澤睽」，上卦離為火要往上，下卦兌為澤要往下；各行其是，只好避不見面，以免發生衝突，這就是越行越遠的「睽」。可是革卦不能避不見面，因為上卦的澤中水要往下，下卦的離火往上，還得天天接觸。這樣看來，睽卦還不至於正式翻臉，革卦則非翻臉不可，因為水火不容，還得天天摩擦，最後乾脆攤牌，有你就沒有我。避不見面是「其志不同行」，天天見面卻「其志不相得」；革的情勢躲都躲不了，一定會爆發劇烈衝突，不是我革掉你，就是你革掉我。

因為利益不同，沒辦法相處，所以「已日乃孚」，時機判斷準確，該變的時候，天下都想變，支持的人就多了。革卦最重要的就是「孚」，成敗關鍵就看有多少人相信你、接受你。「已日乃孚，革而信之。文明以說，大亨以正。革而當，其悔乃亡。」這裡就把卦辭從「已日乃孚」到「悔亡」解釋了一遍。「大亨以正」，是解釋「元亨利貞」。臨卦中也出現過「大亨以正」，但它是「天之道也」；在无妄卦就是「大亨以正，天之命也」。革卦的「大亨以正」，還是解釋「元亨利貞」。「革而當」，「而」即能，「當」是正當，也是當位、正位的意思。也就是說，非革不可時，最好有正當的理由；而且革命的手段不能太殘酷，要適當，讓大家都能接受。「其悔乃亡」，就是減少遺憾，不要破壞過度，免得將來重建困難。在革卦來說，「九四」是六個爻中唯一不當位的爻，但因為「革而當」，爻變為既濟卦，全部歸正，那就「其悔乃亡」。所以「九四」爻辭「悔亡」。〈彖傳〉在此，既談卦也談爻。

「革而信之」，「信」就是解釋「已日乃孚」的「孚」。自己對革命有堅強的信念，跟隨者也認同非革不可，然後又有很多人加入革命陣營，那麼就一定可以成功。因為「已日乃孚，革而信之」。長期宣揚革命的理念，大家漸漸都接受「革」的現實。「文明以說」，「說」即「悅」；內卦是離、是文明。按照《易經》的本義，革命不會只是殘酷奪權，而是一種文明的戰爭，為了更好的文明發展，所以要破舊立新；因此革卦的基礎是在下卦的文明。上卦兌，說明大家都心悅誠服地接受。這就是內明、外悅。「內明」所以是從民間發動天翻地覆的革命戰爭，然後外卦的領導階層換成大家所支持的人。

既然已經取代舊政權，成為民眾最新的仰望對象，就要「革而當」，千萬別耍出秋後算賬的殘酷手段，這樣才能「其悔乃亡」。換句話說，《易經》對「革」充滿文明價值的約束，〈彖傳〉希望革的過程不要妄動殺戮。但在中國歷史上能落實的很少，燒殺擄掠多不勝數，尤其像秦漢、楚漢之際，那些民間草莽一旦沾上權力，報復的欲望難以阻擋。像項羽幾次攻克城郭之後就毫無理由的屠城，將老弱婦孺連同秦軍俘虜一起殺光，這樣的戰爭太殘酷了，這就是「革而不當」，違背天理；所以楚漢之爭項羽注定失敗。項羽這樣一個殘酷暴躁的人，又是貴族出身，一旦即位，能比暴秦好多少？可見〈彖傳〉真是苦口婆心，知道這種革稍一濫用，老百姓就是「興也苦，亡也苦」；只是換一個新的利益集團罷了！這就是「革而不當」，「其悔」怎麼會「亡」？

接下來就是贊易的部分。「天地革而四時成」，天地中就有革，四季更迭就是革，那是由量變而質變的自然現象。天地會變，人間當然也會變，正因為有春夏秋冬的變化，我們才會覺得它多彩多姿。任何一個景區都有四季不同的景色引人入勝，這就是天地的變化。「天地革」四時才能成。第六十卦節卦（䷻）就說「天地節而四時成」。《易經》一直用「六、七、八、九」作為四時變遷的代稱。節卦是「天地節而四時成」，革卦是「天地革而四時成」，豫卦（䷏）的預測和觀卦（䷓）

的觀察，都講「四時不忒」。「觀天之神道，而四時不忒」，這是觀卦；「天地以順動，故日月不過，而四時不忒」，這是豫卦。所以我們觀察自然，發現很多自然現象包括日食和春夏秋冬都可以預測。如果人能夠冷靜觀察，所做的預測可以百分之百零誤差，那麼非成功不可。

既然「天地革而四時成」，革就有其合法、合理的自然基礎，是正確的作為。在〈彖傳〉中，人世間能夠取法天道的重大政治革命，當然是夏、商、周三代的革命，那段歷史就佔了整部中國史的三分之一，所以革卦〈彖傳〉會舉「湯武革命」為例。「湯武革命」就是商湯革夏桀的命、周武王革商紂的命。那是真的革命，而且是「順乎天而應乎人」。能順乎天理，才是正當的革命，所以孟子說武王伐紂只是誅除獨夫，絕對不是以臣弒君、以下犯上。大概只有伯夷、叔齊才會抗拒這種觀念。既然革命是民心的向背，所以要順乎天理、應乎人心。也就是說，革命要正當，就是要合乎兩點：一是時間對，二是民心之所向。像新開發的資訊產品，要合乎全球廣大資訊消費者的盼望，使用起來要方便實用，這就叫「順乎人」，必定可以取得大成功。順天應人就能發動革命，故曰「革之時大矣哉」。這種大時代的革，就是毛澤東所說的「換了人間」，徹底揮別革以前的時代；變革以後所開展的完全是新的道路、新的設計。所以活在這個時代中的人，時代感要很強烈，千萬不要活在過去，不然無法適應。

「革之時大矣哉」，這是生死交關的考驗。我們學過「解之時大矣哉」、「頤之時大矣哉」、「大過之時大矣哉」，加上「革之時大矣哉」，這是《易經》的四個「時大矣哉」。也就是說，生死、和解、變革，都是「時大矣哉」；從舊時代進入新時代，「時」一直在往前走，千萬不要落後，要緊緊跟上。

革卦的卦中卦有姤卦。姤卦說「姤之時義大矣哉」，在那個時間點上，該怎麼做才最恰當？其中的智慧太重要了。所以，既然有了「時大矣哉」，接下來就必定有「時義大矣哉」，看你應該怎麼做？革中的爻變又有隨卦，「隨時之義大矣哉」。以上這些都包含在革卦「治歷明時」的概念裡。

革卦的上卦、外卦是兌卦，告訴我們要歡歡喜喜接受新時代的來臨。這個兌之所以會發揮那麼大的效力，是因為革卦的外卦、上卦所代表的領導階層能夠「順乎天而應乎人」。另外，革卦〈彖傳〉講的「湯武革命」其實還不是究竟，因為包括夏、商、周的政權更替都是家天下，而不是「天下為公」的格局。《易經》革卦的微言大義是主張天下為公的，完全著眼在文明進化的大格局上。我們從《春秋》的革命思想就可以看得更清楚，老百姓不斷受到戰亂之苦，顛沛流離，這才是根本的問題。所以真正的革是全民性的，絕不是武力的爭奪。只是太少人真正瞭解《春秋》這部經的精神內涵，那才是革真正的微言大義。所以〈彖傳〉講「湯武革命」只是退而求其次，並不代表革的精神已經徹底實現。

革卦六爻詳述

初爻：不可輕舉妄動

初九。鞏用黃牛之革。

〈小象〉曰：鞏用黃牛，不可以有為也。

接下來看具體的爻。第一爻「鞏用黃牛之革」。這是革命之初，是「潛龍勿用」之位，也是革命中的基層民眾。重大革命不能輕舉妄動，不僅信眾不夠，全天下的響應也不夠，這時候舉事，無異於狗吠火車、蚍蜉撼大樹，甚至最後遭到血腥鎮壓，都不會有人同情。所以，此時要好好推廣、傳播革命理念，鞏固基層實力，這就是「鞏用黃牛之革」。「鞏」即鞏固，鞏固基層實力、革命的籌碼。因為一定會有些熱血澎湃的人沉不住氣、輕舉妄動，最後把自己送進了忠烈祠。但主體的革命勢力必須長明不滅，就要用黃牛皮做的牛筋繩把初爻所象徵的革命基礎綁住，曉以大義，並用紀律要求不准亂動，好做長期、暗中的發展。

〈小象傳〉說：「鞏用黃牛，不可以有為也。」〈小象傳〉講得很清楚，這時候不可以有大的作為，因為時機尚未成熟，要「己日乃孚」，輕率行動就是無謂的犧牲。正如〈彖傳〉說的：「革之時大矣哉」。當下最重要的就是「鞏用黃牛之革」，力量才會越來越強。「鞏」的下面就是「革」，用牛筋繩拴得牢牢的，不准亂動。

初爻的爻變我們提過了，爻變為咸卦（䷞），大家都受到感染，像談戀愛一樣，都有了革命的熱情。因為革命跟談戀愛一樣是激情四射，但也同樣不能輕舉妄動，一定要等時機成熟再提出求婚。否則，未到「己日乃孚」之時求婚，會把人嚇一跳。所以，感情衝動的時候，要用最牢的牛筋繩把自己綁死。為什麼是「黃牛」呢？首先是坤為牛，慣於負重行遠，有韌性，又能吃苦耐勞，有包容忍耐順勢之德；此外「黃」是中道的象徵。黃牛合乎中道，又有牛的韌性，取黃牛之革做成的牛筋繩做鞏固的動作；就像遯卦（䷠）第二爻「執之用黃牛之革」一樣，看著形勢不妙，沒有立足之地，連老百姓都想遯，上面那些既得利益階層更想全身而退；但遯卦第二爻是唯一不遯的，不但不遯，還要準備進場接收，所以第二爻就用牛筋繩——也就是名韁利鎖，套住一些人，這樣遯卦第二爻才好進場接收爛攤子。「用黃牛之革，莫之勝脫。」一旦套住了誰，誰都跑不了。革卦初爻也是要準備進場的，只是時機還不成熟，所以要把跟自己相關的人統統約束住，不可輕舉妄動，誰也不准跑。

我們再回到遯卦第二爻。第二爻要避免有力量的人都跑光，所以要用名利把這些人套住。這就出現一個很實際的問題了，落跑的人都怕被套住，就像第三爻「係遯，有疾厲，畜臣妾，吉」是最辛苦的，因為跑得慢。上卦那些大老可跑得快了，不是「好遯」、「嘉遯」，就是「肥遯」，總得想辦法把什麼帶走。所以像國民黨逃亡的時候就帶走了黃金、故宮文物。這時遯卦第二爻就要眼明手快，不然等你進場接收時，什麼寶貝都被掏空了。

當初劉邦攻下咸陽時，他們那群都是地痞流氓出身，沒見過皇家富貴；一入關中，看到咸陽的皇家氣派，那還得了，見什麼就搶什麼，金銀財寶，還有美女如雲。包括劉邦在內都覺得人生到此真是太痛快了！幸好當時還有一個明白人，那就是後來的大漢開國丞相蕭何。蕭何進了皇城，就先把圖書館的治國典章制度、地圖圖集等資料統統搶下來。這個人就是有腦筋，不然滅了秦帝國，怎麼建設漢帝國？連個基本資料都沒有。所以他先去搶圖書館，然後再提醒劉邦，別急著找女人，先掌握治國基本要領，將來坐了天下，有權就有錢，有錢就有女人。當下最要緊的是準備接收的人看重什麼？像遯卦第二爻。此時眼光要看得遠，千萬別亂套，套到女人、套到金銀財寶哪有什麼用？秦帝國那麼多財寶、那麼強大的實力，還不是滅亡了？所以要套住治國的重要資料，就像公司併購時，如果連基本的資產負債損益表都不知道，那不是太荒唐了嗎？所以要「鞏用黃牛之革」。這就是蕭何入關先搜圖集的故事，對我們的啟發是很大的。

二爻：該出手時就出手

六二。己日乃革之。征吉，无咎。

〈小象〉曰：己日革之，行有嘉也。

從初爻默默做準備，到第二爻就要翻上枱面了。此時可以旗幟鮮明地說明理念，發展人際和組織網絡。爻變為夬卦（䷪），說明正是深思熟慮、集思廣益的結果。夬是分決，要告別舊時代，進行陰陽大對決了。「六二」中正，以離卦來講，就是中午的太陽。時機已經成熟，因為「己日乃孚」，基層初爻的準備已初具規模，故可以大聲宣揚，以爭取更多人的「孚」，認同並支持變革。爻變是夬，當然是毅然決然決定要幹，並且進行宣誓、表態。但這時候還不到最後的成功，只是革命理念的公開化，一定會招致保守階層的鎮壓和撲滅；就像陳勝、吳廣起義，秦軍一定會全力剿滅。但革命的時機已經可以公開化，是「見龍在田」的時候了，既然做出決定，那就幹到底了。「澤中有火」，第二爻就是火苗的中心，不會熄滅、不怕鎮壓，不怕舊產品封鎖市場。

要注意的是，「六二」剛好也是卦中卦天風姤（䷫）的初爻，正是新機會的開始，飢民要造反了，「羸豕孚蹢躅」，豬圈再也無法圈住瘦豬，突破的時刻來臨。所以革卦第二爻爻變是夬，也是革中之姤「姤之時義大矣哉」的初爻。星星之火可以燎原。對當權派來說，危機已經顯現；對造反派來講，時機已經來臨，時與位都恰到好處。

「澤中有火」，「文明以說」，時機成熟了，分決告別舊時代是「夬」，迎接不可測的新時代就是「姤」。在爻辭來說，就是告知時機成熟，可以宣揚理念跟決心，號召更多人跟隨。所以陳勝、吳廣決定造反之後，天下響應之快，短短幾個月就有幾十萬大軍。這就是「己日乃革之」，有理念，就可以堂堂正正開始展開行動。「征吉，无咎」，就是勇敢出擊，是強勢進取的行動。征的目的是為了撥亂反正，也是打出旗號、旗幟鮮明地反對舊勢力和舊時代。因為時機成熟，「己日乃孚」，力量就像吹氣球一樣馬上膨脹做大。「征吉」意味著很有成功的機會，而且「无咎」，沒有後遺症。「吉」後面是「无咎」，不但是某一個回合、某一個階段能夠取勝，而且未來很長一段時間還能立於不敗之地。像師卦（䷆）第二爻就是如此：「在師中，吉，无咎。王三錫命。」一般的吉是看短不看長，只是一時取勝，往往後面有收拾不完的咎。

「吉」後面是「无咎」的卦，特別值得注意。「六二」「己日乃革之，征吉，无咎」，〈小象傳〉說：「己日革之，行有嘉也。」這時候是理念帶動行動，絕對可以贏得天下的反響。大家都贊成這是一件極好的事。喜上加喜曰「嘉」。很多力量馬上就聚在一起，有錢出錢、有力出力，風雲際會，大家雙喜。就像井卦第三爻研發到「井渫不食」的階段，「王明，並受其福」。

「亨者，嘉之會也」，第二爻讓「元亨利貞」的亨得到了保證，下面就要付諸實踐。如果有一個很好的產品創意構思可以得到大家支持，就可以開始量產，然後取代舊產品，攻佔市場。這就是「行有嘉也」，這麼好的時機絕對不要錯過。我們發現，「六二」前一個爻叫你千萬不要幹，時機還不成熟；可是到第二爻該動時還不動，那就錯失大好時機了。《易經》就是這樣，僅僅一爻之差，做法截然不同。所以初爻要採取時中之道，二爻就要應時而動。「革之時大矣哉」，「姤之時義大矣哉」，機會來了，就要趕快採取行動。

這就是「六二」，「行有嘉也」。「嘉」字我們見過好多次，是指雙方面的喜。個人的喜是「喜」，喜上加喜曰「嘉」。佛經中經常講的皆大歡喜，就是「慶」。「喜、嘉、慶」三字，清朝的嘉慶皇帝就佔了兩個，可見清朝的漢化非常徹底，光看他們取名字就夠嗆了。這些帝王取的名字都是超冷僻、超典雅。康熙叫玄燁，雍正叫胤禛，乾隆叫弘曆，嘉慶叫顒琰，「有孚顒若」的「顒」。一般人怎麼會取這種名字呢？塞外民族一旦接觸中華文化，很快就被文化征服了，連取名字都這麼講究。不要小看這些名字，個個都是莫測高深。像「顒」是大頭，「玄」是高深不可測。「嘉」字一般出現在爻辭或〈小象傳〉中，革卦第二爻的「行有嘉」；遯卦九五「嘉遯，貞吉」，遯成為傳為美談的事。離卦上爻的「有嘉折首，或匪其醜，无咎」，誅滅元兇、擒賊擒王是一件美事，是值得做的事，所以「聞誅一夫紂也，未聞弒君也」；也就是寧可一家哭，不要一路哭。這也是嘉。還有「孚于嘉吉」，這是隨卦的「九五」。

三爻：多方聽取意見

九三。征凶貞厲。革言三就，有孚。

〈小象〉曰：革言三就，又何之矣？

「九三」一般被稱作拚命三郎，過剛不中，性格很衝。尤其革卦「九三」，是在野的，是下卦民間，當然想革，好取而代之。像項羽是楚國貴族的後代，看到秦始皇的車駕威儀，垂涎人家的財富跟權力，就說「彼可取而代之」。下卦是要推動革命的，上卦就是要捍衛既得利益的，所以第三爻很衝、很急，同時又怕失敗、怕被撲滅，這個爻的情境就是如此。

但是，劉邦看到秦始皇的車駕時，他的想法就不同，這就決定了劉、項的成敗。項羽只是想取而代之，這是大壯卦的思想：一定要消滅對方，自己才能出頭天。這樣的競爭理念很可怕，很可能會採取殘忍的手段以暴易暴。所以項羽如果遭遇頑強的抵抗，每攻下一城就屠城，進了咸陽城就放火，結果把很多輝煌的建築給燒沒了。這樣做既違背天意，也不得民心。劉邦雖然不是什麼好人，有很多弱點，但優點是聽得進諫言。所以他看到秦始皇就不是想取而代之，而是說「大丈夫應如是也」。胸襟明顯不同。不要把秦始皇當成是罪惡的負面象徵，嬴政能開拓大一統的局面，絕不簡單。劉邦覺得自己要學的就是這些。就像孟子說的：「舜，何人也；禹，何人也，有為者亦若是。」這也就是楚漢的成敗關鍵。一句無心的話就把一個人的心態表露無遺。所以范增認為項羽不足以謀，只是後來的歷史把他悲情化了，成為浪漫英雄。我們如果跟項羽生在同一個時代，大概會覺得他是一個兇神惡煞。歷史常是這樣的，像秦始皇有很多值得肯定的地方，但很多史家卻完全否定他。所以人不能輕易失敗，不然天下的壞事都由他去扛。就像《論語》中記載子貢說：「紂之不善，不如是之甚也。是以君子惡居下流，天下之惡皆歸焉。」也就是說，商紂的惡行不像傳說的這麼嚴重。所以君子不要落在道德的下游，以免天下的壞事都算在他頭上。

我們回到第三爻。第三爻還在民間，他有機會就想革，怎麼革呢？他要怎麼看他要革的對象呢？是為了私欲，還是有更好的做法？是「大丈夫當如是也」或「有為者亦若是」？初爻不可以有為，三爻一定要有所為；二爻已經開打，四爻已經成功。三爻就處在二跟四之間，爻變是隨卦（䷐），因為這時候形勢千變萬化，第三爻的選擇充滿彈性，要隨機應變，不能固執；有主張，但也有很多變通性的作法；而且絕對活在當下、與時俱進。

爻辭首先就是「征凶，貞厲」，進退兩難。「征」是採取積極進取的動作，但贏的機會是零。很多革的過程充滿失敗的痛苦，被鎮壓下來或者新產品被舊產品封鎖。「征」的結果是凶，強求出擊不可能贏，會吃敗仗。如果是採取守勢呢？「貞厲」，充滿危險和動盪不安。真可謂進退兩難，進是「九四」的成功，可是在「九三」這個階段不可能成；退則是「六二」，因為已經曝光，擺明了是造反派，要退，就是「貞厲」，人家到處抓你。第三爻三多凶的處境如此，怎麼辦呢？「革言三就，有孚。」這六個字就是革卦到這個階段的正確做法。前面的「六二」為什麼在揭竿起義之後會失敗，或者陷入「征凶，貞厲」的尷尬局面呢？就是「孚」的支持力量還不夠。革卦最重要的就是「孚」，必須爭取更多支持；此外，還要聽取意見，集思廣益，不斷吸收有創意的見解，把「革言」——革命理論、創新理論——「三就」。因為第二爻推出的理論體系還未能盡善盡美，支持新理論、新產品、新政權的力量還不夠；所以「革言」必須「三就」，再三修正改進。「就」是成就、遷就，移樽就教，「三」是多數。所有的行動都有理論、學說的支撐；第二爻「行有嘉也」，第三爻則是「言」需要修改，讓「革言」凝聚更多人的信仰。「三就」不僅代表要聽取多方意見，也說明不要太主觀，一定要多方溝通、請益。一個產品研發設計小組也要聽聽市場意見，甚至採納終端的消費者對產品的意見。一個偉大的創新理念，像「三民主義」或「共產主義」就是「革言」，它們都不可能一次就搞定，必須不斷修改，這就是「革言三就」。

革卦第三爻對應的外卦就是上爻。就產品來說，上爻就是客戶服務，三爻則是在準備量產時把行銷意見納入生產之中，不要閉門造車。也就是說，不要怕修改，沒有人會一次成功，「君子終日乾乾，夕惕若，厲，无咎。」改過就可以無咎，充滿彈性。這也是隨卦的隨機應變，所以「元亨利貞，无咎」。如果「革言三就」，越改越好，順天應人，就「有孚」。革卦從第三爻開始，連著三個爻都講「有孚」，三爻齊變就是地雷復（䷗），一元復始，萬象更新。革卦強調的是「己日乃孚」，所以革最重要的就是「孚」，爭取人家的信任跟支持。「九三」「革言三就」，就是為了「有孚」；孫中山的辛亥革命，中間失敗多少次，他的革命理論也經歷多次修改，最後才能爭取全面的支持，獲得成功。

〈小象傳〉說：「革言三就，又何之矣？」「之」就是到處亂跑，走曲線。植物生長、水流就是「之」。本卦爻變變成的也是之卦。所以不要亂跑，在前進是凶、固守是厲的時候，最重要的就是革言三就，再研究、再開發、再充實理論，除此之外沒有別的路子了。「又何之矣」，方向明確，不要浪費時間。

四爻：順理成章

九四。悔亡，有孚。改命，吉。

〈小象〉曰：改命之吉，信志也。

接著就是第四爻，時機成熟，生產工作都完成了，就像井卦的「井渫不食」，爭取到支持者，找到願意配合的通路商。四爻首先是「悔亡」，這一點已經提過，然後是「有孚」，爭取大眾信賴。「改命，吉。」「改命」就是改朝換代，「吉」代表成功。爻變是既濟卦（䷾）。〈小象傳〉說：「改命之吉，信志也。」「信」就是伸，〈繫辭傳〉中分析咸卦「九四」「憧憧往來，朋從爾思」那個爻，就說「尺蠖之屈，以求信也」，信就是伸。可以伸張意志，也爭取到有孚，大家都相信你的志是有道理的，然後大形勢就改變了；所以「伸志」就「改命」，人革天命就在這個剎那成功了。從二爻打出旗號到四爻坐了江山，中間的第三爻就特別重要，千萬別到處亂跑，唯一要做的就是「革言三就」。

在講五爻和上爻之前，我們先看一個卦例。卦例是革卦動二爻、四爻，宜變的爻位落在第二爻。第二爻是最重要的，爻變是夬卦；看到第四爻，就知道會成功，但關鍵還是第二爻，旗幟鮮明，「已日乃革之，行有嘉也」，「征吉，无咎」，到時候就會有四爻的實現。這是由內而外、由下而上、由基層到高層、由在野到在朝、由民間到政府。雙爻齊變是需卦（䷄）。需是有需求，但要耐心等待，「不速之客三人來」。需卦卦辭一開始就提「有孚」。如果「有孚」，就可以「光亨貞吉，利涉大川」。這是「遇革之需」，透過二爻、四爻同功而異位的變化，二爻先把理念講清楚，爭取認同；四爻就有很多人配合，伸張革命之志，人革天命。這個卦象講的是釣魚台什麼時候能收回？答案是遲早會收回來。本來就是我們的，只因老美不要臉，把它交給日本，日本就說是他們的。沒關係，只是現在還不能解決，也不想在這時候惹老美，我們就像需卦一樣，一邊吃喝、一邊等待。孔子說，「無欲速，無見小利，欲速則不達，見小利則大事不成」。暫時就讓它擱置，但不是割讓，等到將來中國繼續壯大，「已日乃革之」，那時就順理成章了；到第四爻就「悔亡，有孚，改命，吉」，一定收回。「革之時大矣哉」，耐心等待吧！當然我也沒問是什麼時候，反正一定有，只是現在不能急著處理，先擱置，將來自然而然會解決。

五爻：君相造命

九五。大人虎變，未占有孚。

〈小象〉曰：大人虎變，其文炳也。

還剩兩個爻，我們看第五爻君位。虎豹兄弟來了，五爻是老虎，六爻是花豹。「九五」是中正，「大人虎變，未占有孚。」這是一個充滿生命力的光輝命題。新的領導中心是大人。《易經》講的大人是什麼境界，我們就不必再強調了，乾卦〈文言傳〉把它推崇到極致：「與天地合其德，與日月合其明，與四時合其序，與鬼神合其吉凶，先天而天弗違，後天而奉天時，天且弗違，而況於人乎，況於鬼神乎？」

革卦是一種非常變革，還是「元亨利貞」，卻由龍變成了虎，「飛龍」變成「虎變」。這說明革卦就是要推動變化，要改革，要變化，而且是虎虎生風的虎變；是一個強悍的自然生命力的發揚，不信邪、更不迷信。到了大人的德位，人就可以革天命，因為他「先天而天弗違」，不僅天人合一，而且超過了。以第二爻的創新理念、第三爻的改進，到第四爻行動成功，第五爻就改朝換代，突破命運的枷鎖，搖身一變，展現萬獸之王的威風。乾卦是講一般的自然天理，君位是「飛龍在天」；革卦在下經是非常時代、非常人的創造、改變，所以就用「老虎」來象徵。這就是龍虎風雲，雲從龍，風從虎；龍還是虛構的，虎可是實際有的。所以「大人虎變」是真實人間的，「大人龍變」則虛無縹渺。

「大人虎變」代表強大的行動力，歷代打天下的梟雄都是如此。「未占有孚」，根本不用占卦，靠大人的行動力與智慧，生命能量的爆發力超過宿命的規律，就像「大人以繼明照于四方」，還需要算卦嗎？利益眾生的益卦君位「有孚惠心，勿問元吉。有孚惠我德」，革卦「未占有孚」也是在「有孚」的基礎上。自信夠的人根本不用算卦，革卦「九五」做的是驚天動地的變革，那已經比算卦還高了。大人的「先天而天弗違」，「善易者不占」，在這裡得到了印證。我們在講復卦「迷復」這一爻就講過，康熙親征葛爾丹，大學士李光地占到「迷復，凶」，他照樣出征；因為「貞我悔彼」，「迷復，凶」指的是葛爾丹，不是指康熙。內卦代表康熙，外卦代表葛爾丹，所以葛爾丹「迷復」，「至于十年不克征」。

可是「大人虎變」跟姜子牙的故事，「貞我悔彼」就說不通了。我們都知道武王伐紂時，有人占卜出師不利，姜子牙不信占卜，他說：「枯草朽骨，安可知乎？」後來武王伐紂成功，超過了占卦。這就說明革命具有震盪性，往往機不可失。好多歷史書都記載這一段，武王大會諸侯，準備發動革命。可是這麼重大的行動，依過去的傳統，非要卜一卜、占一占。結果所有的卜筮結果都是凶象；再加上天候不好，把中軍大旗給吹折了，那時候包括周公在內的很多參謀都說上天顯示不祥之兆，時機不對，不是「革之時」。照講武王應該打退堂鼓的，結果唯一力排眾議的就是老英雄姜子牙，他焚龜折蓍，認為死烏龜殼和枯草枝兒怎麼能決大事呢？從兵法來講，當時的情形也是勢在必行，不能退縮。當然以我的推測，姜子牙可能也是老之將至，要做生命的最後一搏了。大概武王也被他嚇到了，決定賭一賭，結果還真的成功了。這就叫「大人虎變，未占有孚」。占卦本身就是信心不足、見事不明，需要用占卦來幫忙做決策。有自信的人還需要占卦嗎？

第五爻變是豐卦（䷶），結果是如日中天的豐功偉業；「革去故」之後，建立了「豐多故」的局面。這就是「大人虎變，未占有孚」。焚龜折蓍的歷史事實證明，姜子牙也建立了如日中天的豐功偉業。〈小象傳〉說：「大人虎變，其文炳也。」「炳」就是大火，南方丙、丁火。「丁火」是星星之火，是陰火；「炳（丙）火」是大火，也是陽火丁火。我們說一個人功業彪炳，就是講改朝換代的英雄事業。具有君位風範的行動力，絕不迷信，只要運用順天應人的超時智慧，就可以「其文炳也」。「文」是文治，馬上得天下，不可以馬上治天下，通常「革」前面就是武功，得天下之後，就得偃武修文，不再發動刀兵，開始從事文化建設。就像坤卦第五爻「黃裳元吉，文在中也」的「文」。所以蕭何認為搶圖集比搶女人、財寶重要，連秦始皇都懂這一點。戰國時期花了那麼久的時間掃平六國，等到他確定成功了，下面就得「其文炳也」，和平改革的事業才能照耀千古，是真正的了不起。

我們都知道，第五爻是君位，第四爻是相位，朝代興亡，越是居高位的管理者越不可以迷信，一切成功都是靠自己創造的。這就是中國歷史上很有名的「君相造命」觀念。像革卦就是「改命吉」、「未占有孚」。「君相造命」就超過順命的層次，「將相本無種，男兒當自強」，陳勝、吳廣起義時就說「王侯將相，寧有種乎」，王侯將相都是自己努力創出來的。

上爻：鞏固革命成果

上六。君子豹變，小人革面。征凶，居貞吉。

〈小象〉曰：君子豹變，其文蔚也。小人革面，順以從君也。

我們再看第六爻。「君子豹變」，豹的身體就小一點，老虎旁邊圍著一群豹，這就是所謂的虎豹兄弟。上卦整個革命集團，除了第四爻的官僚階層，還有開朝元老「上六」。「九五」的成功一定要靠很多的「上六」支持。這些打天下的人物形成強悍的生命力。「豹變」也有強大的行動力。豹身上的花紋是一點一點的，體積也比較小；老虎的花紋是大綱，是宏觀的，可是實際的行動細則，則要落實到花豹的行動上。所以統治集團「虎變」之後，政綱、政策需要「豹變」去落實完成。從企劃到執行，虎豹不離。豹皮也是很珍貴的，還是呼應革的象。由初爻只能穿牛皮的老百姓，因為上下易位，改穿老虎皮跟豹皮，下面就進入鐘鳴鼎食的鼎卦。為什麼是「君子豹變」呢？因為核心是「大人虎變」，執行者構成的集團是君子，像開國功臣。同時，這一變革又影響到最外圈，使得「小人革面」，這就是同心圓的擴張。台語說：「西瓜偎大邊」，想要革的人，中央突破點一旦做到「虎變」，旁邊就會跟著「豹變」，再影響到一般小人——一般老百姓也要換一張臉，這就是「小人革面」。至於老百姓到底懂不懂革命的意義，或者新政權會怎麼樣，他才不管那麼多！也就是說，小人只是革面，沒有革心。就像我們使用新產品，真會懂得產品背後的理論嗎？其實大多數人只要會用就好。所以「小人革面」，只是換了一張臉，並不代表對理念衷心認同。

這就是從中央突破點帶動全面的變化，只要核心集團發生變革，外圍絕對順風轉舵。但這時就要與民休息，千萬不要再進行激烈的破壞，或者看小人只是革面，就要求他們革心，這就太過了。所以說「征凶」，必須刀兵入庫，戰馬歸山。因為革命造成的破壞，百廢待興，儘量把「征」的行動都停下來。故「居貞吉」，固守現在的成果，一動不如一靜。有些事要等到天下底定、一切步入正軌後再做。所以到了革的最後階段，大局在握，開始建立新朝，雖然還有些地方沒有掃平，還有零星的叛亂，都無所謂，等到新生的政權成熟、壯大之後，再來收拾它們。

「上六」的「征凶，居貞吉」呼應「九三」的「征凶，貞厲」。從產品的角度來說，就是從量產到客戶服務，此時產品已佔據大部分市場。「大人虎變」代表品牌確立，「君子豹變」、「小人革面」代表市場佔據絕對優勢。〈小象傳〉說：「君子豹變，其文蔚也。」「蔚」就像花豹身上的紋路，伏羲氏「仰則觀象於天，俯則觀法於地，觀鳥獸之文與地之宜」。「鳥獸之文」既是講足印痕跡，也指身上的文采；像「虎變」、「豹變」、「黃牛之革」都有不同的象徵。「其文蔚也」就是通過「君子豹變」把「其文炳」的光輝、理念，具體細膩地落實於文化、文明建設。那麼「小人革面，順以從君也」，是在給你面子，反正江山一天到晚在換，自己安心做安善良民就行，朝堂換誰都一樣，「小人革面，順以從君」，說明最終形勢比人強。

這一爻的爻變為同人卦（䷌），這時候要做的是「同人于野」，鞏固革命的成果，儘量修補人際關係，爭取和平的大環境。

占卦實例1：馬英九國民黨主席之戰大勝

二〇〇五年中，連戰卸任國民黨主席，馬英九與王金平競爭大位。我占二者勝算，王為明夷卦初、三爻動，齊變為坤卦。明夷艱苦，形勢黯淡，坤卦實力不足，機會不大。馬為革卦二、三、四、上爻動，「六二」值宜變為夬卦，齊變成中孚卦。馬的清廉改革形象，在陳水扁貪瀆疑雲下頗得民心，革卦卦辭：「己日乃孚。」「九三」、「九四」爻辭皆稱「有孚」，「六二」爻辭稱：

「己日乃革之，征吉，无咎。」馬應必勝，結果確實大勝。

占卦實例2：二〇一五年大陸經濟情勢陡變

大陸自改革開放以來，經濟快速成長，近年幅度稍緩。二〇一五年初，我問大陸全年的經濟情勢，為不變的革卦。看來會有天翻地覆的嶄新變化，絕對有別於過去的形態，大家得注意因應。七月起股災連連，多少人包括大戶損失慘重；八月人民幣無預警狂貶，帶動亞洲多國貨幣跟貶，一時風雲動盪，全球經濟看淡。

占卦實例3：德國為歐元區共主

二〇一〇年九月中旬，我應邀赴德國慕尼黑授《易》，課畢在其地遊覽，問德國堅持留在歐元區盡責如何？為革卦初、三、五爻動，「九五」值宜變為豐卦，齊變成豫卦。面臨歐洲沉重的負債，帶領各國熱情奮鬥，確實責無旁貸。革卦君位「九五」爻辭稱：「大人虎變，未占有孚。」〈小象傳〉讚稱：「其文炳也。」豐功偉業，利己利人，何樂而不為？

調和鼎鼐——鼎卦第五十（䷱）

鼎，象也

鼎在古代是烹肉的器皿，也是權力的象徵。鼎卦的卦象也非常奇特，解釋卦辭的〈彖傳〉一開始就說「鼎，象也」。「鼎」的卦象就是鼎的樣子，我們看火風鼎（䷱），四個陽爻、兩個陰爻，鼎的肚子就是二爻、三爻、四爻三個陽爻，裡面可以裝食物。第五爻就是鼎的耳朵，君位是中空的，用金屬棒子從兩耳穿過去，必要的時候就可以把鼎抬著走；如果是比較小的鼎，烹肉時還可以用棒子將兩耳懸吊起來，下面架柴燒火。那根棒子就是上爻，叫做「鉉」。初爻就是鼎的三隻腳，卦象只有兩隻腳，這是因為從正面看只能看到兩隻腳。

鼎也有四隻腳的，但三隻腳的居多，所以我們會說三國「鼎」立。鼎在古代被視為國之重器，是國家和權力的象徵。作為國家重器，就是王權的象徵。成語「問鼎中原」，就是指春秋時代楚國北上爭霸，在朝見周天子時，看到周之九鼎，竟然問鼎重幾何。當時都認為這是楚國國君覬覦中原的表現。成語「一言九鼎」，代表領導人講話算話，也代表言行有威嚴，不會輕易更改。按周朝制度，周天子可以享用九個鼎，周天子用餐就是用九個鼎的規制，還有八個簋是用來盛主食的。諸侯只能享用七個鼎，卿大夫五鼎、士三鼎，這是以單數定規。而簋就是按雙數定規，天子是八簋，其下依次是六、四、二。這些數目的規定是很嚴格的，代表體制、排場、規格、檔次；也代表人的地位，是政治權力的象徵。

既然擁有政權，代表天命所歸，宇宙主宰、天地鬼神都要支持他，所以鼎也是宗廟祭祀的祭器。可見，鼎是達官貴族吃肉、烹肉的食器，又是代表權力的法器、祭祀的祭器。而且是三合一，政權擁有天命的支持，可以行使權力，也有資格吃肉。在中國古代社會資源貧乏的時候，鼎中的肉食一般只有高官才能享有，孟子曾說一般老百姓七十歲以上應該要衣帛食肉，代表要敬老。也就是說，活得夠老才能吃肉，穿得比較像樣些；一般老百姓很少見到肉。可見鼎是特殊地位的專用品，一般人是用不起的。

「鼎」字上面如果加一個「乃」字，就是「鼐」，「鼐」就是大鼎。大陸有名的考古學家夏鼐就是以「夏朝的大鼎」為名，看來他這輩子非做考古學家不可。古代的鼎已成為現代中國的重要文物，雖然歷朝歷代都有鼎，但還是以商周時期為佳，尤其是殷商時代的做工和配方，後世很難匹敵，堪稱絕世珍寶。

革、鼎、震卦序分析

我在革卦一章說過，革卦是去故，鼎卦是取新。革卦是上下易位，改朝換代，一旦民不聊生，就會有人革命，舊政權無法阻止天下大亂，勢必會被拉下台。新的政治勢力上台之後，就要設法維持穩定的局面，因為原來的革命者變成當權者，最怕的就是人家再革命。鼎卦代表政權，就是要尋求穩定，所以鼎絕不會是兩隻腳，至少要三隻、四隻，這代表政權的民意基礎要取得平衡。從力學原理來看，三隻腳的平衡是最穩定的。一個政權鞏固與否，就看鼎卦初爻代表的廣大基層民意是否穩定？為什麼現代西方國家要強調行政、立法、司法三權分立？就是要三種權力互相制衡，讓國家機制保持相對穩定，不會輕易被推倒。鼎中的肉，代表國家資源、GDP（國內生產毛額），是全體國民共同努力的成果，應為大眾共享。而且鼎的食物是熟食，革命時期可能還是茹毛飲血，到鼎的時候社會富強康樂，大家就一起享受鼎中烹煮的食物。一旦個人利益跟政權利益相結合，老百姓當然希望能長久維持鼎的穩定。

革卦之後為鼎卦，代表非常破壞之後需要非常的建設；新政權誕生，就要守成。鼎卦之後是震卦（䷲），震是嫡長子繼承，要求政權代代相傳，香火不斷、永續經營。秦始皇也希望革、鼎、震依序發展，但傳至二世而亡，第三代子嬰把趙高除掉之後，自己很快就死於項羽之手。所以，建立政權之後，國家建設及接班交棒都是重大問題。秦始皇絕對是梟雄，但他在政權交替方面沒有做好準備，這是很麻煩的事。能不能找到適當的接班人？會不會失去政權？這都是革、鼎、震三卦需要考慮的。

鼎中的大過卦——非常建設

鼎卦強調建設，既然建立新政權，就要比被推翻的政權表現更好，所以要有很多讓老百姓滿意的建設，這樣才可以鞏固新政權，實現當初的革命理想。但是要做到這一點，也需要「非常」的魄力。所以革、鼎兩卦的卦中卦都有大過卦（䷛）。大過卦如影隨形，從夬（䷪）、姤（䷫）之後，一直影響到現在的鼎卦。萃（䷬）、升（䷭）、困（䷮）、井（䷯）、革、鼎六個卦，都是內部高度動盪，要展現非常的勇氣和魄力才可以應付得當。姤卦不可預期的時代危機或轉機之後，就產生顛覆性的大過卦，造成萃、升、困、井、革、鼎的風雲變幻。稍微有點區別的是，萃、升、困、井四卦都是四個爻構成大過卦，不是下面四個爻就是上面四個爻，這個現象可以幫助我們瞭解萃、升、困、井絕不是天天發生的事，精英薈萃、高度成長、人生困到極點，然後想辦法研發轉型，都需要非常的智慧、勇氣，才可能突破難關。

革、鼎二卦更是如此。一個是「元亨利貞」，完全創新的變革；一個是讓人眼睛一亮的嶄新建設，都需要非常的膽識與魄力。但革、鼎兩卦裡面的大過卦，是由五個爻構成的。革卦從二爻開始進入狂風暴雨、隨時可能顛覆的大過卦，只有革卦初爻還未投入革命行動的暴風圈，所以就要「鞏用黃牛之革」，「不可以有為也」。鼎卦則是一開始就進入大過卦的影響範圍，從廣大基層的初爻到君位領導人，都在大過的非常時期。如果建設成功，「上九」所代表的政權就可以高枕無憂，甚至一代傳一代，延續到下面的震卦。換句話說，由革卦到鼎卦，再接到震，從革卦第二爻到鼎卦第五爻，就要經過十個爻的大過卦，這個階段是非常破壞、非常建設時期。所以，鼎卦上爻才得以穩固，前景好得不得了。

這是從卦中卦的大過卦來看鼎卦的特點。我們講鼎原本代表熟食，是烹出來的肉，後來指國家政權所創造的財富讓全民共享，所以大家都會擁護這個鼎。如果貧富懸殊，就不只是經濟問題，而是嚴重的政治問題。經濟問題就考驗領導人的政治能力，像美國的歐巴馬在這方面顯然經驗不足，而其國會也都是為了個人利益，結果當頭一棒，就給他降低債務信用評級，進而影響全世界。未來十幾年我們恐怕都要被綁在一起，風雨同舟，又愛又恨，「蹇之時用大矣哉」，怎麼辦？唯有鬥智而已。

鼎卦之錯卦（屯卦）和交卦（家人卦）

鼎卦代表熟食、安定，展現權力意志，那麼茹毛飲血則是在革命的時候；那時沒有政治資源，正是要奪江山、打天下的時候，所以不見得有好吃的，上山打游擊往往有一頓沒一頓，吃的可能是生冷的東西。這就是鼎卦的綜卦——革卦，也是鼎卦的前身。跟鼎卦性質相反、六爻全變的錯卦是水雷屯（䷂）。「屯」也是茹毛飲血、資源匱乏，「動乎險中大亨貞」。屯卦第三爻是上山打獵，打獵之後，第五爻「屯其膏」，膏是冷的，這就代表草莽開創時期資源不足。鼎卦則是資源充足，所以希望找到接班人，維持長久的穩定，下面就是震卦。

還有，跟鼎卦上下交易的交卦就是風火家人（䷤）。在過去的時代，革、鼎的改朝換代都是家天下，唐朝就是李家江山，宋朝就是姓趙的坐天下。皇家就代表政權，就有國姓，像鄭成功本來姓鄭，但他要延續明朝的命脈，就被賜國姓朱，人稱國姓爺；過去臺灣的延平郡王就被稱為朱成功。清朝的國姓就是愛新覺羅。火風鼎是國的概念，風火家人是家的概念，可是有時候家就是國、國就是家。所以家人卦跟鼎卦關係之密切可想而知。

我們現在講的家都是小家庭。在過去，「家」是指大夫家，齊家治國，所以欲治其國者先齊其家。《論語》就提過，諸侯是國，全部的諸侯是天下，大夫就是家；但後來大夫擅權，凌駕在諸侯之上。

什麼叫家人？不管多大的家，一定要有吃的，而且不希望吃生冷食物，所以家人卦第二爻就是「在中饋」。家人卦整體來說就是「利女貞」，主婦要相夫教子，要準備熟食給丈夫、子女吃，使得一家溫飽。鼎卦就是食，而且是一個國家的食，政權之所以必要存在，就是希望讓大家溫飽。如果大家不能溫飽，要這個政權幹什麼呢？當然就要推翻你，希望可以爭取到食物。

鼎、噬嗑、蠱：政治中權與錢的爭奪

噬嗑卦（䷔）是典型的弱肉強食，爭到最後肉都發臭了，成為貪腐的蠱卦（䷑）。火風鼎、山風蠱、火雷噬嗑，這三個卦都跟政治的權錢交易有關，也都跟吃肉有關。蠱卦的貪腐，噬嗑卦的政治鬥爭，鼎中的肉食就是大家拚命爭奪的權力資源。大家搶肉吃，成者為王敗者寇；搶到的就有肉吃，幫著搶肉的還有湯喝。

像噬嗑卦第四爻、第五爻是吃得最多的：「噬乾胏，得金矢」、「噬乾肉，得黃金」，說的就是權跟錢；其他隨從者有時可以吃到臘肉，但會遇毒；另外「噬膚」的還會滅鼻，「膚」就是鼎中薄薄的肉片，才吃到一點點，卻被當成炮灰。被消滅的上下兩個陽爻一個是「屨校滅趾」，一個是「何校滅耳」；獲勝的中間四個爻是吃肉集團。五爻和四爻吃得最多，這就是噬嗑卦。如果我們研究透徹，就會發現不管黑白兩道，一定要做大當家的，如果是「噬膚滅鼻」的小嘍囉，隨時可能喪命，何苦來哉？可是，這些跟班的也不能不幫著大頭去對付敵人，因為噬嗑卦中間四個爻合起來就是水山蹇（䷦），大家都是一條船上的人，只有風雨同舟。雖然吃得少，至少還有得吃；雖然可能被滅，但是參加獲勝集團，多少可以分到一點肉。這就是噬嗑卦的共犯結構；其實就是噬嗑卦跟鼎卦的關係，都是為了爭肉食。《左傳》中曹劌論戰就講「肉食者鄙」，一天到晚吃肉，吃到頭都發昏了。所以當官的不是貪腐就是笨，貪到最後臭不可聞，就是蠱卦。

蠱卦第五爻、第四爻是屬於典型的共犯結構。噬嗑卦的五爻、四爻吃得最多，權錢交易、官商勾結最厲害。鼎卦五爻、四爻的君位和高官之間也是大有文章。如果把這三個卦摸透了，古今中外天下事就變得簡簡單單，就是那麼回事。鼎卦第五爻跟噬嗑卦第五爻有什麼關聯？鼎卦跟噬嗑卦的關係是下卦全變。換句話說，噬嗑卦的「六五」跟鼎卦的「六五」有很多相似之處。「噬嗑」要搶的就是鼎中的政治資源。而把鼎卦、蠱卦、噬嗑卦的五爻跟四爻三對爻一起看，就很容易明白其中的道理。鼎卦、噬嗑卦的「六五」跟「九四」，都是陰乘陽、柔乘剛，是貪欲蒙蔽理智的象，最可能就是貪腐的共犯結構。噬嗑卦第四爻的貪腐天下皆知。蠱卦第四爻「裕父之蠱，往見吝」，顯然有問題。鼎卦第四爻擺明了就是貪腐，可是第五爻的貪腐是躲在幕後的，沒有留下任何證據，一般人看不出來，爻辭也很客氣，只是進行道德勸說。《易經》六十四卦君位的爻辭都沒有指著鼻子罵，這是充滿政治智慧的避諱傳統。包括高官在內的什麼人你都可以罵，就是不能罵君王，否則君王一生氣就叫你掉腦袋。這就是《春秋》大義「為尊者諱，為親者諱，為賢者諱」的避諱傳統。該批判的照樣批判，又可以自保。等到避諱成為慣例，人家一看就知道你在罵他，可是沒有直接證據，他也不好發火，只好自己有所收斂，這就達到了目的。

鼎卦「六五」跟「九四」擺明了是共犯結構，所以「六五」要拒絕「九四」的貪腐誘惑，不然好不容易建立的新政權，馬上又被人民痛罵，最後又被推翻。這是鼎、蠱、噬嗑三個卦的關係，可以幫助我們全方位瞭解鼎卦。

鼎卦卦辭

䷱

鼎。元（吉）亨。

〈繫辭傳〉中說，井、革、鼎都是制器尚象，鼎是國之重寶，井解決老百姓飲水的問題。鼎就是要為民造福的掌權階層。而鐘鳴鼎食、榮華富貴，就用鼎這種國之重器作為象徵。

傳統木刻版《易經》的鼎卦卦辭是三個字，即「元吉，亨」，但那個「吉」字怎麼看都是衍文，應該是一個錯誤，通常經文能不改就不要改，但鼎卦卦辭為「元吉，亨」沒什麼道理，應該就是「元亨」。最好的證據就是〈彖傳〉。〈彖傳〉最後說「是以元亨」，沒有說「是以元吉亨」，「吉」字在〈彖傳〉中好像沒有出現過，〈彖傳〉的作者應該不會對「吉」字完全置之不理，而自古就認為那個「吉」字是多出來的。反正古代書寫流通不利，傳抄過程中造成謬誤是很可能的。而這麼多字才出現一兩個謬誤，已經很不容易了。所以我們認為鼎卦卦辭就只有「元亨」兩字，「元亨」就是充滿了開拓和創造性的核心力量，行事自然亨通。

再者，鼎卦和大有卦（䷱）這兩個卦的結構非常類似，只差在初爻不同。鼎卦初爻變是大有卦，大有卦初爻變就是鼎卦，二爻以上完全一樣。而兩卦的卦辭都是「元亨」，這是有道理的。

我之所以講這兩個卦，是為了提出一個概念，即均富的社會需要調和鼎鼐的治國藝術。老子說「治大國，若烹小鮮」，「小鮮」就是小魚，魚象徵一般老百姓，這些基層百姓雖然沒什麼知識、地位，但他們很重要。如果基層動搖，政權就有危機，所以鼎卦才那麼重視腳的支撐，這就是民意的基礎。現在很多國家都重視民意，尤其現在互聯網這麼發達，在微博上發聲一呼，就不只是百應，而是萬應、十萬應，甚至百萬、千萬應，政府就必須對這些民意做出回應。要知道，再大的國家都是由廣大的基層支撐起來的，若基層對政府不滿，政權的基礎絕對會動搖。老子說出這樣一句話，也是對生活觀察入微，據說烹魚是烹飪中最難的，既要入味，又不能把它弄糊，還不能表面熟、裡面生。烹的藝術跟煎、炒、煮、炸不一樣。烹是用氣。要國泰民安，鼎要穩如泰山，就要讓大家通氣，也就是「元亨」；既要政通人和，還要充滿創造力。這正是烹調的藝術。所以伊尹能以一個烹調高手而成為中國歷史上最早、最好的宰相，輔佐商湯滅夏，孟子推崇他是「聖之任者」，是承擔大任的聖人。在傳統醫學思想中，一個好的醫生除了「技藝」，更重「醫道」。《國語》中記載：「上醫醫國，其次疾人，固醫官也。」一個好的醫生，一定要能指出國家的疾症之所在。這個思想在「藥王」孫思邈手中又有進一步的闡釋：「上醫醫國，中醫醫人，下醫醫病。」這不僅是傳統醫家的理想，更是士人追求的目標。最好的醫生就是治國高手，就像最好的廚師也是治國高手；要做到這一點，就必須懂得控制火候。鼎也是丹爐的象，可以煉製許多治國、治世的管理人才。孫猴子的火眼金睛就是在太上老君的丹爐裡煉出來的。氣功的內丹功就是以身體為煉丹的鼎。

鼎要腳站得穩，才不會動搖。人的衰老都從腳開始，因為內氣不調和，導致立足不穩。對養生來講，如果是不變的鼎，表示身體很好。一般養生都是從困卦開始發現身體的問題，再像井卦一樣找出最好的養生方法，然後是革，洗心革面，改掉壞習慣；最後到鼎的穩如泰山。人身小宇宙和天地大宇宙都是如此，養生和治國是一樣的道理。

鼎卦〈大象傳〉

〈大象〉曰：木上有火，鼎。君子以正位凝命。

「木上有火」，說的是鼎卦的象，下卦巽為木，上卦離為火，這就是木上有火；然後巽也是風，風助火勢，就可以讓生的東西趕快變成熟的。這就是借助乾柴烈火之勢，更好更快地進行鼎中的烹調。

「君子以正位凝命」，「正位」和革卦〈大象傳〉的「明時」，剛好合成時空的觀念。「凝命」是完成天命。革卦「明時」，鼎卦「正位」，卦序裡面的理氣象數真是大有道理。革卦是第四十九，鼎卦是第五十，根據曆法制定的「大衍之數」就有鬼神莫測之機，能夠幫助我們解決任何問題。如果人沒有時跟位的參考座標，找不到正確定位，很多事情都無法處理。乾卦〈文言傳〉說「六位時成」，先有時再有位；「明時」就能「正位」。革卦之後是鼎卦，得享天命、鞏固政權，那就是「凝」。別人不好被你推翻，你改朝換代，「治歷明時」，立新的年號、曆法，開啟一個新的時代，就要「正位」，在那個位置上好好表現，不然很快也會被推翻。表現越好，政權就能福祚綿長，可以多享受一點天命。清朝享國兩百六十多年，明朝享國兩百七十多年，皆因為剛開始表現還不錯，打好根基，故能「正位凝命」。

「凝」字有「鞏固」的意思，坤卦第一爻「履霜，堅冰至」，〈小象傳〉就用了「凝」的觀念：「陰始凝也。」鼎卦要正位，就是為了凝命。我們算卦的時候，「其用四十有九」，是為了「治歷明時」；「大衍之數五十」就是為了「正位凝命」。「正位」的概念在領導人來說，就要好好表現，不能亂來。坤卦第五爻「黃裳元吉」，其實就是人民做主。〈文言傳〉講坤卦「六五」是說：「美在其中，而暢於四支，發於事業，美之至也。」講的就是「正位」。坤卦「六五」跟鼎卦「六五」其實是相通的。我們一直講鼎卦有全民共和的意思，不受限於過去改朝換代的君主專制，如果只是換人做老大，那麼還是「興，百姓苦；亡，百姓苦」。〈易傳〉中很多卦已經脫胎換骨，被賦予崇高的理想。鼎卦「六五」實際上就是以民為貴的「黃裳元吉」。一個領導人要「正位」，天命才不會轉到別家。關於「凝」字，《中庸》就特別提出：「苟不至德，至道不凝焉。」要用「至德」去凝「至道」；把理想變成事實就叫「凝」。坤卦就有「凝」的工夫。乾卦再高遠的理想一定要落實於大地之上，這就是坤的工夫。乾卦講最高的道，坤卦講最高的德，所以《中庸》說一定要有最高的德才能讓最高的道具體落實。

鼎卦〈彖傳〉

〈彖〉曰：鼎，象也。以木巽火，亨飪也。聖人亨以享上帝，而大亨以養聖賢。巽而耳目聰明，柔進而上行。得中而應乎剛，是以元亨。

「鼎，象也，以木巽火，亨飪也。」這裡把「巽」當動詞，因為下卦是巽，巽為風，也為木，有深入、低調的意思。「以木巽火」，必須小心翼翼維繫火種，也就是維護政權，千萬別讓火種熄滅；所以要低調小心。還要像「水風井」取象於樹木扎根深入，通過毛細作用吸收水分，送到末梢。為政治國也是如此，所以下卦巽的工夫很重要，才能讓上面的火長明不滅。「亨飪也」，亨就是烹、享，以前都是一個字通用。就是要讓氣能通。政治也是一樣，需要調和鼎鼐，讓大家的氣都是通的。如果氣不通，一時壓住了，久了還會冒出來。

烹飪的目的就是透過通氣的原理，讓食材成為熟食。大家一起分享鼎中的食物，同時也和天地鬼神祖宗一起分享。這就是亨、享、烹三位一體的概念。王夫之的《船山易學》在解釋「亨」的時候說：「氣徹而成熟，情達而交合。」所謂亨通，必須「氣徹」，氣是通暢無礙的；「而成熟」，生冷的食材成為香氣四溢的熟食。「情達」，因為人情最麻煩，如果各行各業、朝野各階層都能互相通氣，就能人情通達；「情達而交合」，然後大家都能交合融洽，共享鼎中美好的社會資源。所以男女交合、朋友交合，乃至天地人鬼神的交合，都是亨的美境，而烹飪、享祭，都要達到這個目的。

「聖人亨（烹）以享上帝」，《易經》比基督教更早就講上帝。益卦第二爻說「王用享于帝」；豫卦〈大象傳〉說：「先王以作樂崇德，殷薦之上帝，以配祖考。」帝是主宰，是震卦的概念，「帝出乎震，萬物出乎震」，這個上帝當然不是基督教意義的上帝，而是震卦所代表的宇宙主宰。「聖人亨以享上帝」，就是希望人跟天、人跟自然之間是互相通氣的。人想做的事、享受的權柄，希望得到上天護佑，所以就用鼎做祭器烹肉祭上帝；同時也代表這個政權是替天行道，所作所為都是合乎天道的。古代帝王用鼎中的肉祭祀天地宗廟，再把肉分給國之重臣，因為他們是鼎中的一分子，襄贊政權，也可以分享鼎中的資源。這些人就是鼎卦第五爻講的「鉉」，居於鼎鉉之側。官越大的，就可以分到大塊肉，權位小一點的就只能分到臘肉，小太監之類的就只能分到薄薄一片肉。但大家都得到了分享，自然就會擁護你。所以整個政權就是分肉集團，關於這一點，姜子牙就講得赤裸裸。他說：「取天下者若逐野獸，而天下皆有分肉之心。」大家都想分一杯羹，就要想辦法擺平。

逐鹿中原最後得勝，就要負責分配鼎中的肉，「聖人亨以享上帝」，先把「上帝」餵飽了，得到天命的支持，之後就要賞賜執政集團，這就是「大亨以養聖賢」。所以這個時候不能小氣，要大方酬庸，用鼎中烹煮的肉大塊大塊地供養輔佐有功的人。

順天就能應人，得到上帝支持，也有聖賢的輔佐，自然能夠鞏固領導中心。聖人就是指君位的「六五」；「上九」就代表上帝，那是鼎卦看不見、摸不著的治國理念。「六五」君位應該無條件奉行合乎天道的治國理念。「聖人亨以享上帝」，「六五」跟「上九」陰承陽、柔承剛，完全忠於執政理念。輔佐「六五」的朝中重臣就是「九四」，在民間的建國人才就是「九二」。「六五」跟「九二」相應與，要啟用聖賢來治國。「九四」照講是中央執政高層，偏偏他是大貪官，「九四」爻變就是蠱卦（䷑），是不是貪腐？鼎卦的搶肉吃跟蠱卦的貪腐只有一爻之差，而且貪的絕對不是民間的錢，而是整個政權的公共資源。

第四爻就是一個剛剛興起、又很快墮落的政權；貪污盛行，讓人民非常失望。這也是「九四」不正的緣故，陽居陰位，爻變是蠱卦的貪腐。所以在〈繫辭傳〉中，孔子就選了這個爻來宣講，在革人家命的時候好像很清新，因為沒有面臨誘惑；等到贏得政權，卻比原來的政權還貪得兇。歷代以來，這種現象不勝枚舉。所以不能輕易革命，革命成功後，可能很快就叛離革命時的理想；一旦富貴，什麼都變了。人性是經不起誘惑的。但是從卦的觀點、〈彖傳〉的觀點，都希望「九四」、「九二」能好好地透過承乘應與的關係輔佐「六五」，「六五」也希望「正位凝命」，好得到上帝加持，把一個鼎統統擺平。「大亨（烹）以養聖賢」，就是用高薪養廉。像過去有些朝代，當官的好可憐，尤其是京官，不貪污就沒辦法活；所以要用這麼高的待遇培養廉潔的作風。要為國家培養第一流人才，已經掌握資源分配權的鼎卦，怎麼可以小氣苛刻這些聖賢呢？

另外，「大亨」也是用大牲，屬於高檔次的，不像損卦的時候資源不足，「二簋可用享」。什麼時候該省，什麼時候不該省，要看卦跟爻；像鼎卦就絕不能省，革命的一代都是九死一生過來的，而且他真的是聖賢，當然就要「大亨」。對「六五」來講，上下都做到位，才能讓人心服口服，維護政權的安定，因為大家都吃飽喝足了，不會生事。

先聖養後聖，培植接班人

為什麼不說「聖人亨以享上帝，而大亨以養賢」，而說「而大亨以養聖賢」呢？聖養賢還說得通，聖怎麼養聖呢？畢竟聖比賢高，聖養賢就像佛養菩薩、教育菩薩一樣；菩薩再養羅漢，羅漢養凡夫眾生，都是夠資格的。但是聖與聖是平級的，怎麼養呢？頤卦（䷚）所說的「聖人養賢以及萬民」，層次就非常清楚。我們一般都認為「先知覺後知，先覺覺後覺」，養賢者必然是聖，可是只有鼎卦特殊，聖人要「大亨以養聖賢」，要花很多心力，用公家資源培養治國人才；不只養賢，還要養聖。以聖養聖，到底是什麼意思呢？即先聖養後聖，因為要考慮下一卦震卦，要培養接班人。接班的元首是聖，現在領導人也是聖，所以不能只專注於養一批層級比聖低的賢，還要注意培養和聖同級的接班人，也就是鼎卦的下一卦震卦。所以鼎卦一開始就要著力培養接班人，不要像秦始皇那樣犯錯。秦始皇這麼能幹，可是就沒有想到身後事，他大概覺得自己就是鼎，拚老命去幹，希望自己長生不死；但他做得再好，歸天之後沒有接班人，馬上就面臨滅亡。換句話說，他可能也養賢，培養很多治國人才，但接班人是政權持續的重要一環，而且接班人不是馬上就可以擔當大任的，像不爭氣的胡亥一上來，秦帝國就垮得不成樣子。

曾國藩就講過，成大事者以培植接班人為第一要務。有些事業是一代做不完的，所以要培養交棒的人，這就是鼎、震二卦承繼的涵義。交棒的領導人是現在的聖，接棒的是未來的聖；未來的聖從鼎卦第一爻就要開始培養。而且，聖和賢要一起養，現代企業就注重聖賢團隊，由現在的聖（老闆）帶領眾多的賢一起做，在這一堆賢中考核誰的表現最好，將來就可能出一個聖。到自己退休時，就可以從容地交給那個長期培養的接班人。所以，但凡國家、組織、團體，都要長期培養下一個接班人。不但是政治需要，宗教也很需要。像五祖傳衣缽給六祖，不就是以聖養聖嗎？五祖弘忍要是不找好接班人，就讓神秀接了衣缽，後人就會說五祖沒眼光，沒考慮培養接班人才。

之所以要以「聖」養「聖賢」，也就是要判斷誰是將來的聖。讓一堆賢人在歷練中考核哪一個真正孚於眾望。如果臨死時倉促決定接班人，下面一堆賢人一定搞鬥爭。像康熙晚年到雍正即位之初就因繼承問題攪得一塌糊塗。

這就是「大亨以養聖賢」。所以康熙傳給雍正也是有道理的，雍正是四皇子的時候，就讓他辦最棘手的事，假如他做得一團糟，當然不用考慮。康熙曾立太子胤礽，後來發現太子不行，歷經二次廢立，廢掉之後更亂了。康熙執政六十年，這麼一個英明的君主就是處理不好接班的問題，就算他的遺詔確定是雍正，也沒有完全擺平子輩兄弟鬩牆的問題。因此，聖要養聖，不僅要長期培養，還要擺平所有的派系勢力。要知道鼎卦（䷱）和家人卦（䷤）是上下交易的卦，早佈局、早安排，身後才會太平；後繼有人，事業才能永續。「大亨」就是大烹，要提供很多資源、很多歷練機會。鍛鍊接班人，就要培養其高瞻遠矚的能力。這樣的聖經過千錘百煉，才可能使事業永續經營。

廣布耳目

〈彖傳〉接下來談的就是治理一個國家、公司，情報網一定要靈通，才能掌握外界種種動態。那就是「巽而耳目聰明，柔進而上行」。巽是無形的、低調的，治國首要就是「利建侯」，廣布耳目。屯卦卦辭說「利建侯」，鼎卦與屯卦（䷂）相錯，也得「利建侯」。鼎卦已經是大朝廷的局面，情報工作當然很重要，各地方、各行各業的情況要清楚。像國民黨早期什麼產業都有黨部，有民眾服務社，後面的「軍統」、「中統」則更甚。一個公司可能得透過報表或明察暗訪通盤瞭解全部狀況，才好做下一步的發展決策。如果什麼都不知道，這個國家、組織遲早要解散。所以要「巽而耳目聰明」。鼎卦下卦是巽，深入基層，把基層的詳細資訊彙總上報。舊時就有官員的定期奏摺經過中樞部門摺略直達天聽，皇帝每天閱覽奏摺之前先看摺略，先重後輕，這樣才能對國家狀況了然於胸。領導人一定要耳聰目明才能治理國家或組織，藉著情報搜集、組織布建，深入滲透，隨時掌握各方面的情形，不要被蒙蔽。這就得下「巽」的工夫。

當今社會是網路時代，資訊瞬息萬變，更要耳目聰明，反應機敏。鼎卦初爻到四爻構成的天風姤（䷫）就說明，若不能隨機應變，隨時都可能爆發危機。要是領導人失察，星星之火就可能釀成燎原大禍。像英國首相在國內經濟形勢一團糟的時候懵懂不知，竟然到義大利度假去了，而義大利當時也是一團糟。所以對國家領導人來說，要耳目聰明，就得下深工夫，需要每天二十四小時的準備，如水銀瀉地、無所遺漏。從前帝王微服出巡也是巽的工夫，他可能扮成一個商人，旁邊跟著一個侍衛，親自走訪各地，不然，光看冠冕堂皇的奏章報表，是真是假，全然不知。像雍正、乾隆都曾被地方官欺騙。雍正時期山西巡撫諾敏被雍正認為是天下第一好官，結果被查出謊報政績，反變成天下第一貪官。乾隆時期，甘肅布政使王亶望、陝甘總督勒爾謹謊報晴雨表，騙取朝廷賑濟，中飽私囊。這都是平常皇帝在朝批閱奏摺看到的謊言。所以最好的方式就是微服出巡，從地方父老獲取第一手資料，那就叫巽。如果敲鑼打鼓去巡視，地方迎接的紅地毯鋪到城外好幾里，所到之處都掃得乾乾淨淨，能耳目聰明嗎？

這就是「巽而耳目聰明」。接著就是「柔進而上行」，這是指「六五」。鼎卦上卦是離，離為火，離也為目，就是明亮的眼睛。《孟子》有〈離婁篇〉，離婁就是目力能察秋毫之末，所以離在身體就是指眼睛，不近視，也不遠視，對離卦的組織網絡清清楚楚。「柔進而上行」，也是「民進而上行」，跟大有卦（䷍）和坤卦「六五」的「黃裳元吉」一樣，都有共和的意思。因為領導人是民間出身，所以能瞭解民間疾苦。關於「柔進而上行」，睽卦（䷥）、晉卦（䷢）的〈彖傳〉也有同樣的話，而且它們的上卦都是離。

「得中而應乎剛」，是說「六五」居於上卦離的光明網絡之中。「而應乎剛」指下卦民間的「九二」。「九二」為剛，跟「六五」的關係就是「得中而應乎剛」。「是以元亨」，這樣才得以創造「元亨」的局面。

以鼎卦「六五」的優勢，自然是全卦的主爻。領導人要做到「巽而耳目聰明」，周密佈局，掌握真實的資訊，而且要低調保密。當今世界，國與國之間的外交使館其實都是情報機構，通常在國外建使館的時候，都不希望地主國來包工程，最好由自己的工人做。這樣才能「柔進而上行」，並且「得中而應乎剛」，最後「是以元亨」。

蒙以養正，聖功也

鼎卦（䷱）的錯卦是屯卦（䷂），屯卦的綜卦則是蒙卦（䷃），蒙卦的錯卦是革卦（䷰），革、鼎相綜。那麼，蒙卦和鼎卦就是一個對角線的關係。蒙卦代表民智未開，所以好騙；如果民智全開，六爻全變，上下易位，就變成了澤火革。蒙卦變革卦之後，自然就革故鼎新。如此一來，這些卦的關係就很密切了。

我在講鼎卦〈彖傳〉的時候就特別強調以聖養聖、培養接班人的重要。鼎卦是「前聖」長期培養「後聖」，這在蒙卦的時候就已露出端倪。〈彖傳〉說：「蒙以養正，聖功也。」人生要成就聖人功業，需要長期的「蒙以養正」。換句話說，從第四卦蒙卦發展到第五十卦鼎卦，經過錯綜的魚龍變化，最後才「聖功也」，真正大功告成。可見接班永續的問題多麼重要。

「聖」這個字就是耳目聰明的象。「聖」上面是一隻大耳朵和一張大口，正是耳目聰明的象。所以聖人才有英明的判斷力。耳朵善聽是很重要的能力，觀世音就是善聽，才能夠聞聲救苦。鼎卦上卦為離，〈說卦傳〉就說：「離也者，明也；萬物皆相見，南方之卦也；聖人南面而聽天下，嚮明而治。」「聖人聽天下」，就是聽取實情，而且能下達正確的判斷。在這裡，「聽」就有治理的意思，就是治天下。現代辦公廳的「廳」實際上就是「聽」。《尚書》有云：「天視自我民視，天聽自我民聽。」這就是我們常說的「視聽」，利用耳目獲取各方面的國情報告，然後以金口玉言做出裁斷。這就是「聖」字上面的那張口。所以，過去對「聖」這個字的理解，就是聽要善聽，不聽小人之言；開口要講金口玉言，不能亂講。

鼎卦六爻詳述

鼎卦六爻全稱卦名

在進入鼎卦具體的六個爻之前，我們先分析一下鼎卦各爻的共同特點，那就是六個爻爻辭的第一個字都有卦名「鼎」字，可見每一爻都很莊重地以鼎立言；而且是從鼎的各個部位取象，像「鼎玉鉉」、「鼎黃耳」、「鼎折足」、「鼎耳革」等，全都是鼎的配件，每一個配件都很重要，少一個就不成鼎，所以這些配件之間要共和、共榮、共享，才能「鼎有實」，鼎的肚子裡有真材實料。

從具體的爻來看，初爻為什麼「鼎顛趾」呢？因為四爻「鼎折足」，「九四」跟「初六」相應，「初六」是基層民眾，四爻是國家重臣，「九四」就是為「初六」服務的公僕。如果「九四」貪污腐敗，「初六」的支持率絕對下滑，那麼「初六」顛趾，「九四」不是斷腳，就是導致政權傾覆。可見，「九四」是為了「初六」而存在的，要是搜刮民脂民膏，老百姓也不會善待你。

鼎卦六個爻全稱卦名，可知鼎的每一個階層都很重要，只有全面配合，才是「全鼎」。在六十四卦中，還有不少的卦也是如此。首先是第八卦比卦（䷇），六個爻都稱「比」，代表人與人之間、組織與組織之間、國與國之間和平互動、談判交流很重要，每個階層都得重視「比」，不可遺世而獨立。所以，上爻「比之无首」就凶；初爻「有孚比之，无咎」，鼓勵大家誠信相交；第三爻「比之匪人」，也要比，就怕交錯朋友。比卦六個爻堪稱是全民外交。而鼎卦六個爻都稱鼎，可謂全民共和、共同執政，不能忽略任何一個階層的利益。還有第十九卦臨卦（䷒）和第二十卦觀卦（䷓），也是六個爻全臨、全觀。也就是說，臨、觀二卦的每一個爻都在臨、觀之中。臨卦說明人隨時隨地都會身臨其境，不管哪一種處境，都得面對。觀卦則說明每一個爻都在觀，你看別人，人家也看你。另外還有第三十九卦蹇卦（䷦），六爻都有「蹇」，所以全部套牢，寸步難行，必須風雨同舟，共同合作。第十卦履卦（䷉），也是六個爻都要「履」，每一個人在任何位置上都要腳踏實地地履行職責，即使到最後「視履考祥，其旋元吉」也還在履；否則人生沒有履的實踐，就不是人生。第二十二卦賁（䷕）卦也是六個爻都言「賁」。賁是色相，人生種種都是色相。賁也代表職場歷練，社會就是大染缸。賁卦六爻皆稱「賁」，即使退休後也希望能「白賁无咎」。第二十四卦復卦也是六爻皆稱「復」。復是最重要的，每一個人都有核心的創造力，人體全身細胞每七天就要「復」一次。這些六爻全稱卦名的卦，都是《易經》的不言之象，都有作者的良苦用心。

初爻：除舊佈新

初六。鼎顛趾，利出否。得妾以其子，无咎。

〈小象〉曰：鼎顛趾，未悖也。利出否，以從貴也。

我們來看鼎卦初爻。初爻代表基層老百姓，也就是鼎的腳一定要穩定。要保持基層穩定，就要重視基層建設，而公共基礎建設只有政府才有財力營運。像泰卦就是拿人民繳的稅投資興建交通網絡。想要富，先修路，公路網、鐵路網、航空、航海，所有的交通資訊都在其中。鼎卦也要推動建設，但一開始就是風險很高的動作——「鼎顛趾」。這可能會使整個鼎傾倒。因為鼎裡面還有剩飯、剩菜，烹肉之前一定要先清理乾淨，再放入新的食材。這是重要的第一步。所以鼎的革新建設一定是全新的，在革的階段，還不能把舊的、不合時宜的事物徹底革掉，因為要考慮政權穩定；到鼎的時候就要徹底清理舊物，重新打造全新的開始。「鼎顛趾」就有清場效應或清算鬥爭，徹底剷除舊時代的餘孽。因為鼎卦初爻已經「正位凝命」，政權漸趨穩定，這時就可以開始整頓了。在革卦上爻的時候「君子豹變，小人革面，征凶。」已經虎變、豹變，大局大致穩定，這時就要讓刀兵止息，先求穩定，不然可能激起舊勢力最後的反抗。革卦（䷰）「上六」爻變為同人卦（䷌），大家都是同人，但並不代表所有人都已經進入新的時代，還有很多舊時代的習氣猶存，等到這個階段過去，政權更為穩固之時，就可以大刀闊斧進行新的建設。可是許多殘渣餘孽已經長久積澱，只能「鼎顛趾」，倒出來、刷一刷，再放新的進去。

這就是從革卦「上六」進入鼎卦初爻，在大破壞之後先求暫時的穩定，再到鼎之初開始慢慢清理舊的、不合時宜的事物，貫徹最初的革命目標。鼎卦初爻「顛趾」這個動作是有危險性的，因為它可能會動搖國本，畢竟舊勢力還有一定的支持力量。但是革命要徹底，否則可能會有殘留的死灰復燃。鼎本來是烹煮的食器，為了要吃得好，就得徹底清洗，不能新舊雜糅。毛澤東說，革命不是請客吃飯，是鬥爭，必須有革故鼎新的魄力。所以鼎卦中有大過卦的非常之相，偏偏鼎就是請客吃飯，請客吃飯能把隔夜菜也擺在裡頭嗎？當然不行。如果「鼎顛趾」沒有徹底根除舊物，就會造成三個爻之後的「九四」「鼎折足」，後果將更嚴重。「顛趾」時鼎的腳還是穩定的、完整的，只是有點傾斜；「折足」，則是腳斷了，完全沒有支撐；政權垮了，怎麼補也無濟於事。可見，「初六」這個階段如果不下狠心，除惡務盡，三個爻之後的「九四」就得「折足」，那是永久的傷殘。

「顛」字也是大過卦的概念。〈雜卦傳〉說：「大過，顛也。」「初六」到「六五」構成的卦中卦就是大過卦（䷛），鼎中的大過卦就從「初六」開始，到「六五」結束，所以第一步就合乎大過卦敢於顛覆既有秩序的精神。當然這也是不得已的權變手段，這樣才能徹底展開新的局面。

「初六」一開始就「鼎顛趾」，目的是為了「利出否」，利於清除否的因素，而且〈小象傳〉說：「鼎顛趾，未悖也。」也就是說，這個做法是合乎天理天道的行為，並沒有違反常道。「鼎顛趾，利出否」六個字念起來好容易，實際做起來是千難萬難。鼎之初的人想樹立新的風氣、展開新的作風，往往受到舊勢力的裹脅，綁手綁腳、施展不開。康熙親政之後，他的「鼎顛趾，利出否」就做得非常好。第一個就是「除鼇拜」，鼇拜就是「否」。鼇拜是滿人第一勇士，作為順治指定的四大輔臣之一，十分囂張跋扈。面對這種情形，康熙很冷靜，慢慢佈局，用一種「大過」的非常膽識，最後把鼇拜除掉。這種做法當然有風險，但他敢做，就成功了。否則他即使親政，也會受到鼇拜挾制。鼇拜就有一堆勢力集團，那就是否。第一個做到了，有信心了，康熙繼續「顛趾」、「出否」，那就是「撤三藩」。三藩原為明朝降將的封地，自己抽稅，擁有自己的軍隊。在康熙繼位至親政時期，三藩以吳三桂勢力最大，已成為朝廷的心腹大患。在革明朝的命時，以及順治入關初定天下時，那是「征凶」，只有「居貞吉」；可是到了鼎卦，鼇拜一除，朝綱穩定，中央就要撤藩，收回三藩的封地治權。三藩無路可走，只好叛變，最後統統被掃平。第三個動作就是收回臺灣的統轄權，因為當時是鄭成功的後代在管理，還是前明政權，最後也是「利出否」，順利收回臺灣。這樣清朝才算真正統一中國。這三件事都是一個年輕皇帝做出來的事，可見康熙確實具有非凡的膽識。將舊時代留下來的問題清理乾淨，他才能順利開展各項新政。這就是「革去故，鼎取新」。

把歷史的包袱、障礙去掉，天下一統，下面就要開始建設未來。可是要推動新政，規劃未來，就得高瞻遠矚，絕不能忽略以聖養聖，長期培養接班人的工作。既然要考慮接班人，就一定要選擇精明幹練、能承擔大任，而且要有好的德行的人。當時除了太子之外，四皇子胤禛、八皇子胤禩也都納入考慮。但是，康熙花了六十年時間，直到死都無法妥善處理繼承人的事情。諸皇子在其生前、身後兄弟相殘。雍正靠他的表現和政治謀略鬥爭得來的江山，雖然勵精圖治，但僅僅在位十三年就暴病而亡。所以，以康熙的聖明，他研究《易經》的功力也絕對不淺，鼎卦初爻的前半部「鼎顛趾，利出否」他做到了，後半部卻沒有處理好。

怎麼養聖？怎麼選擇恰當的接班人呢？接班人當然要有很多基本徒眾的擁護，英雄不怕出身低，要看實際表現，小老婆生的也可以，不一定要大老婆生的大兒子。所以「得妾以其子」，妾就是小老婆，過去男人娶妾是為了多生幾個有資格接班的小娃娃，人數多，總有一兩個比較聰明能幹的。這就讓男人有了最好的藉口，可惜這個時代已經一去不返，再怎麼光明正大的理由，現在都說不通了。所以「得妾」是為了廣子嗣，多培養接班人；「得妾以其子」，就是為了增加生產管道，希望下一代中有合格的繼承人，這樣才「无咎」。雖然「初六」是鼎卦第一爻，可能要到第六爻才「正位凝命」，接位掌權，但早做準備，萬一有什麼不測的變化，還有其他選擇。

我們看，「鼎顛趾，利出否」，是為了把歷史舊帳清乾淨，「得妾以其子」是為了儲備更多接班人。初爻爻變為大有卦（䷍），公平競爭，大家都有機會。換句話說，不能憑出身決定可不可以接班，只要能力好，又有很多人擁護，就可以把江山交給他。妾的出身雖然不高，按一般規矩，生子不能繼承皇權。但嫡長子一出生就注定皇位是他的，往往不思上進。庶出的兒子若懂得吃苦上進，應該也有機會。英雄不怕出身低，不管是妾生還是妻生，甚至是認養的，重點是成不成才，這就叫做「子」。「子」就是接班人。我們一直強調鼎卦、噬嗑卦（䷔）跟蠱卦的共通性。蠱卦（䷑）第一爻就是「幹父之蠱，有子，考无咎，厲終吉」，要繼續父親的大業，一定要有一個好兒子。好兒子從哪裡來？這個爻爻變為山天大畜（䷙），「幹父之蠱」的接班人要廣為儲備，然後要「不家食吉」，不一定是家裡生的，外面生的也可以。有時偷偷摸摸生出來的都是天才。俗話說，「妻不如妾，妾不如偷」。偷就是天風姤。當然，我說這些是叫大家明白這個道理，不是叫大家去偷情，不然我可要造大業了。

「得妾以其子」，結果很好，有權變的意思。鼎卦的下卦為巽，「巽以行權」，善於權變、權謀、權衡，結果好最重要。廣闢人才管道，風險沒那麼高，成功機會比較大。

我們再看〈小象傳〉的另一部分：「利出否，以從貴也。」這裡還是解釋爻辭的前半部，沒有解釋爻辭的後半段。作者大概認為「得妾以其子，无咎」比較好懂，所以把重心放在「鼎顛趾，利出否」上。「顛趾」這個動作雖然危險，但是「未悖也」；透過「顛趾」「利出否」，把固執保守的舊貴趕下台，換上清新奮發的新貴。這是很多「革故鼎新」的政權鬥爭一定會發生的事。另外，「以從貴也」也有正面的微言大義。也就是說，初爻代表還政於民，「利出否」，基層百姓才是新貴。所以鼎卦又有全民共和的意思。那些靠祖先庇蔭的門閥弟子，當然其中也可能有很能幹的，但如果不是他的背景，他升官會那麼順利嗎？「得妾以其子」代表貧寒出身，但他用才幹證明他有接位的能力，這也是「以從貴也」——民為貴的意思。初爻的微言大義就在這裡。不論從權謀、鬥爭的角度，還是從微言大義的角度，這個爻的意思都很豐富。

這是鼎卦初爻。「初六」也是卦中卦大過卦（䷛）初爻的意象。尤其「得妾以其子，无咎」，跟「藉用白茅，无咎」是有密切關聯的。這個爻是野合、偷情的場景，生出來的後代恐怕不能堂而皇之，但「藉用白茅」和「得妾以其子」的結果都是「无咎」，轉危為安，未來有靠。還有，「初六」到「九四」構成天風姤（䷫），「初六」是姤卦初爻，飢渴的瘦豬想突破豬圈。所以要瞭解鼎卦「初六」所含的意思，就要結合既是姤卦初爻、又是大過初爻一起理解。要知道接班人可遇不可求，不是生出來就肯定合格，還需要磨煉。秦始皇就因為沒有好好處理這個問題，到最後把自己和幾代祖先辛辛苦苦打下的江山，拱手送給了漢帝國。

四爻：覆水難收

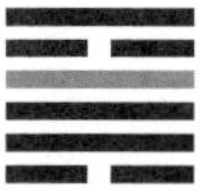

九四。鼎折足，覆公餗，其形渥，凶。

〈小象〉曰：覆公餗，信如何也？

初爻之後的第二、三、四爻都不是很順，在講第二爻之前，我們還是先講第四爻這個讓老百姓失望的大貪官、新的腐敗階層。「初六」跟「九四」相應與，「九四」原本應該為「初六」謀福，結果「九四」陽居陰位，絕對不正，以致貪腐墮落。

「九四」一開始就是「鼎折足」。一旦貪腐變成不可避免的現象，爻變就是山風蠱（䷑）。鼎中生蠱，臭不可聞，這就是政治貪腐。貪腐形成的共犯結構，最後動搖國本，當然會導致「鼎折足」，因為民眾對此必有極大的不滿，時日一久，鼎就會垮掉。

「鼎折足」之後，自然就是「覆公餗」，「餗」即肉湯，代表國家建設的實體內容，因為鼎足一折，整個就顛覆、打翻，肉湯流了一地，覆水難收，怎麼善後？「公」是公家資源，因為貪腐導致人民不滿，甚至揭竿起義，結果是把鼎卦的政權根基打翻，想扶也扶不起來。「其形渥，凶」，肉湯沾上泥巴，根本不能吃。

〈小象傳〉說：「覆公餗，信如何也？」當初信任這樣的人，把他們推上執政舞台，結果如何？注意，革卦「九四」「改命之吉」是「信志也」；鼎卦第四爻卻是「信如何也」。革卦的時候大家都是正氣凜然、按正道辦事；到現在，鼎被打翻，信義蕩然無存。可見，人性禁不起誘惑，真能做到「貧賤不能移，威武不能屈，富貴不能淫」的少之又少。這是人性墮落的公式，一旦掌握權力資源，很多人就淪落了。如果「九四」是這樣的一個人，那麼任用他的「六五」會完全沒問題嗎？陰乘陽、柔乘剛，搞不好他也有分。

我們如果占到鼎卦第四爻，剛好就是宜變的爻位，爻變就是一鍋肉湯全部敗壞的蠱卦，不但鍋折了，湯也倒出來，全部毀滅。所以貪污的結果就是蠱，很可怕。當然，這也不一定指貪污，而是代表情勢很壞，要小心。這個爻我們也遇過，不過不是國家大事，而是生活中的男女之事。曾有一位女學生交上一個外國朋友，雙方感情發展到談婚論嫁的地步，可是這種跨國婚姻很麻煩，談戀愛時還可以，一旦結婚，就會衍生很多問題。要知道，跨國婚姻有好結果的真不多，所以這位學生的父母極力反對。這位女生就問往下的感情有沒有前途？結果就是「鼎折足，覆公餗，其形渥，凶」。爻變就是成住壞空的蠱卦。由鼎變蠱，真是哀哉！後來的結果很準確，至於詳情如何，就不足為外人道也。

「渥」，除了剛才說的哩哩啦啦倒了一地的破碎樣子，也有待遇優厚的意思。第四爻是高層公務員，怎麼供得起如此優渥的生活呢？所以「其形渥」也是雙關語，說我們的「公餗」都花在養這些人身上，他的待遇遠遠超過國家給他的薪水。孔老夫子也是目光如電，他在〈繫辭傳〉講這個爻是革故鼎新的過程中一定要突破的難關；剛開始不貪，到後來一票人一起貪，官官相護，讓革命的鮮血白流。

孔子在〈繫辭傳〉說道：「德薄而位尊，知小而謀大，力小而任重，鮮不及矣。《易》曰：『鼎折足，覆公餗，其形渥，凶。』言不勝其任也。」德行淺薄，但位置那麼高；智慧不足而讓他參謀國事，自身能力不足，卻要他擔當重責大任；加上他也沒有正確的核心價值，「鮮不及也」，如此下去，很少不發展到「其形渥，凶」的。換句話說，一開始就不能用錯人，因為高層官員的德行最重要，智慧還在其次，安守本分，至少不貪污，然後就是實際能力。最終還是以操守最重要。第四爻結果變成蠱卦，就是因為「九四」不能勝任。但「六五」跟「九四」之間的關係不正常，有利益糾葛，可能是「九四」投「六五」所好；也可能「六五」本身就有問題，跟「九四」這種邪門人物狼狽為奸。孔子之所以會在革、鼎二卦十二個爻中選定鼎卦第四爻來發揮，就是告訴我們問題的嚴重性，前車之鑒到處都是。所以用人要特別小心，第一德，第二智，第三力，缺一不可。尤其「九四」這麼高的位置，用人不當就是砸自己的腳；一旦串成共犯結構，迎合主子，那就是大貪、小貪一窩子。

鼎卦「九四」的代表人物——和珅

「乾隆」寵幸的和珅就是鼎卦第四爻。「和珅跌倒，嘉慶吃飽」，和珅貪污的國帑不就是「覆公餗，其形渥」嗎？他的家產有幾億白銀，是當時清廷十五年稅收的總和。怎麼能貪得這麼多？正所謂，鹵水點豆腐，一物剋一物。乾隆這麼英明，但他就栽在和珅手上，真是先天冤孽！乾隆自己也懂《易經》，乾為君，三個陽，他就是帝王，但是乾「隆」起來了，變成四個陽的大壯卦（䷡），陽氣太多了點，結果自認英明至上，十全老人，就是不巧遇到一個叫和珅的。「珅」字是「坤」字多一橫，可說是坤卦再多一陰，變成四個陰，至柔克至剛，和珅專吃乾隆，就是來討債的。

傳說和珅是一個妃子轉世，乾隆年輕的時候，跟雍正的一個妃子有一腿，結果乾隆的母親知道，下令賜死這個妃子，把和珅的前生滅了口。這一滅口，乾隆當然很遺憾，情人被殺、念念不忘。而且清朝皇帝都信佛，相信輪迴，和珅初見乾隆，乾隆就覺得似曾相識，後來才想起和珅跟那個被賜死的妃子極像，心下以為是舊情人回來重續前緣，就拚命寵和珅，沒想到就養成了一個大貪官。這就是前世冤孽。

二爻：懷才不遇，無怨無尤

䷱

九二。鼎有實，我仇有疾，不我能即。吉。

〈小象〉曰：鼎有實，慎所之也。我仇有疾，終无尤也。

我們再來看第二爻。第二爻跟第四爻是競爭的關係，都要爭「六五」的寵。一個是中央執政大臣，一個是地方的中堅勢力。「九二」跟「六五」相應與，可是「九四」繞在「六五」旁邊極盡蠱惑之能事，所以「九四」跟「九二」勢同水火。「九四」如果爭寵成功，「六五」自然疏遠「九二」；「九二」距離「六五」又隔了兩個陽爻，不僅「九四」包圍「九五」，連「九三」也是一個障礙。「九二」跟「六五」雖然相應與，但是難敵「九四」跟「六五」的近水樓臺，這就是諸葛亮〈出師表〉所說的「親小人，遠賢臣」，東漢就因此而傾覆。「親賢臣，遠小人」，西漢就振興。「二多譽，四多懼」，如果是民主時代，二與四同功而異位，還是承乘、應與的關係，就都得爭取「初六」代表的民心民意支持。「九四」要替「初六」服務，「九二」跟「初六」陰承陽、柔承剛，關係也相當密切。所以不管是上面對第五爻的老闆，還是下面對第一爻的老百姓，「九四」跟「九二」都是競爭者。「九四」顯然得到寵幸，他為了拍「六五」的馬屁，不惜辜負「初六」，變成全民公敵。「九二」擁有「初六」的支持，成為合乎民意的好官，卻被「六五」冷落。所以第二爻是失意的正人君子。「九四」就是「六五」親近的小人。「九二」爻辭講的就是「六五」「遠賢臣」。從爻的分析發現，鼎卦就有這麼多背後的內幕。

「九二」跟「九四」競爭「六五」的寵幸，也競爭「初六」的支持。這是整個爻的態勢。「九二」之所以敢於競爭，爻辭一開始就點了出來：「鼎有實。」有真才實學、有智慧，是推動國家建設的人才。但是他在民間，剛居柔位，懷才不遇，「九四」老是在「六五」面前講他的壞話，害他坐冷板凳。這就看出人性的弱點，因為「九四」逢迎拍馬，把「六五」拖下水，結成官官相護的共犯結構。所以「九二」這種清廉自持的正人君子反而進不了權力核心。照講「六五」應該重用

「九二」，因為「九二」有「初六」的民意支持，又有真本領。但當朝都是「九四」這種小人，「六五」被「九四」蒙蔽，有了寡人之疾。

「我仇有疾」，「仇」音「求」，意思不單是仇人。如果是仇人，那就是勢不兩立。可是「仇」字的本意沒那麼簡單，它是由家人（䷤）、睽（䷥）而來的，愛恨交織變成冤親債主。「仇」原來是配偶，後來分居、反目變成怨偶，就叫「仇」。佛教經典常講，前世結怨，這一世就變成子女來討債。我雖不信佛，但我相信這個。想想我們降生到父母身邊，其實哪有報恩，都是來「報仇」的，生下來就是為了花他們的錢。所以為人父母的要大徹大悟，不要期待子女孝順，反而要更加疼愛子女。這是上帝造人（不管是中國還是外國）的時候就定好了，就像「孚」字就是母鳥照顧小鳥，可沒說小鳥照顧母鳥。曹雪芹在北京西山寫《紅樓夢》的時候大概也大徹大悟了，他說「癡心父母古來多，孝順子孫誰見了」，講得真好。「我仇有疾」就是愛恨交織，原來是配偶，後來夫妻反目成「仇」，變成怨偶。這就是「仇」的正確定義。李敖曾說前妻是世界上最可怕的動物，因為你的虛實她清楚得很，所以她比陌路人還可怕。「九二」跟「六五」就是怨偶，他們本來應該很好，可是中間有「九四」橫刀奪愛，「六五」負心不認「九二」，於是「九二」跟「六五」就變成睽的關係。對「九二」來講，「我」就是指自己，我有真才實學，可是我不被重用，反而看到「九四」在「六五」身邊亂蹦、亂搞。「九二」失寵的感覺當然不好，一身本事沒法發揮，對「六五」就怨恨漸生。「九二」的「仇」就是指「六五」，老闆「寡人有疾」，好色、好權、好打獵，被「九四」勾去了。所以「六五」病得很嚴重，這就是「我仇有疾」。從「六五」的爻辭看不出他有病，透過「九二」才發現他病得很重。再看他把「九四」縱容到這個地步，他不可能不知道

「九四」的問題。所以，「我仇有疾」這句話也有微言大義，跟蠱卦「九二」「幹母之蠱，不可貞」一樣，幹的對象正是「六五」。而「六五」爻辭「幹父之蠱，用譽」，怎麼看得出來？其實「用譽」就是他應該好好用蠱卦的「九二」，可是「九二」並沒有受到重用。所以，「幹母之蠱，不可貞」，爻辭就明白告訴你「六五」有問題，因為跟「裕父之蠱」的「六四」勾搭成姦。

這是聲東擊西的說法，委婉表達問題的所在。鼎卦的領導人有病——「有疾」，「九二」難免憤憤不平——「我仇」。「不我能即」，「即」就是接近、靠近，這是倒裝句。前面是「我仇有疾」，為了語言的節奏感，後面就不能說「不能即我」。其實「不我能即」就是「不能即我」，「我」是受詞。「我仇」對「九二」來講就是「六五」。「不能即我」，就是「六五」根本不用我，甚至想見一面都難。為什麼最後是吉呢？〈小象傳〉就講得很清楚。就是在坐冷板凳的時候還要有信心，因為「九四」遲早會東窗事發、露出破綻。「六五」一旦發現用錯人，如果還要江山，「九二」就是出來重整山河、撥亂反正的唯一人選。所以「九四」垮的那一天，就是「九二」出頭的那一天。在這之前就得冷靜地節制言行，不要當失意政客，到處亂講話。雍容大度等待時機，跟「六五」之間，保持適度接觸，不要公然撕破臉。這就是睽卦初爻所說的「見惡人，无咎」。否則，萬一「九四」垮了，「六五」面子拉不下來，鼎卦就全完了。為了大局著想，「九二」不要逞一時之忿，耐心等待，最後的結果就是吉。

所以〈小象傳〉說：「我仇有疾，終无尤也。」《易經》永遠是蓋棺論定。就算「我仇有疾」，「九四」再怎麼張揚跋扈，都要忍耐，因為「終无尤」；為了最後不留下怨尤、遺憾，在被冷凍的時候，要特別謹言慎行。就如〈小象傳〉所說的「鼎有實，慎所之也。」「之」就是走曲線。也就是行止動靜謹慎小心，接近什麼人、講什麼話，都不要刺激「六五」，否則就會斷送未來和「六五」復合的生機。人在生氣、失意時常常口無遮攔、失去分寸；「六五」畢竟是君位，「九二」只是臣位，如果結怨，就算「九四」破局下台，「六五」也不會再用「九二」，因為關係破裂，不可修復。這就是「慎所之」，要留意自己的去向。

這個爻爻變為火山旅（䷷），果真是失意政客，失時、失位、失勢，一肚子牢騷，又坐不住，到處亂講話，把最後一點退路都斷掉了。

三爻：調整火候

九三。鼎耳革，其行塞，雉膏不食。方雨，虧悔，終吉。

〈小象〉曰：鼎耳革，失其義也。

第二爻如果是懷才不遇，第三爻也是。但第三爻的懷才不遇跟個人有一點關係，因為剛居剛位、陽居陽位，是拚命三郎的烈火個性，恃才傲物，跟別人不好相處，處事的火候有問題。鼎就是要調和鼎鼐，再有才氣的人，也不能把人緣搞壞。

鼎卦「九三」其實是可用之才，只可惜性情暴躁，別人受不了他，當然會杯葛他、冷凍他。「九三」爻變是火水未濟（䷿），陰陽不調，做什麼都不成。「九二」因為剛而能柔、陽居陰位，能忍，所以最後「終无尤」，可以獲吉。「九三」什麼都不忍，整天搞破壞，跟同儕之間常起衝突，所以爻辭說「鼎耳革」。革就是破壞，本來是要建設的鼎卦，結果中間又出現革卦的象，鼎的耳朵被破壞，是不是倒退了？「鼎耳革」，耳朵壞了，聽不進別人的意見，自我意識太強，無法跟人合群相處，最後什麼事也做不成。

「其行塞」，被塞住了，走不通。鼎要怎麼移動？本來只要用一根鉉子穿過兩個鼎耳，就可以把鼎抬著走。現在鼎耳變形了，棒子都穿不過去。「雉膏不食」，「雉」就是野雞，「膏」就是肉，「雉膏」就是最好的野雞肉，明知道野雞肉好吃，可是太燙嘴，寧願不碰。這就是暴殄天物。

「九二」懷才不遇是因為「我仇有疾」。「九三」的懷才不遇就要自己檢討了；火候不夠，不懂得剛柔調和。鼎就是要調和諸味的，這麼任性的結果就是「雉膏不食」，可惜了一鍋好肉沒人吃。所以自己要馬上警醒、調整，然後才能以陰濟陽，以柔濟剛。「九三」太剛，剛好在鼎肚子中心。「方雨虧悔」，如果肯降低姿態，柔和一點，做出和解的努力，下一場雨，就可以降一降火氣。「雨」代表陰陽調和；「方雨」剛好下一場雨，把火氣澆熄。但「方雨虧悔」的前提是自我調節，免得生出很多遺憾。如果肯調節、改過，剛柔互濟，大家才能相處。〈小象傳〉說：「失其義也。」「義」就是「宜」，恰到好處。「失其義也」就是恰到好處的狀態被破壞了，所以要檢討火候是否太過了。「失其義」當然「未濟」。既已擁有政權，有了鼎，還是無法成功，那就得注意群體關係，調整人我倫理。

這是第三爻。我們再回過頭來看鼎卦下卦三個爻。下卦三爻全變是火雷噬嗑（䷔），「貞悔相爭」，變成相互殘殺的噬嗑卦，鼎中的肉大家搶，爭奪權力、資源。這也是中國式企業管理的占例。也就是說，中國式企業管理比較重視人情，所以要大量借鑒中國歷代政治鬥爭的智慧。要調和鼎鼐，就得用極為細緻的火候，周旋在不同利益派系之間；害人之心不可有，防人之心不可無，所以要有一定程度的噬嗑本領。總之，中國式企業管理的特色，就是商業政治學；而西方的企業管理學，就是損卦（䷨）初爻、二爻動，有剝卦（䷖）的象。損卦注重理性的計算，沒有感情包袱，員工如果不能幫老闆賺錢，隨時可能被裁。因為西式企業就是追求高成長，如果成本過高，淨利潤不能達到要求，就會壓縮成本、錙銖必較。這對基層員工來說是非常冷酷無情的。

五爻：親賢臣，遠小人

䷱

六五。鼎黃耳，金鉉，利貞。

〈小象〉曰：鼎黃耳，中以為實也。

第五爻是鼎卦君位，爻辭看不出有什麼問題。但是從「九二」來看，問題就大了，因為領導人很有可能帶頭貪污。不能直接講，又不一定有證據，很麻煩！

「鼎黃耳，金鉉，利貞。」富麗堂皇，又和黃金有關。「黃」也代表中道。鼎是政權的象徵，鼎的耳朵是富麗堂皇的黃色，可見其尊貴，因為「六五」居上卦之中，而且它的鉉——那根穿過鼎耳的棒子還是金的。代表財富與地位，有用不完的錢。「利貞」，就是「正位凝命」，要坐得正、行得正；要固守正道、愛護人民。要抓「九四」這種貪官污吏，就要用君子，不用小人。這是道德勸說，免得愧負這麼高的地位。而且「六五」處於上卦離的中心，應該是「巽而耳目聰明，柔進而上行，得中而應乎剛，是以元亨。」但這是卦的觀點，爻的觀點就是疏離「九二」，跟「九四」勾勾串串到一起。透過「九二」、「九四」就知道「六五」到底在幹些什麼勾當，而其罪行主要是縱容「九四」為惡，還不一定抓得到證據。

「六五」是得黃金的位置，然後「黃耳」也是一個條件、但書，領導人要是懂得「黃裳元吉」或者「黃離元吉」，「嚮明而治，以聽天下」，真正做到君位該做的，他就會耳目聰明，不會聽信讒言；不管「九四」怎麼誘惑，都不會被誤導，而且知道「九二」才是真材實料的人才，憑自己的智慧，親「九二」，遠「九四」。這樣的「黃耳」才合乎中道。「金鉉」就是「九二」這根棒子、真正的人才。如果領導人能好好用耳朵聽，不聽「九四」聽「九二」；「六五」的耳朵是虛的，「九二」的才幹是實的，兩者相配，不就剛柔相濟了嗎？當然要「利貞」，永遠固守這麼好的關係。這就是〈小象傳〉所說的：「鼎黃耳，中以為實也。」領導人對「鼎有實」的「九二」虛中以待，兩人就可以配合得恰到好處。所以領導人要用「黃耳」好好跟「金鉉」密切配合。

這是從「六五」應該怎麼做去設想。但「六五」很可能跟「九四」一起炒黃金、得金矢，就像噬嗑卦一樣，大肆進行權錢交易。「六五」的決斷很重要，爻一變就是天風姤（䷫），如果用「九四」就是破壞的開始，危機即將來臨；如果疏遠「九四」，重用「九二」就是轉機。姤卦既是危機，也是轉機；可能「有隕自天」，也可能「天地相遇，品物咸章」。所以是生是滅、是好是壞、是興是亡，就在「六五」一念之間，是用黃耳、金鉉聽天下呢？還是天天想著撈黃金？就在一念之間。「六五」可能葬送前途，因為「初六」到「六五」就是大過卦，「六五」剛好是「過涉滅頂」的大過卦上爻。

上爻：文化建設

䷱

上九。鼎玉鉉，大吉，无不利。

〈小象〉曰：玉鉉在上，剛柔節也。

我們再看上爻「鼎玉鉉」。黃金有價玉無價，玉是無價之寶，要多貴有多貴，而且跟重量大小無關。但黃金完全看重量，是可以量化的。黃金有價，就不是最貴重的。像故宮文物，以及許多思想、教化的經典作品，都是無價之寶。精神、教養、文化的，都屬於「玉鉉」；物質、經濟等所有可以量化的GDP，就是「金鉉」。金、玉的差別就在這裡。鼎卦富麗堂皇，但就如老子所說：「金玉滿堂，莫之能守；富貴而驕，自遺其咎。」

「玉鉉」是無價之寶，是「聖人亨以享上帝」的天道標準，也是永恒的立國精神理念，這是「六五」應該關注的，但「六五」常常背叛這樣的精神。金一旦偏離了玉，就如硬體偏離了軟體；可以量化、可以計算的俗世財富，偏離了永恒的理念。我之所以說永恒，因為「上九」爻變為恒卦（䷟）。「六五」陷入黃金所代表的物質、權力欲望中，爻變為姤，怎能持久？「玉鉉」代表冰清玉潔的永恆理念，爻變為可長可久的恒，一日心為恒，可以千秋萬世永遠留存。金鉉就是物質建設。鼎卦代表建立政權，如果誇耀富國強兵，就是缺少文化教養，總有一天會毀滅。恒卦就如萬年松，姤卦就像朝生夕死的莧陸草；姤卦只是一時貪歡的婚外情，恒卦才是白頭偕老的長久夫妻。

換言之，若把鼎卦當做國家建設，「六五」就是物質建設、科技建設、經濟建設，但如果沒有「上九」畫龍點睛的精神文明建設，富而無教、富而無禮的國家，遲早要滅亡，也就不會有永續經營的震卦。能夠永續留存的，一定有精神、也有肉體；像萃卦有物質的大牲，也有精神性的「王假有廟」。

所以，「上九」「鼎玉鉉」的局面，就是「大吉，无不利。」跟大有卦上爻一樣：「自天佑之，吉无不利。」〈小象傳〉說：「玉鉉在上，剛柔節也。」溫潤如玉，正是恰到好處。玉鉉象徵一個國家的文化建設、教育建設；「六五」可能是經濟建設，但經濟建設只是下層建設，最後還是要提升精神文明的建設。你看，鼎的建設多麼不容易，少一個玉鉉，下面所有的東西只能湊成一個大鍋；有玉鉉，才能成鼎。

另外，「上九」跟「九三」的對比也很明顯。「上九」剛柔節，恰到好處，「九三」呢？剛柔失節，「失其義」。「九三」過剛，一定要用柔濟剛，到「上九」的時候已經爐火純青，剛柔恰到好處，故能長久。所以，「九三」爻變是未濟卦，「上九」爻變就是恒卦。

上爻的情況大致如此。那麼，從卦中卦的角度來看，如何理解「鼎玉鉉，大吉，无不利」呢？其實「上九」就是大有卦（䷍）的上爻（二、三、四、五、上爻構成大有卦），「上九」就是「自天佑之，吉无不利」，所以爻辭當然也是「大吉，无不利」。

占卦實例1：由歷史小說占朝代興替

曾有學生送給我一套孫皓暉先生寫的《大秦帝國》，堪稱煌煌巨著，第一部也拍成了電視劇，這部巨著寫得很不錯，作者在替秦始皇平反，也替秦帝國平反，找出很多理由佐證六國為什麼會滅，秦國為什麼能興，寫得很精彩。從商鞅變法寫到劉邦、項羽滅秦。秦滅六國，但陳勝、吳廣起義，也揭開秦帝國崩潰的序幕，最後這個前所未有的帝國，終結於劉邦、項羽之手。是什麼原因使得秦帝國的興亡更替如此之快？為此我占了一卦，問秦帝國強大的原因，結果就是不變的鼎卦，也就是說，政權威重自有一套。

大陸頗為流行的歷史小說《明朝那些事兒》，學生也想送這套書，結果沒買到，後來他給了我一套電子版。我還沒細看，但大概知道內容，所以也占了一卦問：明朝滅亡是什麼原因？結果就是比卦（䷇）第三爻「比之匪人」，第三爻變，國運變蹇卦（䷦），宦官、特務橫行，導致人人自危，最後危及政權。

但凡占到不變的鼎卦，當然是「元亨」，但如果我們占問身體健康，就要看是年輕人還是老年人？因為〈大象傳〉說「正位凝命」，鼎卦也代表祭拜的香爐，如果是老年人，可能有歸天之憂。我的外甥小時候因為脊柱問題需要開刀，我姊姊很擔心，就問我有沒有問題？我一占，結果是不變的鼎卦，沒問題！因為開刀是革故鼎新，而且他年輕、火旺。可是，另外一例則不是如此了。十幾年前，台中一位學生的父親因為晨跑被車撞，送醫急救。結果占到不變的鼎卦，老人家最後不幸去世。凡是占問生死大事，不能只看表面的爻辭、卦辭，因為《易經》是自然法則，不能感情用事。一個通用的鼎，年輕人元亨、老年人也元亨，結果一生一死。但不論結果是什麼，都是鼎的自然形象。

占卦實例2：日本國勢衰微

二〇一一年四月中，日本福島震災已逾月，我問未來三、五年內，日本國力能否復振？為鼎卦二、三爻動，齊變有晉卦之象。「鼎」為掌握公權力推動國家建設，「九二」爻辭稱：「鼎有實，我仇有疾，不我能即。」雖有實力，不得發揮，難遂其志。「九三」爻辭：「鼎耳革，其行塞，雉膏不食。」〈小象傳〉批：「失其義也。」似乎政府的管理機制出了問題，強硬過度，與周遭關係不和諧，績效不彰。「方雨虧悔，終吉。」很像核反應堆灑水降溫的救治措施，必須調整施政，以柔濟剛。總之，日本損失慘重，振興困難。

當年十一月中，我在赴烏來洗溫泉的夜車途中，已將未來十年的世界大勢算完，其中日本未來十年的國勢為鼎卦二、三、四爻動，齊變成剝卦。前後二占完全相應，鼎卦「九四」更糟，爻辭稱：「鼎折足，覆公餗，其形渥，凶。」二、三、四爻為鼎腹中物，資源流失殆盡，變剝卦後岌岌可危矣！

令人警惕的是，當時我算臺灣往後十年的政局，也是「遇鼎之剝」，政府失能，不斷內耗鬥爭，前景堪虞啊！

占卦實例3：冤親債主來報到

二〇一〇年底，我問：一般輪迴觀念認為，子女投胎降生父母之家，是為了報恩或還債，真是這樣嗎？得出鼎卦「九二」爻動，爻辭稱：「我仇有疾。」爻變為旅卦。所謂「怨偶為仇」，鼎卦「九二」和「六五」相應與，恩怨糾結不清。鼎卦之後為震卦，血脈相傳，香火不斷，還真是前世冤家來投胎呢？

鼎卦六爻全變的錯卦為屯卦，上下交換所成之卦為家人卦。屯卦為新生兒呱呱墜地，從此成為親密的一家人。從各種卦際變化的角度來看，鼎卦「九二」之占都有後代子女之象。

恐懼修省——震卦第五十一（䷲）

震、艮——基本八卦

震（䷲）、艮（䷳）二卦屬基本八卦，上經始於乾坤，終於坎（䷜）、離（䷝），排序各為第一、第二跟第二十九、三十，這是上經八純卦的排序。下經直到第五十一和第五十二才出現震、艮兩個基本八卦，隨後再經過漸（䷴）、歸妹（䷵）跟豐（䷶）、旅（䷷）四個卦，就到第五十七、五十八的巽卦（䷸）、兌卦（䷹）。稍微留心的人就會發現，《易經》的自然卦序是有其規律的。基本八卦一半在上經，一半在下經。上經闡述天道，包括開天闢地到生命誕生，以及物種由簡而繁的演化過程。物種演化的順序已被現代科技證實，但古人究竟是如何知道的？確實匪夷所思。乾、坤、坎、離在上經，震、艮、巽、兌在下經。但距離不同。上經象徵天道的演變，始於乾、坤，終於坎、離，終而復始，開始跟結束完整呼應。下經就不同了，震、艮和巽、兌離得很近，而且偏向下經快結束的時候。這是什麼意思？第三十卦之後直到第五十卦，完全沒有基本八卦，一直到第五十一、第五十二才出現震、艮二卦，然後再經過四個單卦，才是巽、兌二卦；再沒過多久，下經所講的人世變動就結束了。為什麼這四個基本八卦排在這麼後面，而不往前挪一點，或者乾脆擺在最後面？

其實，這不是巧合，而是自然天成。安排卦序的人也不是根據自己的想法，因為天道就是這樣，人世也是這樣。既然六十四卦包羅萬象，天下事難逃《易經》的羅網，天人構成的基本板塊，乾、坎、艮、震、巽、離、坤、兌，剛好各一半。不但是各一半，按照卦序，卦跟卦之間的因果關係即卦際關係，就是最重要的基本關係；當然也可以透過爻變的四千零九十六種現象去理解卦中卦的關係，就像《焦氏易林》那種幾乎是數學的架構。這樣的卦序因果關係，其實就是宇宙間最重要的因果關係。造什麼因就得什麼果，因果是最基本的規律，卦序反應的就是這個。所以不是你想怎樣就怎樣，而是前賢透過深刻的人生體驗和自然觀察得出的結論。所以《易經》常跟很多以數理為基礎的科學觀察會合。但令人疑惑的是，幾千年前的人什麼工具都沒有，也不具備所謂的專業知識，他們是怎麼排出六十四卦？又是怎麼發明大衍之術的占卦方法的呢？如果真是伏羲一畫開天地，豈不就是傳說中的盤古開天地？因為無中生有是最難的。

好，我們回到問題點。乾坤、坎離為什麼在上經？震艮、巽兌為什麼在下經？這和先天八卦方位有關。乾南坤北、離東坎西，它是一個十字架，是先天為體的四個方向，六十四卦先天的基本架構就出來了，這是自然而然的。所以這四個卦就叫四正卦。然後還有四個對角線的卦，東北、東南、西北、西南，就是震、艮、巽、兌，這是四個隅角的卦，就叫四隅卦。四隅卦比較偏，不屬於正東、正南、正北、正西。也就是說，人世本來就是比較偏的，人再怎麼修，也不可能完全正；如果真能修到合乎自然天道，那就是大人的境界，與天地合其德。但是人就是充滿弱點，起心動念、行事做人，通常會偏離自然的天道。

由於人常常偏離天道，故「元亨利貞」四德俱全的卦，多見於上經。六十四卦「元亨利貞」俱全的卦共有七個，上經就占了六個。因為上經自然之道的演變是比較接近客觀真理。下經三十四卦，只有一個卦是「元亨利貞」，所以四個隅角的卦不是正的、直的。

《易經》六十四卦的結構

震、艮、巽、兌是構成下經三十四個單卦的基本構件，有了這四個八純卦的基因，才有雜交成其他單卦的可能。從咸（䷞）、恒（䷟）開始就是，但也有例外，這個例外不多不少，剛好是四個單卦，也是兩套卦，哪兩套？晉（䷢）與明夷（䷣）是由離、坤構成；最後兩卦既濟（䷾）與未濟（䷿），是由坎、離構成，跟震、艮、巽、兌一點關係都沒有。為什麼剛好又是兩組卦？這些道理都值得研究。

一般人說，上經以單卦看，就是三十個卦，圓圓滿滿，什麼都講完了，自然之道不過如此。而人世錯綜複雜，下經要三十四個單卦才搞定。為什麼是上經三十卦、下經三十四卦呢？真有點莫名其妙。也許有人會說，四的三次方為六十四，是宇宙的常數，這是整個宇宙基因的基本構成，就像雙螺旋的ＤＮＡ分子也是四的三次方。這都不是巧合，不會是六十五，也不是六十三。六十四是一個常數。這一點我們可以理解。但是，為什麼要分成三十加三十四，可不可以倒過來，或者改造一下，讓《易經》更完美？為什麼中間差四個卦？其實，用相綜的卦組方式去理解，就會很清楚，上經、下經是平分的。

綜卦是一體兩面，是兩個截然相反的對立面，倒過來看其實就是一個東西；只因不同的觀點、立場，就看成不同的東西。從相錯的角度來理解，六十四個單卦，相錯的卦組一定是三十二，事實上相綜的卦組並不是三十二，因為還有八個對稱的卦是沒有綜卦的，它就是個卦體，不管正看、反看都一樣。這樣的卦在上經有六個——乾（䷀）、坤（䷁）、坎（䷜）、離（䷝）、頤（䷚）、大過（䷛），下經有兩個——中孚（䷼）、小過（䷽），這就是所謂的自綜，不隨人的觀點而有差異。頤卦和大過卦代表生與死；坎、離代表天堂和地獄；乾坤代表天地；還有中孚、小過各代表生育和生存練習。這些對每個人都是絕對公平的。不管你是帝王還是乞丐，該死的時候就得死，沒有例外。這八個卦，上、下卦完全對稱，就像在中間擺了一面鏡子，上下卦有如鏡像反射。這種自綜的現象，看著是單卦，其實它們本身就是八組卦。所以，六十四個單卦扣掉這八個卦變成五十六卦，剩下的一定是兩兩相綜的卦，五十六除以二，就是二十八組相綜的卦。加上八個自綜的卦，總共是三十六。換句話說，六十四卦，單卦有六十四個面向，就卦體（綜卦）來講，只有三十六個卦體，上、下經各十八個，各占一半。平均分配，從卦體的觀點來看，數量完全一樣。按照我這個演算法，上經三十個卦減掉六個自綜的卦，剩下二十四個卦，二十四除以二為十二，十二把這六個自綜的卦加上剛好為十八；以相綜的卦體來講，上經是三十個單卦，其實只有十八個卦體。下經也是如此。三十四個單卦減去兩個自綜的卦，三十二除以二是十六，再加上中孚跟小過這兩個對稱的卦，又是十八。所以上經十八個體、下經十八個體，剛好平分。那麼這也是偶然巧合嗎？當然不是，這裡面有非常深刻的意義。

這是從震、艮兩卦的角度幫大家複習自綜的概念。其實不只如此，還有上、下經天人相應的部分。像損（䷨）、益（䷩）二卦在下經是第十一、第十二卦，這是小宇宙的計算；上經第十一、第十二是泰（䷊）、否（䷋），這是大宇宙的計算。損、益跟泰、否密切相關。這一點我在損、益二卦已經講過，就不再多說了。然後上經有大過卦，下經就有小過卦，它們的位置是相呼應的。最後的既濟、未濟兩卦是由基本八卦的坎、離構成的，而上經最後兩個卦就是坎、離二卦。這就是天人相應。也就是說，人身小宇宙跟天地大宇宙根本就是同構、相呼應的，如果見樹不見林，搞不清楚大世界，怎麼能搞得清楚小世界呢？

我們常說照鏡子可以檢驗自己的心性，也可以瞭解別人的想法。人生就像照鏡子，是佛，鏡子裡就有佛的樣子；是魔，鏡子裡就留下魔的樣子。《資治通鑑》、《紅樓夢》的風月寶鑑都是如此。它們是如實傳真，不會感情用事，實質是什麼，鏡中就出現什麼。但是，人往往不願意面對真相，所以占卦的時候，必須專注在具體的問題上，當答案像照鏡子一樣顯現出來時，接下來就是如何冷靜、理性地做客觀判斷。

我在講大過卦的時候提過，人不敢面對鏡子，就像白雪公主的故事一樣，老妖后天天照鏡子，照完了，還要問那面鏡子：「魔鏡，魔鏡，誰是世界上最美麗的女人？」魔鏡每天都說：「就是你啊，你就是天下最美麗的女人。」她就滿意了。當有一天魔鏡竟然回答最美的是白雪公主，她就受不了了。所以教《易經》或傳道的人都有風險，就像那面鏡子一樣，你告訴人家真相，鏡子就會被砸。

震、艮：行止一體

震、艮相綜，從字面上看，一定是如此。震是動，艮是止，人生要決定自己正確的行止，什麼時候行動，什麼時候得停下來，不能瞎闖。所以行、止就是一體的兩面。動到極點是震，靜到極點是艮，動與靜其實是一體的兩面；沒有純粹的動，沒有純粹的靜。動中有靜，靜中有動，動極會轉靜，靜極會思動。就像太極圖，分陰分陽，陰中有陽，陽中有陰；陰極轉陽，陽極轉陰。震、艮相綜，一定是有動象有靜象，在一個充分動的震卦中絕對有靜；艮卦看著是靜止不動的象，但裡面絕對有動的象。

所以，震卦中有二、三、四爻構成的艮卦（☶）；艮卦中也有三、四、五爻構成的震卦（☳）。這就可以說明一切。當然，要再詳細點，就得看相應的爻辭。按照卦序，震卦是動，後面接著艮卦，那麼震卦第六爻就是動極轉靜；動到極點的震卦最後一爻要轉成靜，下面就接到艮卦。就像陰極轉陽、陽極轉陰一樣；而艮卦上爻好像是很安靜的象，其實也要開始動了；當然它的動不是再回到震卦，而是進入下一卦漸卦。這就說明靜極轉動的時候，不是立即大動特動，而是慢慢地動；就像我們蹲久了突然站起來，就會有點頭昏眼花，所以要緩慢的動，才不會受傷。

震、艮的上爻分別代表動極轉靜、靜極轉動，艮卦最後一爻下面接著漸漸動起來的漸卦，所以艮卦上爻的動，還會帶動一大幫人跟著動；因為漸卦是雁行團隊的象，所以艮卦的修行到一定程度，就不再是天天面壁，而是要出來濟渡眾生，帶動好多人跟著修行，並且一代一代傳下去。

「艮」字在《說文解字》中如此說：「很也。从匕目。匕目，猶目相匕，不相下也。」段玉裁《說文解字注》解釋說：「很，不聽從也。一曰行難也。」艮是止欲修行，為止。艮卦的卦辭、爻辭、卦象、爻象，艮就是不動如山，因為山是不動的，所以要把「艮山」體會成「止」。兵法就講不動如山。同時「止」也是要節制欲望，最好是完全控管，不致氾濫成災。「止」是動詞，受詞就是「欲」。人與生俱來的種種欲望，食與色都在內，那是最簡單，也是最基本的；所有複雜多樣的欲望，都是從飲食男女之欲衍生出來。關於食與色，我在需卦講過，在噬嗑卦、賁卦也講過，在頤、大過二卦更有全面的探討。佛教中的《楞嚴經》一開始也告訴我們人先要解決食、色的基本問題才能談佛法，如果這兩個問題沒有得到安頓，什麼佛法都是白講。所以經文一開始就從阿難誤闖妓女戶講起。艮卦在還沒有受到佛教影響之前就提出止欲修行的觀點。作者認為人生的障礙像好幾重山一樣難以攀越，確實很辛苦；但這個障礙其實就來自於我們與生俱來的各種欲望，這跟佛教講所有天災人禍皆源於人心不淨，道理是一樣的。

與生俱來的東西，不一定就是罪惡，但艮卦發現，人生的所有阻礙都來自內心的欲望，唯有止欲才能翻山越嶺，甚至登峰造極。不但要超越內卦、下卦那座小山，還要超越外卦、上卦那座大山。艮卦爬到最高的山就是登峰造極、成聖成佛，然後服務眾生。《易經》傳世幾千年後，佛法進入中土，很多研究佛法的人看到《易經》的艮卦就非常吃驚；艮卦由內而外、由下而上超越欲望的障礙，最後攀登到頂峰，把人生所有的煩惱拋開，這個過程就跟《法華經》講的成佛法門完全一樣。可是《法華經》用了近七萬字才講明白的，艮卦只用了五十個字不到，從六個爻辭始壯究、始壯究的修行，就把要點全部講到了，最後一個爻就成了佛。我每看到這裡，就覺得中印兩大民族使用的語言、思維方式，的確大有不同，一個艮卦不到五十個字的經文，效力等同於一部講成佛不二法門的《法華經》。

自古學《易經》的人都盛讚艮卦，我平常講到這個卦的時候，也常常當場悟到一些新的東西，這是非常奇妙的！為什麼這些字裡面能夠含藏挖掘不完的內容！哪一部經典有這樣的魅力，經得起千錘百煉、不斷開發？我們的身體、我們的心靈，在這些看著不起眼的爻辭中，其實都是息息相關的。

止欲修行的艮卦

壓制欲望很困難，需要很大的力量。在《西遊記》中，如來佛祖壓在孫悟空身上的是一座大山——五行山。孫悟空大鬧天宮，連觀音都制伏不了他，最後還是如來佛祖的五指山止住了他。孫悟空的如意金箍棒就是人生的煩惱來源。如意就是欲望當先，想怎樣就怎樣；大鬧天宮就是欲望爆發的最高潮。結果被如來佛祖壓在五行山下五百年，這其實就是艮卦止欲的意思。如來佛祖用五百年的艮，想壓制那根棒子象徵的心猿意馬，仍無法完全馴服孫猴子的野性。最後只好給他一個任務，讓他保唐僧去西天取真經。唐僧把這猴子從大山底下釋放出來，這猴子確實老實了一段時間，但沒過多久又重現頑劣本性；於是觀世音菩薩給了唐僧一個緊箍，命猴子戴上，並傳授緊箍咒與唐僧。這下孫悟空才算徹底老實了。可見，修了五百年，仍然很難壓制欲望，最後還得通過意念的折磨才做得到，可見艮卦止欲之難。

我們都知道，損卦（䷨）是「懲忿窒欲」，上卦的艮就是為了壓制下卦兌的情欲，用的是移山填海的工夫。損卦發展到艮卦，意味著損的那一套不行了；損的時候還承認內卦是兌，有欲望，但時日一久，欲壑難填，就會氾濫成災，所以要用兩個艮的大山去節制。「三人行，則損一人」，有如移山填海之難；如果損卦辦到了，哪還需要艮卦？艮卦是完全走極端，不承認人有兌卦那樣自然的情欲；內卦是艮，外卦也是艮，把欲望消除得乾乾淨淨。整個艮卦就是兌卦的反面，要用最極端的方式求得清淨。或許覺得損卦不夠徹底，上卦那座山怎麼壓都壓不住內卦兌這個禍源，只有採取艮卦這種最激烈的方式，做絕欲的修行。但這樣的境界，坦白講，絕大多數人做不到。所以艮卦只是登峰造極的少數，並不是《易經》修行的結論。《易經》修行的結論是第六十卦的節卦（䷻），人如果不能斷絕欲望，就要適當地節制。節卦是水澤節，內卦是兌，像損卦一樣承認兌卦的存在；也就是說，欲望明明存在，怎麼可以假裝它沒有呢？《易經》修行的結論並不是損卦，那只是過程；更不是少數人才辦得到的艮卦，而是第六十卦的節卦；然後下面才是一代傳一代的中孚、小過、既濟、未濟。節卦承認兌卦的欲望存在，但容量有限，就像澤中的水是有限的，千萬不能縱欲，也不可能完全沒有，但要恰到好處、嚴格控制品質，這是大部分人可以做到的唯一一條路。

艮卦用最極端的方式徹底斬斷欲望，所以兌卦不見了。但艮卦之後，兌卦是不是真的不見了呢？當然沒有。艮卦之後的漸卦、歸妹卦（䷵）、兌卦馬上又重現江湖。歸妹卦上卦震，下卦就是兌，簡直就在內卦裡蠢蠢欲動。「歸妹」正是情欲衝動、不顧一切的象；少女追長男，情急要私奔。可見，前面的艮卦下了這麼大的工夫，後面的歸妹卦馬上就破功。而且經過漸、歸妹、豐、旅、巽五卦之後，下面是八卦重組的兌卦（䷹）；兌的元神出來了，內卦是情，外卦也是情，怎麼壓都沒用。而且兌卦後面就是渙卦（䷺），是一定要散發出去的，所以要求發而皆中節，也就是第六十卦的節卦；承認它是合法、合理、合情的。明明就有的東西，不能假裝沒有；少數人辦得到、大多數人辦不到的路是走不通的。

另外，艮卦與震卦關係密切，因為動靜相宜，艮卦止欲修行的另一面就是震卦，震卦是在滾滾紅塵的現實人生裡接受震撼教育。所以，我們把艮卦叫做「孤峰頂上」，只有少數人能攀登上去；震卦則是「紅塵浪裡」，絕大多數人都在其中翻滾。震、艮是一體的兩面，息息相關，因為有震才有艮。動一段時間之後一定累了，就需要休息、打坐；所以，震到最後，必然帶著滿身傷痕、滿身疲累，需要到艮的山上打坐休息。可是你會永遠待在山上嗎？不可能，一定還會下山。上山取得滋養，要應付下山之後震的世界就多了幾分元氣，如此反覆，才是真實的人生。

「艮」之說文解字

「艮」字在漢字是一個重要的字根，很多字都與它有關。像「退」字，乾卦〈文言傳〉在講到「亢龍有悔」這一爻時說：「知進退存亡，而不失其正者，其唯聖人乎？」知道進退存亡的人，就不會變成「亢龍」，因為很多人不知道退，只知道進，那就是「亢龍有悔」。「進」字是鳥在跑，借力就可以高飛；退則如艮山一樣艱難。懂得退的人，確實需要無比的勇氣，而且止欲修行的艮卦功夫是基本功，到時候才能夠急流勇退。

六十四卦中有一個卦就是專門教我們退的，這就是天山遯卦（䷠），「遯之時義大矣哉。」每個人的一生一定會碰到遯的情形，因為你不可能在一個位置上幹一輩子、戀棧一輩子。遯卦講退的藝術，還是需要有艮的基本功。「遯之時義」，說明要選一個恰當的時間，退得恰到好處，退晚了是老賊，退早了就可惜，有時反而會把事情搞砸，使得新舊交替青黃不接。人之所以要遯，就是因為不可能像恒卦一樣天長地久，到一段時間，體力、意志都難以為繼，這時就得遯。如果不遯，豈不是違反自然法則？後面那些等著接班的人一定恨得牙癢癢。

《易經》所講的進退，在漸卦會再一次強調。進退是人生成敗的標準，想要退得漂亮，就得修艮的工夫，不然很難堪。當然，能夠斬斷欲望、感情等憂悲煩惱的包袱，絕非簡單。雖然艮不是大多數人走得通的路子，但確實也有少數人成功走過來了。像弘一法師李叔同，還有很多大德賢人就成功了。這種出家修行的成就，以佛教來講，也是一番大丈夫事業。若不是大丈夫，能有魄力斬斷塵緣、毅然出家修行嗎？錢不能碰、色不能沾，人世間種種欲望都得遠離，你辦得到嗎？這就代表修艮卦法門的不是普通人，一定要有一股狠勁。「狠」字右邊也是艮，是如狼似犬的艮。〈說卦傳〉就說艮卦是狗。這個「狠」字就很妙了！所以千萬不要隨便踢狗、打狗，牠可是修過的，也許是前輩子修得不夠好，偶爾犯了什麼戒，這輩子才變成狗。這當然是玩笑話。不過，艮是止欲修行，艮在動物中取象為狗是有道理的，因為狗通人性，說不定牠以前根本就是人，搞不好還是羅漢出身。

艮為犬，那麼多動物，為什麼艮就是狗？這個道理很難理解，但我講一個「獨」字，大家應該就可以領會了。《易經》經傳再三強調慎獨的「獨」，亦即每個人都有獨一無二的內在主宰，「慎獨」就是要你真心建立自己的主宰。人同此心、心同此理，心可以共通，但最寶貴的是每一個人的「獨」都不一樣。儒家、道家、佛家都認為，天上天下，只有獨是最尊貴的。而「獨」這個字的部首，恰好就是個「犬」字。所以，艮卦取象於狗是有深意的。另外，艮在人體中是手。跟止欲修行有關的宗教特別重視手，佛教要合十，密宗有手印；伸出手來可以是握手，也可以阻止別人，讓他停下來。如果艮為手，震當然是足，足是要行動的。

繼往開來

「震」字是「雨之辰」，長子是父母「雲行雨施，品物流形」而來的；父精（乾）、母血（坤）陰陽和合而生出震。下雨就是雲行雨施，也就是男女之事。震是生命的主宰，「雨之辰」決定一生的動靜；所以，出生的年、月、日、時辰形成所謂的生辰八字，攸關一個人的個性，也影響一生的命運。這不是宿命，而是告訴我們「震」是生命、生機的代表，也是陰陽交合之後由時間產生的深刻作用。

一天有十二個時辰。《說文解字》對「辰」的解釋是：「震也。三月，陽氣動，靁電振，民農時也。物皆生，从乙、匕，象芒達；厂，聲也。辰，房星，天時也。从二。二，古文上字。凡辰之屬皆从辰。」辰在十二時辰中居第五，辰時為早上七點至九點，差不多日出的時候，也正是陰陽交合恰到好處的時機。

在後天八卦中，「震」是東方，我們都知道革故鼎新之後要世代交替，希望政權永續、生命永續。除了血脈的繼承，還有法脈、道統的繼承，這就是震卦。震卦是繼往開來的卦，內震、外震，勢必會面臨動盪不已的震撼式考驗。如果年輕沒有經驗，一旦繼承前輩的江山，尤其從前專制時代，倉促接位的小皇帝往往不知民間疾苦、對天下事也懵懂不知，就有很多野心家欺君年幼、趁機搗蛋，所以會面臨很多考驗，一不小心就會被震垮，甚至變成末代君主。所以我在講鼎卦時提過，鼎卦第一爻就得考慮培植接班人，就算是「得妾以其子」也沒關係。為什麼禪宗祖祖單傳，寧缺毋濫？就是因為法統要慎重。五祖在圓寂前幾年幸好能遇到惠能，不然法脈就斷了。所以震卦可以看成是從上一代或老師那裡得到某種生命或文化血統，並且通過各種震撼考驗，可以代代相傳下去；等到代表生命的震終止，到了艮的時候，還能啟動下一波的震，甚至讓整個團隊都能接續法脈，這就是漸卦。而這整個循環就是繼往開來。

我們回過頭來總結一下。「雨之辰」交代了生命的來源，也強調時間的意義；陰陽交的時間就是辰；如果沒有陰陽合的雨，時也沒有意義。還有，在後天八卦中震屬東方，中國歷代儲君都住在東宮，所以稱「東宮太子」。太子一般又是嫡長子，代表震卦，是未來的繼承人；繼承人要接受嚴格的訓練，不能嬌生慣養。在五行中，東方又是生方，代表生生不息。〈卦序歌〉的「升困井革鼎震繼」，「繼」字可說是神來之筆，震就是要能繼往開來。過去的封建王朝，末代皇帝都要背負沉重的心理壓力；像宣統皇帝不但是清朝的末代皇帝，更是中國封建王朝的末代皇帝，還給日本人利用一下、俄國人整一整，再經過共產黨的改造。明朝最後的崇禎皇帝也很可憐，自己上吊死的時候，完全沒想到是自己的剛愎自用造成亡國的命運，他怪部下都是亡國之臣，覺得自己不能承擔那麼多壓力。如果道統或君位傳到一個人手裡就斷掉了，這個人不是被稱為亡國之賊就是欺師滅祖，這個罵名是很嚴重的。震就是要生生不息，所以內、外、上、下，都有強烈的求生企圖。直到有一天到了艮——停止的時候，接班團隊已經培養出來，就能夠再繼續下去。這就是人生的責任，順著生命的「雨之辰」展開人生的奮鬥。

〈序卦傳〉說震、艮

〈序卦傳〉說：「主器者莫若長子，故受之以震。震者，動也。物不可以終動，止之，故受之以艮。艮者，止也。物不可以終止，故受之以漸。」「主器」，器就是鼎，是權力的法器、國家的公器，也是祭天的器物。器很重要，「工欲善其事，必先利其器」。國之利器，一定要有主持人，「莫若長子」，長子就是震，以前是嫡長子繼承，「故受之以震」，所以鼎卦後面是震卦。「震者，動也」，震就是要動，打雷、地震都有這個象。「物不可以終動」，任何事物都有休息、停止的時間；生老病死，最多一百年，最後也不動了，用一把火燒掉或是堆成一抔土。「止之」，一定會停下來。「故受之以艮，艮者，止也」，因此震卦後面是艮卦，艮卦就是止欲。「物不可以終止」，這句話很重要，不要以為艮卦就是槁木死灰般的木頭人、木乃伊，艮完全是活的。有些人上山修行，修到最了不起也只是小乘，修到極點也就是羅漢，絕沒有大乘菩薩的境界，因為大乘菩薩還要下山渡人；要渡貓就要有貓的樣，要渡狗就要有狗的樣，要渡德國人就會講德語。所以艮卦絕不是人生的終點，修行的最終成就，都要啟動他人的動。很多人沒有真正瞭解艮卦，以為修行就要停止，嚮往絕對的安靜，那才是最大的幻象！什麼地方是淨土？心淨則國土淨；心不淨，到哪裡都不淨，何況現在山上也不舒服，海洋也污染得很厲害。所以艮不是死寂，而是「定、靜、安、慮、得」，知止而後有定，而後能靜、而後能安，而後能認真思考問題，然後再有所得。佛教修止觀法門，艮卦是止，觀卦是觀，觀卦（䷓）就是大艮（䷳）之象。人如果沒有止的工夫，什麼都看不清楚，無法自知，照了鏡子都是哈哈鏡。

另外，「物不可以終止」，物包括一切的人、事、物。物不會永遠停止不動。上山只是暫時休息、修行是為了超越欲望的障礙，走更長遠的路；到達巔峰，就要下山服務眾生。如果待在山上不動，根本就是逃避。「故受之以漸」，靜止一段時間，下面就要慢慢開始動；因為醞養、反省很多，洗淨了人生的欲望，自身清淨了，就要擔負起濟渡眾生「先知覺後知，先覺覺後覺」的任務；就是成了佛，也還要渡眾生；就是沒成佛，地藏王菩薩也甘願常駐地獄。所以下面就是漸卦，漸卦是雁行團隊，要慢慢帶領一大群人走向自覺之路。

〈雜卦傳〉說震、艮

〈雜卦傳〉說：「震，起也；艮止也。」不管是〈序卦傳〉、〈雜卦傳〉，還是〈說卦傳〉，艮的解釋只有一個字，就是「止」，可見止的意義很深刻。《大學》談「止」的最高境界是「止於至善」。成語「歎為觀止」、「高山仰止」，還有像《古文觀止》，都有「艮，止也」的意思。

震是「起也」，後天八卦中，震是正東方，從正東方開始，跑一圈到了東北方，就得停下來換別人跑，這就是艮。「起」是起點、也是奮起，歷史上很多名家都以此為名。戰國時期兩個有名的戰神，一是魏國的吳起，一是秦國的白起，這兩個「起」都不得了，大小戰爭很少輸過。

「起」作為人生的起跑點，怎麼動才能動得有精神，中間還有很多考驗。日出、胎動，都是起，也都是內動；屯卦（䷂）就是從內動開始；復卦（䷗）的生生不息，也還是從內動開始。一個人的病有沒有起色，或者是一病不起，都和「起」相關。

帝出乎震，成言乎艮

〈說卦傳〉說「帝出乎震」，帝是主宰，在內就是思想、品格、核心創造力等內在的主宰；儒、釋、道都在修這個、建立這樣的東西，然後一切行動才有主見，不會是行屍走肉般的盲動。「帝出乎震」，之後是「齊乎巽，相見乎離，致役乎坤，說言乎兌，戰乎乾，勞乎坎」，最後就是「成言乎艮」。人生要有所成就，到了艮止的時候，到底成就了什麼？這才是真正的考核；是成佛、成聖、成賢，還是事業成功？因為這時候不能動了，是蓋棺論定的時候了。所以要討論艮的境界，就得檢討「成」。我在講豫卦的時候講過，豫卦上爻曲終人散，爻辭就有一個「成」字：「冥豫，成有渝，无咎。」舊時的典禮，一般最後都會說「奏樂，禮成」。「成」就是在最後檢討、評估你的成就在哪裡，到底成功了沒有？在艮的時候做出評斷，就是所謂的蓋棺論定；在任期屆滿時，對任內所有作為進行評判。

「萬物出乎震，震，東方也。」「帝出乎震」的「帝」是能夠成功建立主宰的少數領導者。而「萬物出乎震」，說明眾生平等，眾生都有佛性；但是能修到最高境界的，卻又少之又少。那麼，「帝」跟萬物結合起來，就是乾卦〈彖傳〉最後講的「首出庶物，萬國咸寧」。「首」就是「帝出乎震」，也就是「帝」，就是主宰；「庶物」就是「萬物」。「首出庶物」就是「帝出乎震」，又是「萬物出乎震」，是平等義。所以，既然眾生都能成佛，三世諸佛，就是《易經》乾卦講的「群龍無首」；龍不只一隻、佛不只一個，這跟西方宗教絕對不同。上帝再怎麼愛世人，世人再怎麼努力也不會變成上帝；但眾生可以修成佛，可以變成群龍之一。這個差別太大了。

「艮，東北之卦也，萬物之所成終而所成始也，故曰成言乎艮。」。艮是東北之卦，「萬物之所成終而所成始」，「而」是「能」，任何事物到一定階段就動不了了，那就不要再跑，要造就接棒的人，促成一個新的開始。「成終」，就是終而復始，所以艮卦有終始之義。《易經》整個精神就是終而復始，「故曰成言乎艮」，人生的成就，要在這個關口才能真正分辨出來。

「動萬物者莫疾乎雷」，快得不得了，「終萬物始萬物者莫盛乎艮」，所有的東西到達終點，就代表另一個階段的開始。

震卦卦辭

䷲

震。亨。震來虩虩，笑言啞啞。震驚百里，不喪匕鬯。

接下來看震卦卦辭。首先是「亨」。震就是要動，人生一定要動，用進廢退，動才會亨通。鼎卦是「元亨」，是創造者，現在震卦接位，是叼著金湯匙出生，直接接收先人留下的產業，所以有必要繼續維持亨通。但因為是繼承者而非開創者，所以絕對不會有「元」。人的身體也一樣，動才能亨，現代人一天到晚不動，時間久了絕對出事。而且，人生要做事、要行動才能亨通，不然一定閉塞不前。

「震來虩虩，笑言啞啞」，「啞」為狀聲詞，音「ㄜˋ」，詞語「啞然失笑」的「啞」，其實應該念「ㄜˋ」。在「震來虩虩」之後，雖然慶幸劫後餘生，但因為驚魂未定，想說話卻只有氣音而發不出聲音，好像啞巴一樣，那就是「啞啞」，要隔一段時間才能恢復正常。

「震驚百里，不喪匕鬯」，「鬯」音「ㄔㄤˋ」。「匕」跟「鬯」的意思很簡單，都是祭祀的禮品和祭器，或者代表主持祭祀的領導人。因為震是接班人，要繼承先人事業，也要進行政權保衛戰。在宗廟祭祀祖先時，一定有代表前人事業的信物，這就是「匕鬯」。歷代皇帝每到一定時候都要祭拜先皇。像鴉片戰爭時，道光皇帝覺得對不起祖宗，就得去太廟祭祀，向歷代祖先懺悔。我們講過，觀卦（䷓）是宗廟祭祀的象，震卦更是如此，它是繼承者，在遭遇一個「震驚百里」的災變後，沒有喪失主權，就是「不喪匕鬯」。鬯本來是美酒，以前祭祀供酒，一定要用很好的酒杯裝著很好的酒，把酒灑在地上；像我們現在調雞尾酒一樣，要有一個像匕首一樣的棒子。匕跟鬯合起來，在《易經》那個時代就是主權的象徵。只有擁有權位的領導人才有資格拿著匕鬯主持祭祀；如果「不喪」，代表政權延續，就可以告慰祖先。所以匕鬯代表所有權、經營權、主權；「不喪匕鬯」就是沒有喪權辱國，沒有失去生命的主宰。

「笑言啞啞」，劫後餘生的人又驚又喜、又害怕又慶幸；經過這次震撼，他就明白一些經驗法則，甚至可以寫書、拍電影，告訴人家下次遇到震的時候該怎麼應付，存活的機率會比較高。這就是「言」。但因為餘悸猶存，聲音帶著驚恐，甚至說不出話來，這就是「笑言啞啞」。「震來虩虩」的「虩」字右邊是虎，當然不是真的老虎，而是壁虎、蜥蜴之類的爬蟲類。像我幼年時，家裡有很多壁虎，夜裡把日光燈或白熾燈一打開，壁虎馬上躲閃逃竄。壁虎很是靈敏的，周遭環境稍微有一點風吹草動，反應快得不得了。當人碰到外在環境的劇烈變化，像金融風暴、大地震、海嘯等等危及生命、組織、團體安危的災變，首先一定要設法存活、保留實力，能閃則閃；就像蜥蜴遇到危險時戒慎恐懼，必要時不惜斷尾求生。這就叫「虩虩」，這是《易經》中的壁虎功。《易經》的「易」有很多說法，日月為易，也包括蜥蜴，因為蜥蜴中有一種變色龍，適應環境的能力特別強。蜥蜴作為爬蟲類，能從恐龍時代進化到現在，代表牠面對危機的能力超強，必要時可以犧牲局部、保全整體。就像選舉失敗了，秘書長辭職，黨主席還可以繼續留任。因為尾斷了會再長出來，頭斷了就沒命了。尾巴斷掉當然很痛，但至少能活命。為了繼續存活，人有時要忍痛割愛，斷臂也是一樣的道理。將來豐卦的時候還會碰到，人要能分辨什麼是最重要的，什麼是次要的；不能都保全時，就要犧牲次要的、保全重要的。剝極而復也是人生的大浩劫，寧願「碩果不食」，外面的果肉再好也可以不要，只要保住裡面那顆種子，下一代的繁殖就有機會，這就是保存核心競爭力。經濟再不景氣，環境再糟，只要內在的力量還在，再大的困難都不怕，將來一樣有東山再起的機會。動物都有這種先天的本能，蜥蜴保證沒學過《易經》，但代代相傳，必要的時候就懂得犧牲局部、保全整體。這種斷尾求生的做法，就是「震來虩虩」。

「震來虩虩」是生態觀察的發現，但蜥蜴那種面臨劇變的生存反應，人卻不一定做得到，因為該割捨時往往割捨不下；想保全全部，結果全都完了，這樣的實例多到不可勝數。不管是「笑言啞啞」，還是「震驚百里」，「不喪匕鬯」才是最重要的。只要主權在手、生命在手，將來就還有重新奮起的機會。所以這個判斷很重要，這是震卦的主體思維。

震卦〈彖傳〉

〈彖〉曰：震，亨。震來虩虩，恐致福也。笑言啞啞，後有則也。震驚百里，驚遠而懼邇也。出可以守宗廟社稷，以為祭主也。

震卦的〈彖傳〉似乎沒講什麼，作者好像有點偷懶。「震，亨，震來虩虩，恐致福也。」等於沒有解釋，只有「恐致福也」，恐懼可以招致福佑。「笑言啞啞，後有則也」，經過劇烈震動後，剛開始連話都講不出來，到後來就更加謹慎小心了，言出必有規矩。「震驚百里，驚遠而懼邇」，這句話倒是很重要。「而」是能夠的意思，是動詞，不是轉折語。「邇」是近，為了讓身邊的人知所戒懼，就要設法威嚇他們，讓他們不敢輕舉妄動。當組織內部有問題，如果直接處理，稍不小心就會傷到自己，多半會有很多顧忌；所以就在遠處引爆巨大的震動，讓震波傳回來，嚇到異議分子不敢輕舉妄動，這就達到威嚇的目的了。這種間接處理的手法，就是所謂的聲東擊西、敲山震虎、隔山打牛。這種間接處理內部問題、主權危機的迂迴路線，就是「驚遠」就能「懼邇」。

搞政治的應該都懂得這一點。當內部存在領導統馭的問題而造成動盪不安時，領導人常會想辦法在外面製造一個驚爆性的行動，目的是為了讓內部反對者受到嚇阻。例如國家領導人通過國際管道，或是藉出國考察的機會在國外放話，國內的人聽懂了，他就可以不著痕跡地達到目的。學過蹇卦就知道，遇到困難時就要一致對外，所以，有時候甚至會藉著外面的軍事冒險行動，一方面爭取國內支持，一方面藉此提高領導威信，讓內部問題自然而然獲得解決。

「出可以守宗廟社稷，以為祭主也。」這是講「不喪匕鬯」。因為解決了政權危機，通過一切震撼考驗，可以承擔大任，守住宗廟社稷，有資格作為主持國家祭祀的人。

震卦〈大象傳〉

〈大象〉曰：洊雷，震。君子以恐懼修省。

「洊雷，震。君子以恐懼修省。」這是震卦的〈大象傳〉。所謂的恐懼，不是盲目害怕，而是面對危機時戒慎恐懼。「修省」是修行、反省。「洊」字在坎卦出現過——「水洊至」，水流一波未平、一波又起，象徵人生的險難不斷，過得了初一，不一定過得了十五。就像大地震之後餘震不斷，而人生也往往要面對接二連三的震盪考驗。震卦的卦象是內震、外震、下震、上震，一旦震動起來，餘波不斷。第一波沒被震垮，說不定第二波就倒楣了；所以我們不能只考慮第一波震盪，也要防範接下來的餘震。

如果多震幾次，在恐懼中累積足夠的應變經驗，人漸漸就成熟了，變成震的長男，可以承擔大任，做事認真、謹慎，並且保持深刻反省、時刻注意自我修正。新加坡前領導人李光耀就是一輩子都在恐懼修省。新加坡以一個彈丸之地，隨時都在「洊雷，震」之中，考驗不斷；為了保持產業模式與時俱進，解決不同階段的危機，都要周延地預先設想、未雨綢繆。這就是「恐懼修省」。大過卦的〈大象傳〉叫我們「獨立不懼」；這裡卻要我們恐懼，可見人生之難。其實，大過卦已經到了「大過」的環境，能獨立自然不懼；「獨立不懼」跟「恐懼修省」並不矛盾。震卦則是要利用恐懼修省，看到生命內在的主宰。

尊生主動

震卦講動，就是要慎動。「慎」即「真心」，所以是真心的動、用心的動，而不是亂動、躁動；還要有慎獨、敬慎不敗的思維。其實，恐懼修省和《中庸》、《大學》所講的慎獨根本是一個道理。人生不可能不動，動就要有效果，不該動的時候別亂動，所以要用艮去節制，動中要有靜的力量，不然就會失控。在靜的時候，也要有澎湃洶湧的動；不然，靜極如何生動？震卦的動就是要用「慎」約束、強化。震也是「主動」，但不是一般講的主動、被動，因為「帝出乎震」有主宰的意思；任何的動都要有主宰、有主張。以儒、道兩家為主的中國本土文化的特徵，就是以動為主。當然動中還要有靜的工夫，所以老子就強調「致虛極，守靜篤」。老子同時也講「動善時」，動的時候要掌握時機、時勢，一動就要見到效果。

震卦還有一個重點就是「尊生」，因為震卦象徵生機蓬勃的生命，所以活著就要活得精彩，不能死氣沉沉；而且所有的動作都要有效果，要有精準的打擊力和震撼性。

震卦六爻皆全稱卦名

震卦六個爻跟鼎卦六個爻一樣，全部都有卦名，每個爻都在震動之中。就像鼎卦六個部位缺哪一塊也不行。還有臨卦的全臨、觀卦的全觀是人的基本生存情境，當局者迷，旁觀者清；你不在台上就在台下，隨時隨地都在臨、觀的處境中，一方面觀察自己、也觀察別人。艮卦也是六爻全艮，結合震卦，就是指人生無時無刻都在動靜行止之中。

震的人生就是在紅塵浪裡打混；身、口、意隨時都在動，心動，行也動。如果把震卦當成一生，從初爻年紀輕輕一直走到上爻的垂垂老矣，最後進入艮卦的停止不動。年輕人有年輕人的動，壯年人有壯年人的動，老年人有老年人的動；每個階段都會遭遇震的威脅，內在一定要有一個能夠抵抗、消解、應付生存威脅的力量。震卦六爻對人生的描述可說是傳神之至。

震卦也是政權保衛戰，因為震卦本是主權的象徵。企業有主權、所有權、經營權；國家的主權體現在土地與人民。主權是象徵，所以寸土必爭，清朝末年簽訂割地賠款條約的人都成為歷史罪人。古人云：「有土斯有財。」如果連土地都沒有，所有的生產資源都是借來的，怎麼能持續下去？震卦就要一塊屬於自己的土地，大家願意為這塊土地奮鬥，所以震是國家主權的象徵。文化也是一樣。每一種文化都有它獨一無二的特色，文化就是我們的命運，不可能擺脫；認為能擺脫的人，根本是幻想，而且是腦筋不清楚。跨文化、跨語言的學習，就是用盡一輩子的智慧心力，也不可能學到那個文化的最高境界。就像老外要學到中國文化的精粹，有如登天之難；我們去學西方文化，要攀上最頂峰，也是做夢。這就是文化的命運，任何人都不例外，所以不如建立自己的獨──特色，而且，讓各文化的特色和平共存，否則，光講一些空中樓閣的理論，根本是不切實際。

假如我們把震卦當成一個政權、組織的生命體面臨危急存亡之秋的考驗，那麼，從「初九」到「上六」等各個位階該怎麼抗震呢？像金融風暴就倒掉很多大公司，甚至很多國家實質上已經倒了。所以在震的時候，不同時位的人會有什麼表現，是軟弱，還是堅強？有沒有對策呢？爻辭作者的建議各是什麼？舉例來講，在主權、政權面臨易手之際，卦的觀點跟爻的觀點永遠不同；屬於爻的升斗小民，一定會計較爻際關係的輸贏是非，以及個人利益的成敗得失，這是人之常情。可是人生不能只有爻的觀點，還要有卦的觀點；而且爻裡面還有君位的觀點，還是需要看得遠、看得宏觀。例如，第四爻的震就像一面照妖鏡，在風平浪靜、喝酒吃肉的鼎卦時期，每個人看起來都一樣；只有在動盪不安的震卦時期才看得出一個人耐震、耐磨的能力。果然亂世驗真金，這一震六個爻統統原形畢露。

震卦六爻的爻際關係

我們再看爻際關係，照講任何一個卦的第五爻跟第二爻的呼應關係都是最重要的。就像乾卦是「見龍在田，利見大人」和「飛龍在天，利見大人」，互相利見，猶如紅花綠葉；第二爻是下卦氣勢最壯的中心位置，第五爻是全卦的領導中心，五爻一定要跟二爻配合得很好，整個卦才能穩定。但那是平常的狀態，現在是震卦，平常二爻跟五爻如果是政商關係，第五爻是領導人，第二爻就是金融、企業大戶，或是重要的民間意見領袖。如果內部或外部出問題，二跟五的關係就會受影響。面臨震卦的考驗時，每個人都會替自己打算，那也是人之常情。當然，自私不是壞事，但爻際關係也在動盪中才能見到真情。所以，當人人自危時，哪些爻是可以相信的，哪些爻不可相信？在震卦的時候都會真相大白。也許平常的關係不怎麼樣，但在危機時，他居然挺身護著你；有的是平常跟你甜蜜蜜，等到震的時候，影子都看不見。像電影《鐵達尼號》，一對未婚夫妻在船難發生時關係就變壞了，未婚夫本是人模人樣的貴族，危機來臨時，一轉頭就把未婚妻給拋開了。

所以，所謂的生死之交，往往要到震的下一秒才能看到真相，這個時候若還會說「海枯石爛」或「我死都願意」，那才算是真的。第二爻和第五爻的政商關係，平常互相勾結、互相取利，在震的時候，這種關係經得起考驗嗎？一旦五爻地位不穩，二爻很可能馬上就押寶給下一個可能上位的人。當船快要沉沒時，愛的真相才顯現出來；當戰爭的威脅來臨，我們往往發現，一切價值觀都扭曲了，其實那不是扭曲，而是真相大白。

震卦的卦中卦

我們再看卦中卦，看看人的一生從呱呱墜地時候的震、青春時期的冒險，再到壯年時期、老年時期，到底包含了哪些卦象？

先從四個爻的卦中卦開始。初爻到四爻是頤卦（䷚），頤是要求生、要奮鬥，雖然震的人生很苦，經歷很多動盪、危險，可是人一定要想辦法養活自己。修養好的人可以從容應付震的考驗，修養差的大概就沒辦法了。震卦裡面有頤卦的象，這就告訴我們，只要進入震卦，就會觀察到赤裸裸、血淋淋的頤的生態，大魚吃小魚、小魚吃蝦米的真實景況一覽無遺。

然後慢慢變下去，二、三、四、五爻構成的是水山蹇（䷦）。「震」中有「蹇」，本來就不好混，寸步難行。但因為風雨同舟，就要想辦法跟人家合作，全靠自己，很難渡過白浪滔天的震撼。佛教之所以那麼動人，就是把震中的蹇描繪得讓你不得不服氣；真是這樣的，生命中有蹇，所以得合作。如果沒有蹇這種共同體的概念，富國為什麼要救窮國？歐洲出問題，為什麼美國、日本都要跳腳？甚至還有人提議乾脆讓中國收購這些快倒閉的國家。這真是風水輪流轉，我們年輕的時候作夢也沒想到歐美會跟亞洲人借錢，而且是「求你救救我」。震卦中之所以有蹇卦的象，和震為足分不開。蹇卦是寒氣侵足，世路難行。二、三、四、五爻整個人生的精華都在蹇中，你看，人生多苦！初爻的時候是小娃娃，啥也不知道，上爻快入土了，中間的人生全部都在蹇中，沒錢也苦、有錢更苦。這是震中的蹇象，那麼人生遇蹇時該怎麼辦呢？一天到晚風雨飄搖，還能互相折騰嗎？非也非也，有蹇就要解，人生就是要解決問題，有難題就要有高超的解答。那麼多智慧法門，不就是要你在人生的苦難中尋求解脫嗎？

接下來的三、四、五、上爻構成的就是雷水解（䷧），人的一生首先是震卦進入頤卦，慢慢發現人生苦不堪言；然後蹇出現了，保證心想事不成，大家都愁眉苦臉，一定要尋求解脫之道，所以下面馬上告訴你怎麼解。頤、蹇、解三卦藏在震卦中，構成多彩多姿、也多災多難的人生。

再看五個爻的卦中卦。初、二、三、四、五爻構成的是水雷屯（䷂），屯卦雖然缺乏資源，但它一定要想辦法求生。當然不能空想，一定要付出行動，就是做不好也一定要有一套做法，即使是犯了錯，再改就好。所以，二、三、四、五、上爻構成的是雷山小過（䷽），就是小鳥練飛的象，在跌跌撞撞中開始人生的學習。這就是震的五個卦中卦。其實它的意義是多層次的，遠遠不止於此。

震卦六爻詳述

初爻：臨危不亂

初九。震來虩虩，後笑言啞啞，吉。

〈小象〉曰：震來虩虩，恐致福也。笑言啞啞，後有則也。

現在進入具體的爻。第一爻最好講，它的爻辭和卦辭大多相同。首先是「震來虩虩」，再就是「後笑言啞啞」，加了一個「後」字。連〈小象傳〉解釋爻辭和〈彖傳〉解釋卦辭都是一個調。這是因為震卦的主爻就是生命力的代表，而這個代表，就是內在主宰的「初九」。這是毫無疑問的，只有樹立生命的主宰，才能應付震的挑戰；人生的艱難才能誠於中、形於外，由內震而外震，我們才有活力、有生命力展開人生的奮鬥。

「初九」是震卦的主爻。一個初爻，就把震卦的精神和生命力淋漓盡致地全部表現出來。所以，爻辭和卦辭幾乎完全一樣，只是修辭上稍微增加一點細節的描述。震卦卦辭說「亨」，然後是「震來虩虩，笑言啞啞」，「震驚百里，不喪匕鬯」。跟爻辭幾乎完全相同。可是要注意的是，卦辭是「震來虩虩，笑言啞啞」；「震來虩虩」在前，「笑言啞啞」在後。爻辭講「後笑言啞啞」，多了一個「後」字，其實是有一點廢話；但爻辭為了講清楚這兩件事並不是同時發生的，是在大難之後驚魂未定，因為僥倖活過來了，又驚又喜，才有「後笑言啞啞」。

然後，注意爻辭用的吉凶判斷語是「吉」，能活過來當然吉，尤其對這個爻來講，它在震卦一開始就逃過一劫，還可以講話、可以笑，真是大難不死。可是卦辭講「亨」，但爻辭絕少講「亨」的；在比較整體、比較宏觀的卦的大環境，才會講「元亨」；爻辭講亨的很少，而且都有特殊的意義。像節卦（䷻）第四爻有「亨」，這個爻怎麼能像卦這樣亨通無阻呢？一個爻要在什麼情況下才能得到一個卦才擁有的「亨」？還有一個是第二十六卦大畜卦（䷙）第六爻「何天之衢，亨。」這個爻雖然也有「亨」，但它不是靠一個爻的力量創造的，而是「畜極則通」，累積了前面五個爻的力量，到第六個爻則以全卦六個爻的力量衝出一個「何天之衢，亨」，爻變就是泰卦（䷊）。

所以，我們要有一個概念，爻辭的格局比較小，通常只計較個人的得失輸贏、吉凶悔吝，很少注意大環境。震卦第一爻的文字和卦辭雖然差不多，但爻辭講吉非常合理，卦辭講亨是從大局出發。第一波的考驗確實如此，然後〈小象傳〉說「震來虩虩，恐致福也。」所以要善用恐懼，人生有一些恐懼，對身心有益；無知才大膽，知識越多、歷練越足，看破世情驚破膽，懂得害怕，才會小心翼翼地應付。這種恐懼之心絕對能帶來福報。所以恐懼是有必要的。《中庸》講「慎獨」：「是故君子戒慎乎其所不睹，恐懼乎其所不聞。莫見乎隱，莫顯乎微，故君子慎其獨也。」所以恐懼是正常的、應該的，懂事的人才知道害怕，年輕人啥也不懂，就像大壯卦（䷡）那個發情的公羊一樣不知天高地厚，拚命往前衝，盡闖禍，啥事也辦不了。恐懼是正面的人生態度，有危機意識的人，大概一輩子都不會遭難。「恐致福」其實就是〈大象傳〉講的「君子以恐懼修省」。

「笑言啞啞，後有則也。」經過這次考驗，學到一些東西，有了面對震的經驗法則，這就叫「後有則」。民間常說，「不聽老人言，吃虧在眼前」，因為老人經過了「震來虩虩」的人生苦難，多少有一些經驗法則。何況，《易經》就是講天則、人則、遊戲規則、叢林法則，都在研究「則」——「變易」後面的「不易」。「則」就是拿刀子在貝殼上刻畫，讓你永誌不忘。經過「震來虩虩，恐致福」之後，反省出怎樣比較不容易被震死，存活率比較高，這都叫「則」。「後有則」，有了這個「則」就比較心安了。就像習坎一樣，第一次害怕，第二次就不怕了，這就是人生的洗禮。

震卦「初九」爻變為豫卦（䷏），根據過去的經驗，就可以預測未來。如果預測準確、預備周全，就不那麼害怕了。所以震本來是很苦的，結果變成豫樂的象，可以提早做準備；豫也是充滿激情和行動力，豫又是我們跟宇宙萬象、社會、自然、眾生之間的關聯。我們能預測，因為掌握了我們跟萬象之間的關係，這樣心裡就比較篤定。「後有則也」，這在震卦〈象傳〉中不是重點，但在爻辭中就很重要了，因為每個人都想保命、過關。

由卦中卦深入解析初爻

「初九」是震卦最重要的一個爻，我們結合卦中卦去看，可以看得更清楚些。「初九」同時是頤卦第一爻，也是屯卦第一爻。屯卦剛冒出來的生命力——「磐桓，利居貞，利建侯」，跟震卦第一爻的情境完全吻合。要給生命打基礎，就像蓋房子要經得起地震的考驗一樣，要用磐石打地基、要挑選好的棟樑材料；「磐」跟「桓」都齊備，一定經得起震的考驗，然後才能建大廈供人居住。震卦初爻就是有屯卦初爻的工夫，基礎扎得越深，越經得起考驗。作為頤卦第一爻則是反面提醒，不能「舍爾靈龜，觀我朵頤」，要把自己內在的靈明良知建立好。也就是說，震卦第一爻要像頤卦第一爻一樣，千萬不要捨去內在的靈明自性，昧著良知良能或者佛性、真如。不然，「舍爾靈龜」，就會「觀我朵頤」，陷入恐怖鬥爭的境地。

所以，要瞭解震卦初爻，就要瞭解屯卦初爻和頤卦初爻正面、反面的提醒。房子建得好就耐震，一個生命有主宰的人，就不會葬送在「虎視眈眈，其欲逐逐」之下，可以活得生機盎然，活力十足。爻變就是豫卦，對人生有看法、也看得遠。

四爻：蓮花之道

九四。震遂泥。

〈小象〉曰：震遂泥，未光也。

初爻和四爻相應，但表現截然不同。第四爻代表高官，在改朝換代時，一朝天子一朝臣，第四爻軟弱無能到極點，絕對不會為人民服務，只為自家打算。此時他在意的是，還有哪些財產可以變賣？萬一換了新主人，怎麼重新修補關係？像乾隆一死，和珅馬上被乾隆的兒子清算。所以在那種兵荒馬亂的時代，千萬不要對第四爻有任何冀望，因為他謀的是自身，想的是鞏固自己的既得利益。

「震遂泥」，就像陷入泥沼，震是腳，也是生命力，好比一腳踩到爛泥巴裡，泥足深陷，拔不出來，完全失去行動力。「九四」上下兩個陰爻，正處在坎險的深淵，加上自身包袱重，陽居陰位，不正、不當位、不稱職。平常很會做秀，高談為選民服務，到了震的時候，絕對只替自己打算。所以，震卦第四爻是沒有任何生命能量的位置，更不要講所謂的良知良能了。

第四爻完全被自私自利的欲望籠罩，故〈小象傳〉述評：「震遂泥，未光也。」要期待他為民服務，完全是緣木求魚，還不如訴諸「笑言啞啞」的基層「初九」。人生常會遇到「震遂泥」的狀況，被欲望套牢、動彈不得，是軟弱無能的「未光」；自己痛苦，旁人也是泥菩薩過江，幫不上任何忙。

在前面學過的卦中，需卦第三爻也有一個「泥」字，跟震卦第四爻一樣都是人位。三多凶四多懼，需卦第三爻「需于泥，致寇至」，所以要「敬慎不敗」。這裡是「震遂泥，未光也」，地位這麼高卻如此軟弱。那麼，假如人生正好遇到這種情況，解法是什麼？解法就在爻變，爻變為復卦（䷗），復見天地之心，要想剝極而復，就要培養核心競爭力；想要掙脫「震遂泥」的情境，重新站起來，也要「復見天地之心」，回歸心靈的故鄉。儒、釋、道各家經典、各家法門殊途同歸，都在尋找復的大道。「震遂泥」是一種生命衰微的病症，解藥就是從「震遂泥」中復見天地之心。以佛教來說，就是蓮花的象徵。蓮花長在污泥中，但出污泥而不染。其實我們就是生活在一個泥巴世界裡，像我的年齡剛好是第四爻，早已失去初爻如初生之犢那種青春的銳氣；考慮這個、考慮那個，前瞻後顧，什麼也不敢做，什麼都害怕，結果什麼都套得牢牢，然後還「未光」。這種灰撲撲的坎險狀態，反而是最好的解脫之道，就像蓮花出污泥而不染，所以真正的智慧是從污泥中產生的。即使每個人都「震遂泥」，還是有機會尋找復卦生生不息的力量。怎麼復？就從泥巴世界下工夫！這就叫此岸就是彼岸，智慧夠了，心淨則國土淨，娑婆世（又稱「堪忍世」——勉強能忍耐的世界）馬上就轉成極樂世；不在別處，就在當下此刻的污泥中長出蓮花。所以，不要否認污泥，污泥是長出蓮花的必要條件；不要離開娑婆世界尋找菩提，就在這個世界，轉煩惱成菩提。人生所有的不順遂，都是指引你去尋找復的路子，這就是「震遂泥」的希望。

「遂」是心想事成，震卦也有生命的追求，沒想到兩腳陷在泥巴裡，當然「未光」；空有很多想法，但被欲望的習氣業力拖累，使不上力，所以非得下復卦的工夫不可；唯有「七日來復」，才能從「未光」變「光」，然後在「震遂泥」的衰象中大徹大悟，在污泥中開出蓮花。曾有學生占問

《金剛經》講什麼，結果就是「震遂泥」。《金剛經》就是讓我們徹底反省人生，因為我們的生命都陷在泥巴裡，要掙扎出來，就得下復卦的工夫。人世間凡所有相皆是虛妄，一般世俗的成功、財富，其實都是泥濘不堪的泥巴，但追求真理之道唯一的法門，也就是從泥巴之中悟得。所以《金剛經》從「震遂泥」的現象說明，心一轉就可以復見天地之心，當下得解脫。

三爻：擦亮眼睛向前行

六三。震蘇蘇，震行无眚。

〈小象〉曰：震蘇蘇，位不當也。

三爻的條件很糟，不中不正，陰居陽位。其實震卦的人位都不好，三多凶，四多懼，「六三」陰居陽位，「九四」陽居陰位，統統不正。震也是人性的考驗，通常不會讓你太滿意。「震蘇蘇」，就是震得手軟腳軟，因為「六三」根本不是塊料，碰到這麼大的震撼，嚇得魂飛魄散。

爻辭就給了我們一個建議——「震行无眚」。這時仍然要打起精神應變，不要被動挨打，但往前行進時，千萬要看清楚。《易經》出現好多次「眚」字，都在提醒人睜大眼睛，不要看錯；否則看錯、走錯，照死不誤。

「眚」字從訟卦（䷅）開始就出現了。「九二」講「邑人三百戶，无眚」。眼中長東西，看不清楚，就會有妄想、產生誤判，進而輕舉妄動，惹禍招災。所以「眚」是人禍，不像「災」是水火無情的天災。復卦到最後「迷復凶，有災眚」，那就是天災人禍並至。无妄卦（䷘）最後也是「有災眚」，跟復卦最後一爻一樣天災人禍一起來。這些災禍真正的根源在於人心不淨，透過權力的運作，就會有无妄之災，怎麼防範也沒用；而且明明沒做錯，一樣會倒楣。這就是可怕的地方。「震蘇蘇，震行无眚」。「眚」字在震卦第三爻這個人位又出現了。〈小象傳〉說：「震蘇蘇，位不當也。」因為人的不中不正，只會闖禍不會善後，還嚇得簌簌發抖。

所以三爻、四爻都軟弱，四爻「震遂泥」，有再多的錢，再高的功名、地位，一樣動彈不得。三爻「震蘇蘇」，給人看破手腳，還得「震行无眚」，睜大眼睛、強打精神去行動，而且還不一定就能活過來。就像地震一樣，這一次沒被震垮，下面卻還有餘震；第三爻之後，第四爻馬上又開始震。所以在有限的喘息空間內，不能坐著等死，一定要起來找出路；但這時就要擦亮眼睛，不能心慌意亂。免得一腳踩到地雷，不動還好，一動死得更慘。

「六三」爻變為雷火豐（䷶）。注意！下卦變成代表智慧、聰明的離卦了，而且「離」在人體剛好是眼睛，所以要眼明腳快，看準了才不會踩到地雷，這就是豐卦的「明以動」，有智慧地行動。這個爻跟坎卦第三爻比較，差別在哪裡？震卦、坎卦都是人生高度震盪，具有摧毀意志的殺傷力；一個是一波接一波的浪頭，一個是一陣一陣的雷鳴。同樣是「六三」，坎卦的「六三」「來之坎坎」，前也坎，後也坎，即使「險且枕」，但也嚇得差不多了，沒有多少元氣；震卦「六三」，雖然「震蘇蘇」，但還是得挺起來掙扎求生，睜大眼睛繼續向前行。不像坎卦只要待在原地、就地臥倒，千萬不要動，否則會「入于坎窞」，越陷越深。

上爻：反躬自省

上六。震索索，視矍矍，征凶。震不于其躬，于其鄰，无咎。婚媾有言。

〈小象〉曰：震索索，中未得也。雖凶无咎，畏鄰戒也。

三爻跟上爻相應，現在看第六爻。三爻在第一波的震撼中已經被震到六神無主了，第六爻則是飽經震撼，人生早已添了好多道傷疤，苟延殘喘、行將就木，就快要到艮卦了。所以第六爻爻辭最長，算是對生命即將步入終點發出無限的慨嘆，此時，種種老年現象都出現了，沒有生命力，又驚恐萬分。年輕力壯時，還可以逞逞豪勇之態，故意到危險的地方去冒險；上爻則是唯恐躲避不及，怕得要死。

爻辭共二十二個字，算是比較長的了。首先是「震索索」。「索索」有點類似帕金森氏症，手腳控制不住了，甚至眼歪嘴斜流口水，走路、上樓梯，手抖腳抖，這是很多老年人的症狀。還有我們講一個人索然無味，就是說他已經沒什麼生機；又說興趣索然，或神情蕭索，都有殘缺、凋零的意思。「震索索」比「震蘇蘇」還糟。「震蘇蘇」至少外表還很完整，就像皮膚還有彈性一樣，「震索索」是形容枯槁，行動起來顫顫巍巍。

「視矍矍」，看什麼都害怕，稍微有點動靜，就瞪著眼睛驚懼地看，完全像蜥蜴的樣子。上爻經過震的長期驚嚇，變得更遲鈍了，看到什麼都怕。「震索索，視矍矍」的描寫相當傳神。「視」就是人要看清楚才能走路；「震」是走路的樣子。嚇到所有的動作都是「索索」，結果當然「征凶」。因為人的動作就是看和走，現在連走都有問題了，還能走多遠？看也充滿懷疑跟恐懼，又能看到什麼？古人常用疊聲字加強語氣，震卦的疊聲字可謂超載；卦辭是「震來虩虩，笑言啞啞」，初爻又是「震來虩虩，後笑言啞啞」；然後第三爻「震蘇蘇」、第六爻「震索索」。為什麼疊聲字這麼多？因為震不會只動一次，至少動兩次，這些描述非常傳神。「震索索」是形容老人生命力衰微，眼光裡的火快熄滅了，人在這個時候怎麼能「征」呢？「征」是非常積極的行動，在行動和目力都極為遲鈍的狀況下，征當然凶。「震索索，視矍矍，征凶」。這就告訴你，死了這條心吧，千萬不要再丟人現眼了。

下面的爻辭，意義就更深刻了。「震不于其躬，于其鄰，无咎」，而且還有一個尾巴——「婚媾有言」。「震不于其躬」，「躬」就是把身子彎下來，反躬自省的「躬」。蒙卦第三爻「見金夫，不有躬」，都是說要謙卑地自我反省，對人千萬不能驕傲。等到姿態放低，懂得反躬自省的時候，才能真正找到自我。「震不于其躬」，就是說老人家已經是風燭殘年了，結果連著幾波的震都沒有打到他；也許地震時附近的房子都塌了，只有他家房子沒塌，可是他卻嚇傻了。也就是說，這個震「不于其躬」，沒有直接打到他；「于其鄰」，但左右鄰居、或者比他強壯的人統統都被震打垮了，他莫名其妙地存活下來，但也嚇怕了，時常擔心會有下一波餘震會震到他。這種朝不保夕的感覺，絕對無法像初爻還能「笑言啞啞」，所以他被逼得只好想辦法，因為沒有一個生命會甘心束手就縛；像三爻雖然軟弱無能，還要硬起頭皮，摸索求生之路；上爻到了這種危險的狀況下，雷還在打、地震還在震，而且旁邊的人都倒下了，要怎麼逃生、往哪裡跑才有機會？三爻年輕力壯，還可以「震行無眚」，上爻「視矍矍」、「震索索」，憑什麼活下去呢？不論如何，這時候還是要盡一切可能求生存，然後參考旁人是怎麼死的，在有限的空間裡儘量改善，不要犯相同的錯誤。這樣就有機會「无咎」。「无咎」就是善補過，至少旁人的錯誤不要再犯。所以「震不于其躬，于其鄰」的人懂得參考人家的慘狀，自己儘量調整，就有可能「无咎」。

但是，更慘的還在後頭！他雖然拚命活下來了，最後卻發現「婚媾有言」，因為老不死的還沒死，最親密的人看到你老態龍鍾、苟延殘喘，跟你年輕時的神采飛揚完全不同。所以她天天唸你、批評你，這就是「有言」。「婚媾有言」是很現實的場景，我們一天到晚都跟最親近的人「起內訌」，我們的愛人同志一天到晚嘮哩嘮叨。所以「婚媾有言」這四個字，真是把人世間老夫老妻揣摩得很到位。人老了就嘴碎，你去觀察老太婆、老先生，他們從早吵到晚，什麼事都可以拿來拌嘴。大家肯定覺得奇怪了，既然這樣，為什麼可以結婚這麼久，還一起出來玩？如果你以為他們感情變壞了，那你就錯了，其實他們的感情太好了，他們就是在生命走向殘燭之年時，像刺蝟互相取暖一樣，打是情、罵是愛，這是他們表現愛的方式。此時生命已經沒什麼特別值得追求的目標了，只有囉嗦嘴碎，天天我挑你毛病、你說我不是，反而覺得活著有勁。只是，「震不于其躬，于其鄰」是什麼意思呢？就是人到了一定的年紀，有一天下樓拿報紙，把信箱一打開，掉出一堆訃聞，老張死了，老王也死了，怎麼都走了呢？這就是「震于其鄰」，因為他可能身體比我還好一點，「震不于其躬」，卻只有我這個老頭還留著。《紅樓夢》中的林黛玉說：「爾今死去儂收葬，未卜儂身何日喪？儂今葬花人笑癡，他年葬儂知是誰？」這就是兔死狐悲的自然現象。面對這種情境，他心裡又害怕，又「震索索，視矍矍」，哪裡也走不了，只有天天跟「婚媾」拌嘴，這是他們唯一的生活樂趣，千萬不要剝奪他們的「權利」。

如果是政權保衛戰，到了上爻這種精力渙散的時候，一定會起內訌。「婚媾有言」就是內訌，你挑我、我挑你，導致內部結構鬆散。這個爻爻變為噬嗑卦（䷔）。你看！搞不好又要重回叢林法則。〈小象傳〉說：「震索索，中未得也。」「上六」完全偏離中道，外卦震的活力已經日薄西山。「雖凶无咎，畏鄰戒也。」為什麼「征凶，无咎」？因為旁邊的人出狀況了，他犯的毛病你就不要犯了。這樣的前車之鑒也是一種恐懼修省的方式，壞榜樣不要學，存活率可能高一點。一個老眼昏花、根本沒有反抗能力、行動能力的老人，為什麼還可能无咎，就是因為「震不于其躬，于其鄰」得來的教訓——「畏鄰戒也」。有了這個示範效應，因為害怕，就會趕快調整。爻變是噬嗑，這個卦凶得不得了，也就是說，一定要記取教訓，趕快調整，不然就慘了。

二爻：狡兔三窟

六二。震來厲，億喪貝。躋于九陵，勿逐，七日得。

〈小象〉曰：震來厲，乘剛也。

我們再看最費解的二爻跟五爻。先看第二爻。「震來厲」，「七日來復」的「來」。我們知道它一定跟「初九」有關。爻往上、往外發展叫「往」；往下、往內發展叫「來」。「厲」是危險動盪不安。「六二」又是卦中卦蹇卦（䷦，二爻至五爻）的初爻，真正是人生多艱、世路難行。還好「六二」中正，陰居陰位，大有潛力，可是一旦面臨像「初九」這樣驚天動地的震撼，他也承受不了。「初九」災變爆發之後，「六二」如何應變、如何善後？體質再好，在危局擴散最嚴酷的時候也可能會倒。怎麼應付呢？所以要評估形勢。「震來厲」是講「初九」這麼大的一個震撼；「震驚百里」，馬上就輪到「六二」了，所以要應變。而且「六二」跟「初九」是陰乘陽、柔乘剛，飽受衝擊，恐怕很難站穩，連基礎都可能動搖。

「億喪貝」，「億」是動詞，是預測，正是《易經》最主要的決策功能。也就是說，不能只看現狀，要盡可能往未來看，未來會怎樣？要依據當下的形勢做長期預測，然後決定當下如何應變。「億」字，有些解釋成「大」、「多」的意思。其實不然，讀過《論語》就知道，子貢是了不起的政治家，又很會做生意，是孔子頗有幹才、又最富有的弟子。老夫子稱讚子貢的才華，就說：「賜不受命而貨殖焉，億則屢中。」「賜」就是子貢，子貢全名為端木賜，貢是下位者把東西貢給上位者，賜是上位者賜給下位者。古人的名、字都是有關聯的。顏回又名顏淵，因為「淵」是水回流；樊遲又叫樊須，因為他遲鈍，總是要等一下，「須」就是等待。「億則屢中」，就是懂得判斷行情、形勢，對景氣升降、政情起伏掌握得八九不離十。「億」就是說子貢作為一個成功的政商，因為對形勢的判斷、未來的預測很準確，所以成功致富。古代這種意思的「億」現在用「臆」來代替，那個味道就弱得多了，純粹是臆斷之詞、臆測之語；而「億」卻是準確的，八九不離十。「億則屢中」，說明不必全中，但成功率頗高。震卦爆發危機了，要知道震卦往下的走勢是什麼，可能帶動的連鎖反應是什麼，要怎麼應變？第二爻就很有的學了。「六二」作為民間精英的代表、各方的意見領袖，確實有一定的實力，可是這麼大的震撼，他也受不了，所以他一看來勢洶洶——「震來厲」，馬上就要「億喪貝」，將有重大的經濟損失。「貝」是古代的通貨；「喪貝」就是要損失大筆財物。因為是「喪」，代表情況極為嚴重，就像很多人傾家蕩產，或者股票變成壁紙。怎麼辦呢，金錢損失是一定免不了的，因為風暴來得太快，上午的行情到了下午就完全變天，想出脫也沒人接手，何況還有一些固定資產也沒辦法出脫，然後鈔票貶值、股票貶值。上午可以買一棟房，下午只能買碗麵，坐著就承受重大的損失。當然，這樣的損失「六二」還是可以料算的，因為第一爻「後有則」，根據經驗，就推算出一定會「喪貝」；心中有數，就準備承擔財務損失。然而，也不能坐在那邊挨打，這樣「喪貝」就會越來越嚴重、越陷越深；好的老師讓你上天堂，壞的老師讓你住套房，於是他就要暫時避難。

在形勢最危急的時候，千萬不要頂風衝浪，要想辦法暫時避開，等到風頭過去，說不定還有機會再回來，這也是斷尾求生。經濟上會有重大損失，但是經營的頭腦或者核心技術，不能在這一波風暴中喪失；如果眷戀財物，企圖挽回，一定會遭受更大的損失。浪頭總會過去，就像剝極總會復，等到一切平靜，核心的東西還在，就可以再生。蜥蜴也是這麼活下來的，很多人不斷地反敗為勝，跌倒再站起來，也是這麼活過來的。所以千萬不要擔心損失，一定要趕快找一個安全的地方，爬到最高的山上去避難。那就叫「躋于九陵」，「躋」就是辛苦地爬山；爬到第三爻就已經「震蘇蘇」，手軟腳軟了，可是山上才安全，不管多累、多苦，都要盡快登上高山。「九」是陽數之極，也就是在最高的山上才能倖免於難。在那個時候，如果行動力不強，像「震索索」、「視矍矍」、「震蘇蘇」，都無法爬上去；如何捷足先登，跑到最安全的地方，保住生命，這才是最重要的。

「億喪貝」，錢是身外之物，只要有賺錢的能力，將來還可以重來。很多人是這樣的，兵荒馬亂的時候資產常常歸零，只要有經營頭腦，戰後很快就可以賺回來了。所以千萬不要捨不得「喪貝」。而且這時候大家都「喪貝」，如果你還背著一大堆金銀財寶，怎麼爬得上高山？這就是「勿逐」。「逐」就是被欲望牽絆，捨命逐欲。這時候逃命最要緊，因為「七日得」。「七日得」就是

「七日來復」、剝極而復的概念。七天代表一段時間，未必真是七天。七天之後，一切風平浪靜，又可以重生再造，失而復得。

〈小象傳〉說：「震來厲，乘剛也。」因為「六二」陰乘陽、柔乘剛，是最危險的時候，一定要有斷尾求生的魄力。只要渡過最危險的時期，千萬不要為了怕「喪貝」而留在現場，把全部身家都搭上了。所以，這時候千萬不能感情用事。但這個爻爻變是雷澤歸妹（䷵），就是感情用事的象；內卦是兌、外卦是震，完全依據感情的「兌」去決定怎麼動，非死不可。歸妹卦卦辭「征凶，无攸利」，這是從反面講「六二」不能有歸妹卦的毛病。可是，人都有情，就有包袱，這個也捨不得，那個也要留，等到大難來時，無法毅然決然拋下包袱、先溜為妙，結果當然遭殃！「躋于九陵」，不再沉溺於逐欲——「勿逐」，因為將來還有機會失而復得——「七日得」。當然，能夠失而復得，也有先天的優勢條件；因為「六二」中正，所以才能「七日得」。只是災難實在太大，沒有人能倖免於難，所以不要迷信自己的潛在條件，還是暫時避開，繞一圈再回來。這也是一個規律，睽卦（䷥）初爻陽居陽位，「喪馬勿逐，自復」，也是「七日來復」的概念，馬跑掉了還會回來。既濟卦（䷾）也有「七日得」的觀念，也是條件不錯的「六二」。所以，本身條件好，就可以失而復得；不然就別妄想了。但是，條件再好，在衝擊最大的時候，也不能戀棧，還是趕快脫離現場為妙。

「躋于九陵」的智慧

人生平時就要準備，萬一大難猝然而來，最重要的東西一定要有疏散的管道，因為那是東山再起的本錢。臨時去找避險的「九陵」，怎麼找得到？事先就得做好周全準備，萬一發生「震來厲」

的時候，資金或人身安全都要用最快的方式脫離險境。當別人都還在惶惶不安的時候，我就有一條路通往安全地帶。

「九陵」是最高、絕對安全的地方，爬到最高的地方去避難，就可以鳥瞰全局，知道什麼時候地面已經恢復正常，可以下山回家。我們學過那麼多卦，有的緊急避難場所不是爬高山，而是一頭鑽到地洞裡去，像需卦第六爻的「入于穴」，鑽到洞裡避難；復卦則是鑽到地底下，避開地面的劫難。可是不論鑽到山洞或地底下，雖然藏得很深、覺得很安全，但壞處是搞不清楚後來的變化，不知道什麼時候可以出來。等到出來的時候，市場已經欣欣向榮，早已失去先機。這種安全至上的方法，視野不開闊、情報不靈通。最好的避難基地還是高山，什麼都看得到，什麼時候該重返戰場，快馬加鞭，馬上就下來了。

「躋于九陵」，避難場所一則要夠高，一則平時就要安頓好；再則登上「九陵」之後，還要留意現場資訊，觀察什麼時機可以回來。這都是第二爻應該具備的工夫。第二爻也代表企業經營者，這時候一定得為自己打算，絕不可能再去效忠搖搖欲墜的「六五」。太平時期「哥倆好」，大難來時各自飛。五爻這時候走不了，因為他是船長、是領導人，二爻卻可以一走了之。不同的位置，負的責任不同，本來就是如此。

「九陵」只是一個象徵，至少有兩層意思；一要夠高，視野夠遼闊；一是要隱密，不是大家都知道的地方。如果很多人都知道「九陵」，到時統統往那裡逃，你也上不去了。所以要多準備幾個「九陵」，這叫做狡兔三窟。萬一突然生變，這邊被堵住，還有另一條路。換句話說，你就得多方位投資。古龍的武俠小說就有很多這樣的例子，那種江湖英豪平時稱霸武林，但他也暗暗準備好多種逃生管道，因為他的親信說不定會造反。除了逃生管道，平常還要蓄養隨時準備為他犧牲的死士。這些死士平常可以備而不用，但絕不能不準備，因為這些管道往往在最危險的時候發生效用，在危急時可以逃生救命。一個黑社會老大尚且有這種遠見，我們處在這種時代，是不是也要做準備？

「躋于九陵」，前面講到的都是具體可見的安全基地，其實「九陵」可能只是一個象徵，指的是震卦的另一面——靈山。也就是說，只要有艮卦第六爻的能耐，修為已經登峰造極到九陵，泰山崩於前不改其色，那就不但不必逃離現場，還可以像佛菩薩一樣留在現場救人；那麼，將來「剝極而復」的「七日得」也是由他重建起來的。如此一來，「躋于九陵」就有兩個意思，一是修為夠，留下來救助他人；第二是修為不夠，趕快準備幾條逃生路線，而且平時就演練、準備好。

震卦初爻跟二爻兩個爻動，就是雷水解（䷧），一條解脫之路。解卦中就有「其來復吉」，這是一條比較曲折的路子，也是芸芸眾生經歷震的重大考驗時的解脫之道。第一個是像初爻一樣建立內在的自信，第二是像二爻一樣，萬一發生措手不及的情況，因為有「九陵」的修為，不在乎「喪貝」，也不會逐欲，然後能七日得，還可以濟渡眾生。《易經》第一卦「自強不息」，第二卦「厚德載物」；這裡也是一樣，震卦第一爻把內在震不倒的主體建立起來，第二爻碰到大難不但自己過關，還能幫助別人過關，一切眾生都能得到解脫，這就是震中有解的象。這個卦象就是我們問《壇經》的宗旨。《壇經》講的就是震卦第一爻、第二爻，自性生萬法，在紅塵滾滾之中尋求解脫，而且二爻可以發揮很大的力量，自度度人。第二爻的象跟惠能一生的坎坷歷練很像，真的是「躋于九陵」。他被師門那一幫人追殺，只能躲在獵人堆裡吃肉邊菜，隱姓埋名十多年才復出說法。所以千萬要牢記「七日得」的提醒，別急著現身說法，因為危機還在。

五爻：主權至上

䷲

六五。震往來厲，億无喪，有事。

〈小象〉曰：震往來厲，危行也。其事在中，大无喪也。

最後一個是第五爻。第五爻的爻辭跟第二爻一比，就知道領導人的壓力多好幾倍。二爻是「震來厲」，只有單方面的壓力，也不過就是失去一點錢財，但錢是身外之物，還可以再賺。第五爻面臨喪命、喪權的壓力。「震往來厲」，往也厲、來也厲，就像「來之坎坎」一樣，所以領導人的壓力跟民間社會賢達的壓力是不同的。「震往來厲」根本就沒有地方可以逃，一定要固守在崗位上，不然，船長跳船像什麼話！所以「六五」必須竭盡全力捍衛主權，也不能期待平常關係良好的「六二」願意一起留守；因為這是震卦，將心比心，二爻一定也想跑，至少會暫時避開，不會同生死、共患難。「震往來厲」，〈小象傳〉說「危行也」。「危行」有兩個意思，一是在最危險、最動盪的時候，領導人必須採取措施、拿出辦法；二是「危」是「正」的意思，即正襟危坐，這時一定要有正確的行為，要有示範效應。兩個意思都通。

「億无喪，有事」，這句話不管是過去的注解，還是現代的白話翻譯，都講得亂七八糟，沒抓到意思。二爻會喪貝，不過是損失點錢；五爻卻是「億无喪」。換句話說，屬於朝野中心的二爻、五爻都是領導人物，一定要對當前的形勢有全方位的評估考慮；衝擊力到底有多大、還會蔓延多久？是有起來的希望還是一蹶不振……。「六二」的預測是肯定會喪貝，「六五」則擔憂喪權、喪命；二爻可以斷尾求生，五爻如果應付不好，腦袋保不住、國家會滅亡。所以這時候一定要捍衛最重要的主權，一步都不能讓。這一點「六五」一定要列入重要考慮，絕不能喪失。「有事」就是宗廟祭祀的「祀」，也就是「震驚百里，不喪匕鬯」的「匕鬯」。「匕鬯」是主權、宗廟祭祀的象徵，代表香火不斷；「有事」就是祭祀不斷。這個「事」就是最重要的事；如果是個人，就是頭。這比二爻的「貝」重要多了。

「六五」判斷形勢不妙，為了保住核心的東西，其他都可以暫時放棄，只要不傷筋斷骨，必要時都可以列作談判條件。所以「喪貝」不重要，有權就可以發揮政治影響力。清楚喪貝跟喪權的差別，就知道二爻和五爻的擔當截然不同。「有事」是底線，所以要「其事在中，大无喪也」，「中」就是居上卦之中；「大无喪」就解釋「億无喪」，也是解釋「有事」。最重要的東西不能喪。正因為這樣，人一定要能判斷頭、尾和權、錢的效應。二爻有他的考慮，五爻有他的考慮。抗戰時期「一寸山河一寸血」，就是寸土必爭，真正大的東西是不能喪失的，這就是主權至上的觀念。

《春秋》有一個專有名詞，就是「大去」，指亡國滅種，喪失了最重要的東西。主權割讓或放棄就永遠要不回來，要接受歷史永恒的批判，這就是《春秋》「大去」的觀念。「大无喪」就是講「大去」。給一點錢可以，但絕對不能亡國、不能割讓主權。這個觀念影響中國文化很深。這個爻的爻變就是充滿彈性的隨卦（䷐）。所以震卦有非常剛性的一面，也有非常彈性的一面。當然，震卦堅持主體性的原則不可改變，尤其震卦第五爻最堅持原則，一步都不讓。其他無所謂的東西只要有助於大局，也有一定的退讓空間，那就是隨卦。我在隨卦第五爻也講過，隨是彈性的，震是堅持的；彈性與堅持兼備，就是一個領袖必須具備的條件，到了這個位置才會有這樣的修為，也非如此不可。

占卦實例1：男人的魅力何在？

二〇一一年二月底，我問男人的魅力何在？為震卦初、三、四、五爻動，「九四」值宜變成復卦，齊變為蹇卦。震卦中心有主，積極行動，飽歷事變而不驚懼，所謂男大要闖，魅力即在於此。女人魅力為姤卦「九五」，老人魅力為「遇夬之升」，小孩魅力為井卦「上六」，皆見前文論述。

占卦實例2：世界經濟難以樂觀

二〇一〇年六月初，一位朋友占問世界經濟的展望，為震卦初、四、上爻動，齊變成剝卦，震卦「上六」值宜變為噬嗑卦。震卦「初九」爻辭：「震來虩虩。」「九四」爻辭：「震遂泥。」金融風暴衝擊經濟，一波未平，一波又起。「上六」爻辭：「震索索，視矍矍，征凶。震不于其躬，于其鄰。」挨打久了，生機蕭索，一個接一個出問題。噬嗑卦弱肉強食，剝卦資源流失，岌岌可危。

占卦實例3：臺灣電子業前景趨淡

二〇一一年元月中，我與學生林獻仁及溫世仁長子溫泰鈞餐敘，席間占測臺灣電子業未來幾年前景，為震卦「九四」爻動，有復卦之象。爻辭稱：「震遂泥。」〈小象傳〉：「未光也。」曾經風光無限，往後卻軟趴無力，情勢不妙。後果如是，越來越糟，宏達電、宏碁、明碁等明星廠商業績大幅衰退，險象環生。復卦代表核心的創發力，如欲振衰起敝，捨此莫由啊！

止欲修行——艮卦第五十二（䷳）

成佛法門——艮卦與《法華經》

艮卦卦爻辭不到五十個字，卻把《法華經》用七萬字描述的成佛法門都講透了。這可不是我隨便講的，而是前人的總結意見。艮卦的主旨是止欲修行，孫悟空大鬧天宮，因為那根如意金箍棒就是一切煩惱的根源，所以很難根治。這就是《西遊記》作者吳承恩的高妙之處，孫猴子的那根棒子打遍天宮無敵手，連玉皇大帝在內的那麼多神仙，使盡渾身解數，都拿他沒辦法；唯一一個勢均力敵的就是二郎神楊戩，兩人打了個不分上下，但最後也無可奈何。

這根伸縮自如的如意金箍棒就是煩惱根，也就是鼎卦的玉鉉、金鉉。如意金箍棒原來是東海龍宮的定海神針，最後變成孫悟空的隨身兵器。大鬧天宮之後，天上神仙束手無策，最後只好請出法力最高的如來佛祖；結果孫悟空無論怎麼折騰，就是跳不出如來的手掌心。如來的手掌還是艮的象，艮為手，也是止欲修行的象。孫悟空用盡所有本事，還是逃不出去，只要如來的手掌一翻，就把他給壓住了。艮卦其實就是《西遊記》這部小說最精確到位的象徵。一般人只看到滿天神佛，十分熱鬧，卻忽略了作者真正要告訴我們的東西。要是不點出來，大家根本不曉得《西遊記》在講什麼？〈說卦傳〉說「艮為指」，所以如來佛伸出五指就把猴子壓了五百年。

〈說卦傳〉對艮卦的解釋是：「艮為山，為徑路，為小石，為門闕，為果蓏，為閽寺，為指，為狗，為鼠，為黔喙之屬。其于木也，為堅多節。」隨著文明的不斷演進，艮的內涵將會更多。艮為門闕，門闕正是觀卦（䷓）的象，也是艮卦的象，就像一個道觀、一座牌坊。以前我們講觀卦的時候就談過止觀法門。人要靜得下來，才能看得透澈，可以看到事情的真相；觀卦本身就有大艮之象，有門闕之象。如果想真正進入修行之門，多多少少都要有艮的修止工夫，不然根本壓不住煩惱根。畢竟飲食男女是生之大欲，力量太強，連損卦（䷨）都壓不住，所以損卦的「懲忿窒欲」有移山填海之難。因為損卦無法完全控制人的欲望，經過十一卦的嘗試努力，乾脆下撒手鐧，用艮卦的手段完全否定損卦（䷨）下卦兌的合法性。所以艮卦的上下卦全都是艮，完全沒有象徵情欲的兌，不像損卦用外卦的艮壓制內卦的兌，試圖用「懲忿窒欲」的工夫，避免它氾濫。就像佛祖看實在治不了孫猴子了，只好用佛指壓他個五百年。艮為指，在佛教中，手特別重要，佛教的手印有很多象徵意義。艮又為狗，屬狗的適合學佛，六祖惠能就屬狗，先天就很適合。艮又是老鼠，這個象出現在晉卦（䷢）第四爻的「晉如鼫鼠」。那個爻就有艮的象——二、三、四爻互卦就是艮（☶），「晉如鼫鼠」剛好就在艮的山頂。

艮卦的爻辭不到五十個字，卻是成佛、成聖、成賢的重要法門；詳盡描述翻山越嶺，企圖攀登心靈高峰，到達孤峰絕頂的整個過程。首先要攀越下卦內心的那座小山，但登上「九三」，也只是小乘，而且那一關就要斬斷所有的世俗欲望，痛苦得要死；那一關要是過了，就會有某種程度的安定。但是再往前一看，上卦那座山高聳入雲，上得去嗎？這是一個絕少人走得通的一條修行之路。這就是艮卦的內修、外修，止欲再止欲，最後超凡入聖，脫離了肉眼凡胎、酒色業障之身，很不容易。很多人想要跨越人生的痛苦而發心修行，但經過「懲忿窒欲」仍然無法壓倒內心的欲望，再歷盡夬、姤、萃、升、困、井、革、鼎、震的人世風雲，受盡無數痛苦，直到艮卦才下定決心斬斷所有欲望，希望能脫胎換骨。

止欲修行的艮卦

前文說過，艮卦止欲修行，是成佛的不二法門。但是像孫悟空就算被如來佛的五指山壓住五百年，還是沒有辦法根除野性，因為他的煩惱根還在。那根棒子一路打到西天，原先是大鬧天宮，後來是衛道降魔、保衛師父取經。同樣一根棒子可以闖禍犯罪，也可以護法成佛。就看你怎麼轉、怎麼變。心淨則國土淨，此岸就是彼岸，轉煩惱可以成菩提。孫悟空大鬧天宮之後，被壓在五行山下五百年，後來被唐僧釋放，成為西天取經的第一保鏢。在取經過程中碰到的妖魔鬼怪，他大概都可以對付，但是人要降魔首先要降伏自己內心的魔。孫猴子被放出來之後，馬上就要造反，還得勞駕觀音菩薩送給唐僧一個緊箍咒。換言之，如來加觀音，就是艮卦加觀卦的止觀法門全用上了，才能對付那根棒子。可見，五百年的壓制都沒有辦法斷根，因為它是真實的存在，強力壓制完全沒用，所以艮卦之後再過幾個卦，兌卦就出現了。也就是說，艮卦的止欲修行只有少數人做得到，所以它就不是通衢大道，而是人跡稀少的山間小路。但艮卦是一種願望，每一個人多多少少都需要艮卦的薰染，不然就會欲望纏身，反而更痛苦。

要把欲望節制得恰到好處，其實並不容易，有時候還得咬牙切齒，用強制的方式；損卦是一種，艮卦更徹底。孫猴子心猿意馬，有了觀音的緊箍咒加上佛祖的五指山才讓他改邪歸正。但猴子還是常反叛，一個不爽就回到舒心快意的花果山，非得三請四請、智激美猴王，他才肯回來繼續保護唐僧。如果按他的自由意志，他不見得願意走西天取經這條路；這條路他跳兩個觔斗就到了，哪犯得著陪著唐僧一步一步挨過去，還有一個長得很醜的師弟天天跟他吵架。但孫悟空到底還是走完全程，幫助唐僧成就一個大功德。所以，就算孫猴子願意上西天取經，還得有艮卦加觀卦的工夫，途中還時時開小差。這就說明猴子的野性沒有真正斷根。既然沒辦法斷根，就要好好運用，不要把它掐斷了；掐斷了，他的神通就沒有了，不能做保鏢。這就是《西遊記》透露出來的觀念。我用《易經》闡釋這部文學經典，大家多少聽一點，將來也可以去「騙」兒子、「騙」孫子。尤其是緊箍咒很有意思，那根棒子要造反的時候，就要用到緊箍咒；造反就會頭痛，他當然不敢造反。

艮卦為什麼有山的象？因為不動如山，有山就有障礙；地勢造成的一個大障礙橫在前面，擺明了過不去，不然就挖隧道，但人力很難達成；要不就繞道，但會增加更多阻礙。內心有阻礙、外面也有阻礙，人生這麼多憂悲煩惱，其實都是源自與生俱來的兌惹了很多麻煩。要知道兌卦（䷹）跟艮卦剛好相錯，所以，針對兌的喜怒哀樂，就得從艮找到對症下藥的法門。這就是損卦的結構，也是咸卦（䷞）的結構。咸卦外卦是兌，允許兌的自然流露；倒過來就是損之又損的「懲忿窒欲」，這就有一點接近徹底掐斷的艮卦了。

艮卦卦辭

䷳

艮其背，不獲其身。行其庭，不見其人。无咎。

艮卦卦辭很乾脆，一句廢話也沒有：「艮其背，不獲其身。行其庭，不見其人。无咎。」修辭極好，由下而上，由內而外，一層一層超越，一層一層解脫。艮卦的卦名跟卦辭沒有分開，直接就把卦名動詞化，後面直接就是所要施展的對象，這個意義就特別深刻。像履卦（䷉）卦辭也是如此，一開始就是「履虎尾」。履卦屬於〈繫辭傳〉所標榜的憂患九卦第一卦；也就是說，亂世修行的第一卦就要腳踏實地、敦篤實踐，是以「復」為主的修行，又是「德之基也」，是一切德行的基礎。但是要踩到老虎尾巴，那就是自找麻煩；因為老虎尾巴象徵情欲，是最敏感的觸點。頤卦（䷚）第四爻「虎視眈眈，其欲逐逐」，就是要追逐沒完沒了的欲望。尾巴一踩，老虎就要咬人、傷人、吃人。既然無法迴避，那就要對症下藥，一樣踩老虎尾巴，但老虎不會跳起來吃人；也就是不讓欲望吞掉你，結果就是亨，如此才算履險如夷。這就需要克服欲望，靠修行過關。注意履卦的卦象是「天澤履」，「履」是行道的工夫，承認下卦兌的正當性，不需要壓抑，而要像上卦乾一樣自強不息。〈說卦傳〉雖然沒有提到兌是老虎，可是有虎的意象；艮也為虎，因為有兌，所以要有艮；因為有情欲，所以就要止欲修行。像兌卦是上兌下兌，兩情相悅也是老虎，互相踩老虎尾巴。所以人生的履不能迴避風險，要履險如夷，去克制最敏感的痛點；重點一克服，其他就沒問題了，就像「履道坦坦，幽人貞吉」一樣。

其次就是否卦（䷋）的卦辭：「否之匪人，不利君子貞，大往小來。」一旦進入否的環境，就要「儉德辟難」、謹言慎行，把君子的那一套收斂起來，直到「傾否」進入同人卦（䷌），才可以恢復「利君子貞」。同人卦也是一樣，要「同人于野」，不要同人于朝，盡找有權有錢的；許多隱藏在鄉野間的人反而充滿活力，然後「無遠弗屆」，只要有人的地方都得同人。「同人于野」的時候就「利君子貞」；「否之匪人」的時候就「不利君子貞」。

這是上經三個卦名和卦辭相連的卦，中間隔了幾十個卦，直到艮卦的「艮其背」，也是把卦名當動詞；要止欲修行，就要把艮這座大山壓下去，不要讓它造反，而且要從背開始艮。艮卦跟咸卦一樣，是兩個從肉身取象的卦，這一點我在講到咸卦時也提過。我們想真正把艮卦的卦、爻辭學透，就要結合艮卦跟咸卦來貫穿理解。咸卦是表現在少男少女情竇初開的時候，對身體的敏感、好奇、熱情，那是最自然的情感。咸卦六個爻都從身體取象，艮卦也是，所有從身體來的感覺、感應、感情雖然都是自然的，但是為了避免受到傷害，也要下工夫去修。一切有情眾生的痛苦源頭都是身體，要修就得從身體開始修。艮卦的修行就是從身體下手，針對咸卦做調整，該節制的就要節制。

卦辭首先就出現一個「背」字，其實源頭就在咸卦，咸卦第五爻「咸其脢」，「脢」就是脊背，那是全身的樞紐。中西醫的觀點都認為人的脊柱很重要，脊柱稍微有一點問題，五臟六腑都會受到牽連。「脢」正是主心骨的位置，而「艮其背」，就是總結前人修煉的實際經驗，被證實是普遍有效的法門。佛家的面壁，就是要背對滾滾紅塵中的食、色、權力等誘惑。剛開始修的時候，因為定力不夠，那就先修靜中定，與塵世隔離，到山上（艮為山）去清修。人多煩惱多，人少的地方煩惱當然比較少，這是一定的。當然，一個人有時候也會跟自己過不去，但頂多打打牆、摔摔碗，兩個人就有點麻煩了，一人失控就會傷到另一人；三個人就更麻煩了，就像損卦第三爻說的「三人行，則損一人；一人行，則得其友。」如果是千千萬萬的人，那更是要翻天。人多是非多，這不奇怪，就是佛門淨地也會殺人放火，像禪宗五祖身後，弟子為了爭奪衣鉢，不惜派人多方截殺六祖。可見，到山裡、廟裡修行，還是不能免除是非煩惱。所以要練習背對塵世，眼不見，心不煩。達摩在少林寺面壁九年，據說影子都印在面壁的山洞裡了。這種靜定的工夫非常人所能為，有人打禪閉關沒幾天就在那邊鬼叫鬼叫了，還談什麼「七日來復」呢？

當然了，背對某些東西，雖然看不到，但還是聽得到、聞得到。要知道，人有眼、耳、鼻、舌、身、意六識，我們通常最重視眼睛，但肉眼能看到的東西太少了；佛教就很重視耳根圓通，因為耳朵可以聽到的範圍很廣。所以觀音法門就是修耳根圓通，很重視佛號、咒語、聲音，這是有道理的。「艮其背」時，眼睛雖然看不到，但耳朵還聽得到；聽得到就有煩惱，如果沒有修到孔老夫子的「六十而耳順」，耳朵一天也不順，煩惱當然斷不了。所以「艮其背」就是從遠離誘惑開始，這是基礎工夫。

當生活、工作有解不開的煩惱時，找一段時間進入叢林，面壁背對誘惑，暫時離開煩惱源，若能修到「不獲其身」，就可以到達小乘境界了。「獲」就是得到，「田獲三狐」的獲，打獵有戰利品。解卦（䷧）第二爻就在坎險的深淵裡有所獲，只有「動而免乎險」，我不入地獄，誰入地獄？要是不深入險中、徹底理解險，怎麼可能擺脫險的誘惑而得到解脫呢？所以，想要降魔得解脫，就要深入瞭解人心的業障根源。所以，明夷卦（䷣）為了「獲明夷之心」，瞭解魔的心是怎麼來的，就要「入于左腹」；等到第四爻「獲明夷之心」，再「于出門庭」，順利從黑暗中脫身。這就是「不入虎穴，焉得虎子」。「獲」是得到，「吉凶者，失得之象也」。現在艮卦是反其道而行，「不獲」。要瞭解病症之所在，就要清心寡欲，肉身所帶來的一切煩惱都化掉了，讓煩惱沒有依附之處。這就是「不獲其身」，好像肉身都不見了。當然這是象徵性的說法，因為一切煩惱都從肉身而來。一旦「艮其背」，通過面壁苦修，定修、止修、觀修的工夫一到，肉身彷彿都不見了。小乘佛法修到最後就是這個境界。另一種修行法叫「不淨觀」，是把人的身體看得很髒，讓我們知道肉身就是地、水、火、風四大皆空的結合，將來是一定要散掉的。

超脫肉身的枷鎖、障礙，往心靈層面修行，這是「艮其背」的結果。除了「不淨觀」，還有一個更過火的方法，就是「白骨觀」，專門找最漂亮的人，觀想那美麗的肉身在死亡後從腐爛生蛆到成為一堆白骨的恐怖過程。這就超脫了賁卦（䷕）的重重色相，讓你對色相徹底失去胃口。這就叫「不獲其身」。關於這一點，老子很早就講了：「吾所以有大患者，為吾有身，及吾無身，吾有何患？」我們所有的憂悲煩惱就是因為有身，不管是靠著道家、佛教或是儒家的修行，都是為了超脫肉身的障礙。人間的欲望是無窮的，要是修到「及吾無身」，沒有肉身的包袱，「吾有何患？」哪裡還有憂悲煩惱呢？這也是解脫禍源、擒賊擒王的概念。因為人身每一個對外開竅的口，都會給我們找麻煩。所以老子才要想辦法「塞其兌」，用艮卦塞起來，「閉其門，挫其銳，解其紛，和其光，同其塵」。

可是人的我執是很重的，太迷戀自己的身體，天天呵護，每天還要在鏡子面前看個半小時以上。如果靠著清淨心的修行，面壁背對誘惑，就可以超越身體的障礙，這就代表修到了一定的境界。但包括修「不淨觀」、「白骨觀」，都只是基本功，不是全部。《金剛經》就告訴我們，「無我相」，先從空掉自己開始，然後再進一步「無人相」；只要無我無人，那些相統統都沒有了，就是「無眾生相，無壽者相」；時間、空間都失去了意義，那就是進入永恆的「空相」。在《金剛經》中這是羅漢的境界，修為其實有限，也不是艮卦的宗旨。即便是把艮卦都修透了，也還不是《易經》的修行結論，《易經》的修行結論是節卦（䷻）。

超越了艮卦下卦的肉身，到達「不獲其身」的羅漢境界，也不過是個自了漢，因為他只是離開人群，躲到山裡閉關，做典型的宅男而已，對社會人群沒有貢獻；甚至可能有潔癖，髒的地方不敢去，這就沒有地藏王菩薩的精神了。佛教的基本象徵——蓮花，就是生長在最髒的地方；修行就要在最髒的地方開出最潔淨美麗的蓮花。所以光靠艮卦下卦的修行還是不夠，一定要進入艮卦的外卦、上卦，重返人群，修「兼善天下、濟渡眾生」的大乘境界，照顧自己之外的其他人群。這才是菩薩以上的層次，需要大慈大悲的無量心境。

上卦的境界若少了內卦的基本功，也是無法做到的。有了基本功，就可以由內聖而外王，走入人群，把各行各業當做修行的道場；那麼當劊子手可以修、當政客可以修，當大企業家也可以修，一點都不妨礙，反而可以廣泛接觸人群，在動中修定。這就是「行其庭」，走出門戶，接觸人群，不論是在朝處理政務或參加國際會議，「不見其人」，接觸三百六十行的各類眾生時，不管男女老少或是鰥寡孤獨廢疾者，「無眾生相」，都沒有差別。這也就是「離一切諸相，無一切諸相，故名諸佛」。結果就「无咎」。艮卦所求的就是无咎，不是吉凶悔吝、輸贏成敗。

〈說卦傳〉說，「萬物之所成終而所成始也，故曰成言乎艮」，「終萬物始萬物者莫盛乎艮」，這種終始之象就是艮卦的精義。所以我們說艮卦不要修一半。「艮其背，不獲其身；行其庭，不見其人」，「行其庭，不見其人」是艮卦外卦、上卦的修行，無我、無人、無眾生、無壽者，是超越時空的永恆，結果就无咎。《易經》真正追求的是无咎，講的是終始。所以〈繫辭傳〉說：「懼以終始，其要无咎，此其之謂《易》之道也。」然後《易經》也是補過之學，人一定會犯錯，犯錯之後改過就好——「无咎者，善補過也。」

艮卦的綜卦與錯卦比較

兌卦是艮卦的錯卦。兌卦是見，什麼都看到了，就有美醜、老少的分別心；有所見必有所感，人生的煩惱就多得不得了。艮卦是什麼都不見，沒有區別、也沒有煩惱。《法華經》說女人也可以成佛，因為已經「不見其人」，還分什麼男人女人呢？「不見其人，无咎」，就是沒有分別心。艮卦的綜卦是震，艮卦〈大象傳〉說「思不出其位」，強調「不出」；綜卦震卦則是講「出」，「帝出乎震，萬物出乎震」。震卦的〈彖傳〉就說：「出可以守宗廟社稷，以為祭主。」

震出，艮不出；兌見，艮不見。由此可見這些錯綜關係的差異。艮卦的「不見其人」可不容易做到，當然，也不是目中無人，而是如如不動，即使身處車水馬龍的鬧市，內心依然清涼自在，外界的象彷彿不存在，絲毫不受影響。我在講賁卦時，用老子的「五色令人目盲，五音令人耳聾，五味令人口爽」強調賁卦的色相，如果一個人修到「不見其人」，這些色相對他根本就沒有影響，該做什麼就做什麼，心如止水，結果當然无咎。這才是真正修到了「大乘」的境界，也就是「成言乎艮」，彷如樂曲到此圓滿曲終，然後又可以啟動震卦下一回合的新生。

所以，光從卦辭看，艮卦也不是逃避現實，而要服務人群。「艮其背，不獲其身」是下卦、內卦的修為，不能說沒有成就，只是成就僅限於造就自己；要真正把自己造就得更好，就要幫助別人，那就得「行其庭」，可是又不能受到影響，必須「不見其人」，才能「无咎」。這就是「無我相，無人相，無眾生相，無壽者相」，儒、釋、道都一樣。

艮卦〈大象傳〉

〈大象〉曰：兼山，艮。君子以思不出其位。

我們先看〈大象傳〉。「兼山，艮」，這是卦象，明顯就是兼善天下，而不是獨善其身；因為它不是一座山，而是很多座山，這山又比那山高，大家的修行境界也各有千秋。從《易經》來講，大人、聖人、賢人、君子、小人（一般人），是德位的高低；以佛教來講，由眾生代表的凡夫俗子經歷六道輪迴，然後成就羅漢、菩薩、再到佛的果位，這都不是人為的階級，而是修為的層次。「兼山，艮」是通吃，謙卦（䷎）也是兼，「謙亨，君子有終」，天地人鬼神之間都可以維持平衡。艮卦「兼山」就不是自私自利、完全從自己出發；而要兼善天下，體察眾生、瞭解眾生；還要先知覺後知、先覺覺後覺。這才是大山，而不是一座孤零零的小山。到艮卦為止，純八卦已經講過六個，稍微用一點心，就會發現〈大象傳〉的說法都不同。講到巽卦、兌卦時，再結合純八卦的〈大象傳〉修辭，肯定會佩服到極點。「天行健，君子以自強不息」，「地勢坤，君子以厚德載物」，「水洊至，習坎。君子以常德行，習教事」，「明兩作，離。大人以繼明照于四方」，然後是「洊雷，震。君子以恐懼修省」，這裡又講「兼山，艮。君子以思不出其位」。這些語句的修辭各有不同，意義也非比尋常。「兼山，艮」就是所謂的兼善天下，能兼顧別人的感受、別人的利益、別人的立場，這才是大器。

「君子以思不出其位」，就用「兼山，艮」的象。「思不出其位」在《論語》出現過兩次，亦即「不在其位，不謀其政」。意思是說，在其位必謀其政。每個人都有他量才適性的「位」，應該謹守崗位，做好分內的事，不要老管別人的事。這一點很重要，也不那麼容易做到。《易經》是專門研究時與位的，人之所立曰位，聖人之大寶曰位，鼎卦（䷱）有政權、公職，所以「君子以正位凝命」。時跟位有關，艮是安靜的，盡自己的本分，不撈過界，不會一山還望一山高。其實，任何一個位可以做的事太多了，要做到盡善盡美，哪還有閒工夫去管別人的位呢？當然，這也絕不消極，因為在其位，必謀其政；不在其位，不謀其政。「思不出其位」，就是連想都不想，因為你有你的位，不一定做官才有位，不做官的位搞不好更寬廣；亢龍有亢龍之位，飛龍有飛龍之位，潛龍、見龍各有其位，這就是所謂的「六位時成」。而且位也不是永遠的，是隨時在變的。「思」者，用心於田，如果不好好用心，莊稼怎麼生長得好呢？怎麼打到獵物、怎麼「田獲三狐」呢？可見，人生的田要用心經營。而且田是各有位份，中間一個十字把田分成四塊，界限分明，不能撈過界。

「君子以思不出其位」，一是要好好用心，二是用心的時候千萬要注意「不出其位」，各盡其責。所以這也是一個安靜的工夫，譬如在打坐或者練功的時候要意守丹田，意念很重要，那是創造性的能量。意守在丹田的位置不動，積聚一段時間，等到要動的時候就可以產生能量。孟子講浩然之氣，除了講哲學，其實也是說身體小宇宙。孟子說：「夫志，氣之帥也；氣，體之充也。夫志至焉，氣次焉。」一個人要有志氣，就要養浩然之氣。志為心之所主，志在氣先。「次」就是停留，暫時在一個點停留。氣為什麼會停下來呢？那是因為志、意念的帶動。為什麼有時候要集中心志在某一個點？因為這樣就會慢慢產生熱量，進而有所突破，然後可以帶動全身的周流運轉。這就是以志帥氣，志是心之所主，有主導的能量。无妄卦（䷘）也談到用意念帶動氣的周轉運行，那就要能靜得下來，浮浮躁躁是不行的。這都是「思不出其位」，要它停在哪裡就停在哪裡，絕對不會有雜念；如此專心做一件事情，效率一定很高。「思不出其位」是一種靜的工夫，這種起心動念的調控，可以跟震卦在人生搏鬥時一波未平一波又起的「恐懼修省」互相對照參看。

另外，思想一詞其實也是有層級的，即「思」和「想」還可以細分。「思」是用心於田，「想」是心中有相，即所謂的我相、人相、眾生相、壽者相。色、受、想、行、識，五蘊皆空，心中有相的「想」還不是究竟，因為沒有超脫「相」，分別心很重。因此，各人有各人的田，各人有個人的份位，最後全部都要化掉，這才是究竟。

艮卦〈彖傳〉

〈彖〉曰：艮，止也。時止則止，時行則行，動靜不失其時，其道光明。艮其止，止其所也。上下敵應，不相與也，是以不獲其身。行其庭不見其人，无咎也。

再看〈彖傳〉。首先是「艮，止也。」〈易傳〉談到艮卦，都是一個「止」字，所以一定要從「止」去瞭解艮卦。也就是說，一定要停得下來，至少要暫時停下來。艮卦第一爻叫「艮其趾」，足之所止曰趾，要在立足之地立定腳跟。每個人都有立身的條件，站不站得住，立場有沒有問題，都很重要。練功的人都知道「艮其趾」的重要性。兩腳抓地，湧泉長根，人家怎麼推也推不倒，因為立身很穩，不會動搖。艮是止，「止於至善」也是止，止要修到什麼境界呢？如果「止」上面再修到一橫，那就是「正」，也就是「止於一」。《易經》從頭到尾都在講「正」這個字，也就是要止於一。什麼叫做「一」呢？「一」是老子最重要的觀念，「道生一，一生二，二生三，三生萬物，萬物負陰而抱陽，沖氣以為和。」人修道就是要「得一」，「天得一以清，地得一以寧，……侯王得一以為天下貞」。「一」不是一個，而是完整不容分割的象。很多注解《道德經》的都說「一」就是道，這個解釋簡直是懶到極點。如果這個邏輯可以成立，那一也就是二，二也就是三，三也就是萬物，那麼老子不是在講廢話嗎？假定一就是道，那不是道生道嗎？可見，一和道還是有區別的。《老子》的說法就是從《易經》而來，損卦三爻說「三人行，則損一人；一人行，則得其友」。孔子說「致一也」，都是要想辦法找到那個「一」。孔子在〈繫辭傳〉中說咸卦第四爻「天下同歸而殊途，一致而百慮」，其實一就是「不二」，不能直接說它就是道。

「艮，止也」，在〈雜卦傳〉中，艮也是止，但我們千萬不要誤會，止的工夫各有不同，像〈雜卦傳〉說「大壯則止」，「節，止也」。這三個止，每個都不同。大壯卦最會闖禍，止是克制的法門，也就是非禮勿視、非禮勿履。到了艮卦絕對是追求止，止的對象就是欲，欲就是兌。節卦的「止」則是一種限制。所以，同樣一個止字，重點各有不同，如果智慧不夠，看到止就以為是要找一個地方待著，啥也不做，這就全錯了。因為艮卦是「時止則止，時行則行，動靜不失其時，其道光明」。這樣的止是完全活的，所以震、艮根本是一體的，動極轉靜，靜極思動；靜中有動，動中有靜，動靜一如。那麼，該怎麼考慮外在的行跡是止還是行呢？人生就是行與止，如何決定行止，要動還是不動，要投資還是不投資，要買房還是等房價再降，或者抱著一堆現鈔坐視它貶值……人生時時處處需要下決定，而且止不是永遠止，不是槁木死灰般的木頭人，而是等待時機。有時候不得不止，有時候不得不動。止是有節奏的——「時止則止」。像震卦動到最後已經「震索」了，不止行嗎？就像剝極而復、休養生息，該靜的時候就得靜，有段時間就該隱居、趴窩。時是隨時在變的，該停的時候就得停，該動的時候馬上就要動，所以艮卦後面馬上就是漸漸開始動的漸卦（䷴），而且是走向群眾，帶著一堆人一起動。「時止則止，時行則行」，一切由時決定。〈彖傳〉就是告訴我們對艮卦不要有誤解，動、靜都要恰到好處。我們都知道「時之義大矣哉」，「動靜不失其時」，有時候一剎那過去，機會就過去了，動得慢吃虧不說，也趕不上時機；該停下來的時候還拚命動，就會「小人剝廬」。

只有「動靜不失其時」，「道」才會光明。清朝道光皇帝的年號就是從艮卦〈彖傳〉的「其道光明」而來的。不過「道光」這個年號不太吉利，鴉片戰爭一打，中國很多的寶貝就被「盜光」了，白花花的銀子都換了鴉片。

為什麼說「其道光明」呢？艮卦是止欲修行的象，我們看佛像或者上帝的像，頭頂上都帶著光圈，這就表示他的道是光明的。換句話說，要是做不到當行則行、當止則止，道就不會光明，動靜一如才是真佛。艮卦能夠帶來光明的象，就得定得住，才會有光明智慧，才看得清楚。這是很明顯的。因為假定內修有成，內卦是艮卦，修得最好的就是地山謙（䷎），山在地中，修得很圓滿，故「謙受益」。謙卦〈彖傳〉說「謙亨，天道下濟而光明也」，光明從哪裡來？就從艮卦來。也就是說，把欲望壓到最低，然後服務眾生，才會產生「勞謙君子，萬民服」、「謙亨，君子有終」、「天道下濟而光明」的美好局面。此外還有大畜卦（䷙）。大畜卦〈彖傳〉說「剛健篤實輝光」，「輝光」是從上卦的艮來的。大畜卦最後「止于至善」，所以就「何天之衢，亨。」可見，這些卦的光明都是有依據的，絕非信口胡說。

一般來說，除了謙卦之外，包括艮卦本身，內卦是艮的第三爻通常都很痛苦，只有謙卦第三爻例外，但也很累——「勞謙，君子有終」。其他下卦是艮的「九三」那個爻通常都不好，很危險。遯卦（䷠）第三爻「係遯，有疾厲」，痛苦死了，還要「畜臣妾，吉」；小過卦（䷽）第三爻也要小心出事；蹇卦（䷦）第三爻「往蹇，來反」，一定不要往外跑，要回歸內心，反身修德，不然也會出事。還有旅卦（䷷）第三爻也是一塌糊塗，劫難不斷，房子都燒掉了。艮卦第三爻，我們馬上會學到，簡直是摧肝裂膽，痛苦死了。咸卦（䷞）第三爻，大腿癢了，小心出事，「咸其股，執其隨，往吝」，欲火焚身，失去主體性。

外卦是艮的，當然是好到極點，一般是功德圓滿，就地成佛，修為已登峰造極。像剝卦（䷖）上爻就是最後的生機，「碩果不食」，君子就得輿，小人就完蛋。大畜卦上爻我們剛剛講過，也是極好。還有頤卦（䷚）上爻「由頤，厲吉，利涉大川」，是頤卦最強的靠山，最後「大有慶也」。還有蠱卦（䷑）上爻，「不事王侯，高尚其事」，「志可則也」，改革成功，突破舊體制，蠱亂除盡。然後是蒙卦（䷃）上爻，「擊蒙，不利為寇，利禦寇」，真是振聾發聵，如當頭棒喝。還有賁卦（䷕）上爻，「白賁，无咎」，「上得志也」。損卦（䷨）「懲忿窒欲」，修到最高就是損極轉益，「得臣无家」，「弗損，益之」。最後是艮卦上爻「敦艮，吉」。上爻都是非常有力量的，不僅自身修為到達極致，還可以幫助眾人。

由此可見，艮卦在上或在下，結果截然不同。也就是說，除了謙卦的內艮之外，一定要像外艮修到登峰造極，外面、上面都是不動如山，一方面可以發揮自己的能量，一方面也可以成為眾人的支柱。內卦通常還在爬自己心頭的小山，一定會遭遇天人交戰，過程通常是很苦的，到了上爻就沒問題了。依此類推，我們可以用基本的八卦去看六十四卦的特性，任何一個卦在上、在下，都有一個共通的規律。像震卦，震卦初爻比四爻強悍，四爻軟弱無能，「震遂泥，未光」，陷在欲望中，一蹶不振，生命力十分軟弱。可是初爻「震來虩虩，後笑言啞啞，吉」，明顯強勢多了。所以，所有內卦是震的，大部分都代表內在有主宰、有能量，大概初爻都很好。也就是說，內震強於外震，這個規律很容易掌握。

既然提到震卦，我想做一點補充。若以五臟六腑來說，震卦是指心臟，心跳依固定節奏搏動，而且「洊雷，震」，如果不洊，人就死了。以前講離卦的時候曾說過，因為血液循環的關係，離也是心，如果心臟衰弱，就像日薄西山的離卦第三爻。這兩個卦都講心，震是講心的跳動，離是指心臟的血液循環。心臟屬震卦的意象十分明確；一旦心臟病發，心臟停止跳動，那就是艮。所以不能拘泥於東方甲乙木，認為震配五行是屬於肝，這絕對是錯的。巽卦才是肝，藏得很深。震卦講的心，跟離卦講的心並不一樣，但密切相關，因為先後天同位，都在東方；先天的離卦在東方，後天的震卦也在東方。

我們繼續看〈彖傳〉。關於「其道光明」，有必要針對「光」跟「明」的不同細分一下。光是光、明是明，《老子》和《尚書》都表明了光跟明不同，〈易傳〉更是。光跟明是什麼關係？「大明終始，六位時成」，這是乾卦，乾卦能產生明。「含弘光大，品物咸亨」，那是坤卦。有乾卦的明作為發光的本體，才會產生坤卦外放的光。在〈彖傳〉中已經把光和明講得很清楚了，乾所代表的明，加上坤所代表的光，合起來就叫光明。所以修到「其道光明」的時候，就是剛柔互濟、陰陽和合、生生不息。復卦之所以重要，就是因為自知者明。

「艮其止，止其所也」，也就是「思不出其位」，人要守自己的份位，不要撈過界。靜得下來的人，就能找到自己的份位。我在井卦（䷯）再三強調「居其所而遷」，才能改變世界；「失其所」就是旅卦，什麼也成就不了。困卦「困而不失其所」就「亨」，困了還不離開自己的崗位，還要「致命遂志」。「艮其止」，要真找到自己的定位，就好好待在那個位置。自己得其所之後，眾生都各得其所，這個社會就會安定。每個人都有他的「所」，《大學》就叫「無所不用其極」，在每一個「所」上，都可以發揮長才。

「上下敵應，不相與也」，這是艮卦特別點出來的。因為艮不動，上卦、下卦中間不交流，就像兩山對峙一樣，你看著我、我看著你，沒有互動。這是一種敵對的關係，亦即「上下敵應」，上下內外不相往來，所以也是組織停滯的象，充滿溝通的障礙。而且它們也不想改善，就想繼續老死不相往來。像「初六」跟「六四」、「六二」跟「六五」、「九三」跟「上九」都是同性，陽對陽、陰對陰，這叫應而不與，所以是「不相與也」。〈彖傳〉已經清楚告訴我們什麼叫應，什麼叫與。照講兩個人同文同種，應該是應，可是很長一段時間是艮，是敵對、不往來的，甚至往來就有投敵的嫌疑。像海峽兩岸為什麼現在打交道了？因為「時止則止，時行則行，……其道光明」，連蔡英文都滑頭地說：「不排除統一，記得投我一票。」時不同了，剩下的「敵應、不相與也」，也不會是永恆的，說不定到時冰一融，艮卦變兌卦都有可能。

其實，「上下敵應，不相與也」，哪裡只有艮卦呢？八純卦不都是應而不與嗎？上乾、下乾的乾卦，上坤、下坤的坤卦一樣是應而不與，震卦也一樣，都是陽對陽，陰對陰。所以八純卦都是應而不與。為什麼只有艮卦提出「上下敵應，不相與」，因為這是艮的特色，艮是不動的，所以就有了這個象。其他幾個卦就不是重點了，所以乾、坎、艮、震、巽、離、坤、兌，理論上統統是「上下敵應，不相與」，但是在艮卦，這個特色會特別彰顯出來；而且可能只是某段時間內充滿敵意的對峙，日後其實也會變的，所以大家都不見面，「行其庭，不見其人」。

艮、賁兩卦六個爻的比較分析

艮卦六個爻，前五個爻都是咬牙切齒的修行，都是以「艮其……」開頭，「其」就是你自己。如何修，修哪一個部位，一直修到君位的「六五」，由「艮其趾」、「艮其腓」、「艮其限」，到「艮其身」、「艮其輔」。第三爻「艮其限」的「限」字，右邊也是艮，那是一座小山造成的障礙，也是一個人的極限；只有超越這個限制，才能擺脫痛苦，往更高層次修煉。在漢語詞典中，「艮」也是一個部首，不講別的，就拿「眼」字來說就是「目艮」，因為「艮」字的本意並不是山，而是專注地盯著一個東西看。《說文解字》就說：「猶目相匕，不相下也。」眼力的集中才是

「艮」。還有「恨」字，那是心中有障礙，要動手術。第四爻「艮其身」，整個身軀都定住，也就是「不獲其身」；因為內卦、下卦已經修好，通過「九三」的考驗，已經「艮其背，不獲其身」，要進入第四爻了。第四爻就是驗收下卦、內卦的修煉成績，結果是「艮其身」；正是艮卦的第一階段修行——「艮其背，不獲其身」，在山上面壁修行。等到修完了，再回到紅塵，則是「行其庭，不見其人」；又回到人世現場，可是煥然一新，不受紛紜世事的干擾，這就是修到了艮卦第四爻。第六爻就不一樣了——「敦艮，吉」，不是「艮敦」，也不是「艮其敦」。

這和賁卦的路子是完全一樣的，賁卦（䷕）是人生種種色相，賁卦本來是要追求「無色也」，所以要解脫色相。凡所有相皆是虛妄，《金剛經》裡面講：「若以色見我，以音聲求我，是人行邪道，不能見如來。」「色」和「音聲」都是色相，若從色相求我，那就不是真我，絕對見不到本性。因為你被色相所迷，所以目迷五色，這就是賁卦的障礙。我們要從色相中解脫，就得經歷賁卦前五個爻「賁其……」的磨練，直到上爻「白賁无咎」，才得以反璞歸真。所以，要想從色相中求解脫，有時就得在色相的大染缸裡修行，只有在污泥中才能生出潔白的蓮花。

可見，賁卦六個爻跟艮卦六個爻的修辭頗為相似，代表修行的過程和工夫。艮卦上爻「敦艮，吉」，「敦」為大德敦化、溫柔敦厚、仁德愛心、厚德載物。〈繫辭上傳〉第四章就講「安土敦乎仁，故能愛」。「安土」是坤卦的概念，也是艮卦的概念，因為艮跟坤都是土，所以是大德的象，提攜後進、沒有私心。這就是敦的概念。在艮卦最後，修到峰頂了，就要乘願再來，再到山下濟渡眾生，絕對不會待在山上，這是大德的做法。臨卦（䷒）的最後一爻也是如此，「敦臨，吉无咎」，「志在內也」；是臨卦中的大老，很有愛心，肯提攜後進。復卦（䷗）第五爻「敦復，无悔」，也是到了最高境界。所以「敦」是從復卦、臨卦、艮卦一路走來，都是修到了第五爻、第六爻才有的境界；是仁德，是核心的創造力，有愛心，沒有私欲。這就是《中庸》講的「大德敦化」。第五爻以下都不可能修到「敦」的境界，只有五爻和上爻什麼也經歷了，才可以爐火純青。艮卦上爻的「敦艮」，就是因為一直是艮，剛開始拚命要求自己、壓抑自己，到最後就自然而然，隨心所欲而不逾矩。但是，我們不要以為敦中含艮，就說敦是老實可欺的，其實它是過來人、甚至是再來人的心得。如果占卦占到艮卦，只動上爻，就會點到上爻，那真的是功德圓滿，修到了極致。「敦艮之吉，以厚終也。」這就成德了。「敦」本來就有「厚」的意思，也是坤卦「厚德載物」之意，這個爻一變，上卦就是坤。作為艮卦最後一爻，又是終而復始的起點，故〈說卦傳〉說「終萬物始萬物者莫盛乎艮」。這個爻一變就是地山謙（䷎），絕對「有終」，而且不只限於人，天地人鬼神都「謙亨，君子有終」。我們說上卦為艮的「上九」之所以會那麼好，就是因為它的基本原型是在艮卦上爻，所以大畜卦上爻「何天之衢」，其實也是一種敦艮；蒙卦上爻「擊蒙」也是一種敦艮，敦艮的人才能擊蒙。艮卦修到上爻的工夫，就是修到極致，當然這只是極少數人才能修到，止欲修行畢竟不是常人所能忍耐，但確實有修到最後肉身成聖的；最具代表的就是六祖。他經歷同門追殺，隱忍十幾年才現身傳道。這就不是一般出家人做得到的，這就是敦裡面含有艮，生命力非常飽滿，什麼都經過，最後功德圓滿。所以，我們看到「敦」的象，就要知道裡面包含了許多「艮其……」的辛苦過程。

那麼，賁卦上爻「白賁无咎」，就是從色相中解脫，前面一定要先進去玩一玩，都徹底瞭解之後，才能真正體悟到「色即是空」，同時也懂得了「空即是色」，這才是「賁，无色也」。白中含了「賁」，多彩多姿的人生，最後顯現的是白。初爻「賁其趾」，也是從腳趾頭開始「賁」；第二爻「賁其須」；第三爻「賁如，濡如」，就要去蹚渾水了。第四爻「賁如，皤如」，已經霜染兩鬢。從第二爻「賁其須」到第四爻「賁如皤如」這一過程代表青春易逝。第二爻是剛剛進入職場，到了第四爻就將步入老年，說明折舊率超高，衰老率第一。到第五爻就要考慮退休——「賁于丘園」，到最後「白賁无咎」，脫離色相，終得圓滿。

艮卦六爻詳述

上爻：功德圓滿

䷳

上九。敦艮，吉。

〈小象〉曰：敦艮之吉，以厚終也。

我們先從艮卦上爻入手。「敦艮，吉」，涉及卦中卦，我們就先大致提一下艮卦的卦中卦。艮卦初、二、三、四爻構成的是蹇卦（䷦），修行的歷程有寸步難行的蹇卦，真的好苦。從艮卦一開始修就遇到蹇，選了一條特別難走的路，所以有時要「風雨同舟」，最好不是一個人修，要找「一船人」一起修。基督教要搞團契（夥伴關係），就是因為大家都差不多；一個人修，不知道自己是笨、是聰明，還不如共修。艮卦第一個碰到的就是蹇，雖然崎嶇難行，但是非熬過去不可，當然慢慢就會變成二、三、四、五爻構成的解卦（䷧），這個解就是專門解前面的蹇，所以艮卦的止欲修行也就是要去找人生的答案，搞清楚人生蹇禍的來源。如此一來，艮卦的止欲修行，不失為幫助人生解脫的重要法門。然後再往上，三、四、五、上爻構成的頤卦（䷚），修行圓滿。

還有五個爻的卦中卦。初、二、三、四、五爻構成的是小過卦（䷽）；中間不斷犯錯、不斷改正，錯了改、改了錯，隨時調整。總之，人生往往不是太過就是不及，這在艮卦也是一定有的，初、二、三、四、五爻都會犯錯，只有第六爻是在小過卦以外，故「敦艮，吉」，從心所欲不踰矩。再看二、三、四、五、上爻是什麼呢？山水蒙（䷃），艮卦的修行真的可以幫我們啟蒙，讓我們看到心靈之光；如果不下艮的工夫，那就不能解，也不能啟蒙，永遠都在蹇之中。

我們看「敦艮，吉」這一爻，這是艮卦中包含蒙卦跟頤卦的上爻，同時是艮卦、頤卦和蒙卦的「上九」，力量非同小可。「擊蒙，不利為寇，利禦寇」，這是「敦艮」的人，所以不要以為「敦艮」的人不會「擊蒙」，他該罵你的時候絕對罵得你終身難忘，也讓你終生受益。「敦艮」有「擊蒙」的功力，當然也有普渡眾生的功力，即「由頤，厲吉，利涉大川」，把大家都渡到彼岸，「大有慶也」，皆大歡喜。

其實，艮卦最上面的爻就是「一」，大畜卦的「何天之衢」也是「一」，什麼都通了。復卦就是要把內心的一陽重新發揚出來，然後再發展為萬象更新。震卦跟艮卦是很明顯的一之始、一之終，最終「得一」。老子說：「侯王得一以為天下貞。」〈繫辭傳〉說：「天下之動，貞夫一者也。」

另外，我們都知道，艮卦「上九」不是不動，而是靜極思動，「從心所欲不踰矩」，接下來就是漸卦，要帶動一群鴻雁跟著一起飛。也就是說，艮卦登峰造極後，即使成佛，也要普渡眾生，訓練下一代繼續飛下去。所以「敦艮，吉」絕對不是在山頂變成一尊石像。其實它是很有能量的，能擊蒙，又能由頤。

初爻：立場堅定

初六。艮其趾，无咎。利永貞。

〈小象〉曰：艮其趾，未失正也。

第一爻「艮其趾」，這是立足之地，千萬別打滑，該守的立場一定要守住，所以說「君子以思不出其位」，在其位必謀其政，不在其位不謀其政。《大學》說：「為人君止於仁，為人臣止於敬，為人子止於孝，為人父止於慈，與國人交止於信。」這是「各止其所」，不撈過界。「艮其趾」猶如馬步要穩，湧泉要長根，才能不動如山。艮卦的止欲修行一定從腳趾頭練起。值得注意的是，「艮其趾」是針對咸卦初爻「咸其拇」。「咸其拇」專門說大腳趾。為什麼不講「咸其趾」、「艮其拇」？「咸其拇」是說五個腳趾頭的敏感度不一樣。大拇趾是非常敏感的，它是「春江水暖鴨先知」的先知先覺者。社會上一定有先知先覺者，所以咸卦初爻變就是革卦，事先知道環境要有驚天動地的變化，可是一般人還在醉生夢死。這就是說，咸卦初爻要重視第一感，五個腳趾頭的感覺都不一樣，不能含混籠統。「咸其拇」是在敏感度上掌握先機，這是一種自然現象，我們一定要區分感覺的細膩程度。

但是艮卦不僅如此，因為咸會出問題，所以艮卦不能單單針對大拇趾設計「艮其拇」的修行藥方，必須化繁為簡，設計一套「艮其趾」的工夫，對五個腳趾頭都適用。

「艮其趾」，就「无咎」，艮卦就是要求无咎，站穩立場，不輕舉妄動，就不容易犯錯。所以艮其趾的第一步是先站穩、別亂動，就可以无咎。而且艮卦才剛開始，說不能動，往往才過一分鐘又想動了，那可不行。「利永貞」，要練站樁等基本功，把「艮其趾」的工夫練到扎實了。也就是說，「艮其趾」是要用身態改變心態，讓敏感的大拇趾維持不動的姿勢，藉此鍛鍊心的定靜工夫。只有「永貞」才能「艮其趾」，无咎才能產生效益。當然，要永遠固守正道本來就難，尤其出家當和尚，要接受沙彌戒、比丘戒，最難的是菩薩戒。在第一爻「利永貞」，約束就已經開始了。

〈小象傳〉說：「艮其趾，未失正也。」「正」就是止於一，一心不亂、貫徹始終。這是「初六」，承諾不要失正，決定嚴守紀律、嚴守立場，絕不游移、滑動。「利永貞」其實就是坤卦的結論，要把整個坤卦的力量都用在這個爻，才能站得住腳，並走上艮卦修行這條路。第一步就這麼難、這麼認真，千萬別小看它。坤卦的厚德載物、順勢用柔適用於廣土眾民，在「用六」「利永貞」，就可以「以大終也」；此即由小變大、由弱變強。艮卦「初六」作為陰爻，就要把坤德發揮到極致。

那麼，艮卦初爻爻變是山火賁（䷕）。賁卦本身就有好幾層意思。一是講艮卦第一爻就得在賁卦的花花世界中修，那都是色相，我們不可能脫離色相，只有在色相中修，才有出污泥而不染的蓮花。所以成佛的經就叫《妙法蓮華經》。現世的修行，當下即是，轉煩惱成菩提，金箍棒可以拿來降魔，此岸就是彼岸，心淨就國土淨，所以不要往外找靈山聖地，只要回歸內心，就在色相充滿的滾滾紅塵裡，這才是真實人生。另外，賁卦也是人文教化的意思，艮卦是「成言乎艮」，所以第一爻一方面是在賁卦中修，另一方面要安靜守分，同時也在做賁卦「己欲立而立人，己欲達而達人」的人文化成工作。

二爻：人微言輕

六二。艮其腓，不拯其隨，其心不快。

〈小象〉曰：不拯其隨，未退聽也。

第二爻「艮其腓」，是針對咸卦第二爻「咸其腓」而言。「咸其腓」是小腿肚癢了，一癢就抓，輕舉妄動。爻變為大過卦（䷛），很可能會負荷不了，甚至導致滅亡。小腿肚癢了，「艮其腓」就告訴你少安毋躁，不要亂動。小腿肚在人身來說是被動的，不由自主，不能決定往哪裡動，只能隨著大腿動，人在江湖，身不由己。大腿動了，才帶動小腿動，不管你心中想什麼，就是不能決定你要幹什麼。人有時候受欲望控制，被欲望套牢，是拉不住自己的。當然「六二」跟「九三」有關聯，因為陰承陽、柔承剛，第二爻被套牢了，第三爻一定痛苦不堪。「咸其腓」，就要「艮其腓」，但是光在小腿肚下工夫是不行的，還必須從整體考慮身心靈的連動效應，注意息息相關、環環相扣的均衡反應。身體就是這樣，在局部下工夫，效果十分有限。

內卦艮也象徵組織中的派系山頭。三爻是下卦山頭的派系領導人，二爻一定要跟隨他，沒有獨立行動的能力，所以三爻如果往前衝，二爻不想衝也得捨命陪君子，這就是二爻的苦。真要下工夫，就要針對大腿所代表的派系山頭或領導人下工夫，這叫做擒賊擒王。「艮其腓」，就是見樹不見林，只看見小腿肚的問題，沒看到它其實是受到大腿的牽連。養生治病都得考慮人體是通體相關的，搞清楚主從，才能對症施治。

艮卦「六二」雖然中正，但是「艮其腓」，俯仰由人，沒有獨立自主的能力，在「腓」下艮的工夫，就會對不起他所追隨的大腿——「九三」。這就是「不拯其隨」，「拯」是拯救。「六二」跟隨的是「九三」，但是「九三」躁動，是最凶險的一個爻，易經除了謙卦「九三」，大部分的「九三」都很痛苦，原因就是靜不下來。在艮卦來說，明明是內卦的艮，但是「九三」止不住，就是想動，一動就凶。「六二」追隨「九三」，承乘關係決定了一切，這也是隨卦一隨二、二隨三……的運用。

明夷卦（䷣）「六二」跟「九三」的關係也是如此。第二爻是左大腿受傷「夷于左股」，就得趕緊找代步工具「用拯馬壯，吉」，跳到一匹健壯的馬上才可以逃出去，爻一變就是泰卦（䷊）。艮卦的「六二」跟「九三」也是關係密切。「九三」一動，「六二」就跟著動，但「九三」過剛不中、陽居陽位，怎麼都靜不下來，怎麼辦？「六二」一定會被「九三」牽動；「艮其腓」是「六二」的判斷，但老闆的判斷不一樣，他認為有機會，想往前衝，「六二」又不能不跟著動，所以他怎麼勸也沒用，「不拯其隨」。「其隨」就是「六二」所追隨的「九三」。所以「六二」心裡很苦，明知道不好，可是不能不去，當然就「其心不快」，心裡很不爽。這就是小人物的悲哀——人微言輕。就算是旁觀者清，還是勸不回「九三」這個拚命三郎。

〈小象傳〉說：「不拯其隨，未退聽也。」「九三」不肯退後一步聽聽「六二」的建議，仍然執意往前衝。他不知道自己上有「六四」，下有「六二」，深陷坎險之中（☵），根本就出不去；而且，從卦象上看，「九三」既跋山、又涉水，既險且阻，難怪有卦中卦的「水山蹇」。「九三」從局部來看是在坎險之中，從艮卦來看就是阻中險，在一個重重阻礙的艮卦中還出現險，這種怪異複雜的環境，在坎卦（䷜）第五爻也出現過。坎卦第五爻是「坎不盈，祇既平」，祇是水中高地，水中還崎嶇不平，所以環境特別動盪；而第五爻剛好是三、四、五爻構成互卦艮的山頂，又是上卦大江大河的坎險中心，坎險的卦裡面出現山頭的象。艮卦第三爻正是修行到一個由內而外、由下而上的關口，一不小心就走火入魔，前功盡棄。弘一法師要斬斷塵緣決心出家的時候，很可能就在這個關口，十分痛苦。人生之難，就是險和阻，險阻人生是對人的重大考驗。會爬山的不一定會游水，會游水的不一定會爬山。

「六二」追隨「九三」，但是「不拯其隨，未退聽也」。「九三」永遠「當局者迷」，「六二」一定很痛苦。但是這也告訴我們，身心是一體的，整個艮卦都是肉身的象，身體跟心理是息息相關的，肉體痛苦，心情也不會愉快。所以這個爻的爻變是山風蠱（䷑），受到病毒感染，還不知道該怎麼辦。蠱卦屬於女惑男的象，很多人看到美色，小腿肚就抽筋，然後「不拯其隨，其心不快」，情欲不聽理智的約束，心中的豬八戒一出來，拿著釘耙就奔上場。艮卦如果只有第二爻動，也是宜變的爻位，艮卦變蠱卦，全線淪陷，這時唐僧會娶媳婦，阿難逛妓女戶不肯出來；或者清廉一輩子的人被發現是大貪官。擋不住誘惑，因為這是共犯結構，大腿貪污，小腿不貪污都很難。有時候明知道不對，但還是破了戒，這就是第二爻的苦處。

三爻：天人交戰

䷳

九三。艮其限，列其夤，厲薰心。

〈小象〉曰：艮其限，危薰心也。

第三爻是最痛苦的，這是修行人的關口，也是人生成就的關口。在一個小山頭上覺得自己據於一方還不錯，但放眼一望，對面那座山更高！在國內市場你是一個山頭，但是在海外市場，你啥也不是；或者即使修到頂級的羅漢，離菩薩和佛的境界還差得很遠。這都是這個爻的處境。「艮其限」，遇到一個很難超越的障礙，根器、修為、機緣都有限制。「限」從身體講就是上半身跟下半身的分界，說是橫膈膜或腰胯都可以。當然，這裡不是講大腿，大腿只是代名詞。第三爻是中樞要害的地方，因為腰要旋轉，胯要鬆，現在卻繃得那麼緊，不能鬆腰柔胯，僵硬得很，這就是「九三」的痛苦。陷在坎險之中不說，又個性剛猛，當然是「艮其限」，很難突破小山的限制，想上又上不去，時刻都在天人交戰、欲火燒心中。

「列其夤」，列是裂開，也是排列，其實排列也有裂開的意思。假定「限」是腰胯，「夤」就是背，也就是咸卦第五爻「咸其脢」的「脢」。咸卦的第三爻、第四爻、第五爻是從大腿到心、夾脊，這三個爻合而為一，就在艮卦第三爻一爐而冶之。「厲薰心」，就是咸卦第四爻「憧憧往來」的心亂了。艮卦第三爻要處理心的問題，是從第二爻就開始處理；所以艮卦二爻、三爻都有心的象，咸卦要到第四爻才有。這說明什麼呢？與其到咸卦第四爻自然的衝擊感應，搞得那麼痛苦，還不如先預防，在艮卦第二爻、第三爻就先下工夫。艮卦的爻要領先，至少要同步於咸卦的爻；初爻對初爻，二爻對二爻，三爻對咸卦三、四、五爻，所以艮卦第三爻才這麼難。第三爻的大腿、腰胯會牽動到夾脊；腰酸了，背就會痛，這是大家都知道的。「艮其限」就是腰沒法轉動，腰酸的問題不解決，就會擴大影響到背脊好像要裂開一樣痛。本來背脊是要統合全身的，結果腰出了問題，連帶背脊也出了問題；脊柱不正，什麼問題都來了。這種「列其夤」的痛苦，一定會影響到心情，所以「厲薰心」，如烈火燒心。

〈小象傳〉說：「艮其限，危薰心也。」「厲」就是危，動盪不安，「薰」就是煙薰火燎。欲火燒心最痛苦，很有可能走火入魔；那種痛苦從局部的腰擴大到夾脊，結果全部塞住了，苦到極點；而且不只是肉身的痛苦，精神上也遭受無限的痛苦。這是最難過的一關，想斬斷塵緣、慧劍斬情絲，這就是李叔同的修行關口。這一爻爻變就是剝卦（䷖），身受千刀萬剮之苦，可是不剝不能復，五蘊不空，就不能度一切苦厄，不能見到真實不虛。所以要拿得起、放得下，能捨才能得，小捨才有大得。想往上卦走、或想為更多人服務的人，都要犧牲小我，才能成全大我。這一關有些人做到了，像譚嗣同、文天祥、林覺民，但他們做到了，他們的太太就可憐了。

這就是第三爻。這個爻的痛苦指數極高，「艮其限，列其夤，厲薰心」，步步進逼，腰酸帶動背痛，然後精神不寧，真正挖肝挖肺，甚於千刀萬剮。一旦熬過這種痛苦，就會進入第四爻、第五爻，也就是孟子所說的「天將降大任於斯人也」，你的力量增強了，「增益其所不能」；最後第六爻在上卦登峰造極，突破一切，「敦艮之吉，以厚終」。第三爻和第六爻相應，兩爻齊變就是坤卦（䷁），這就說明第三爻在被痛苦折磨的時候，就要懂得運用坤卦的智慧，「厚德載物」，才能「以厚終」，然後順勢用柔；在「艮其限，列其夤」，身心不調和時，就要用柔，用耐心包容，熬過痛苦，到最後才有可能「敦艮，吉」。所以，要證得「上九」的終極圓滿，「九三」的痛苦是必經階段。《西遊記》中唐僧師徒四人歷經九九八十一難，不知經歷多少「九三」的煎熬，但最後西天取經成功，功德圓滿，「敦艮，吉」，唐僧、孫悟空成佛，豬八戒成了淨壇使者，沙僧成了全身羅漢。

如何突破艮卦「九三」的困局

艮卦第三爻是人生痛苦的極致，爻變是剝卦，如果遇到了，該怎麼突破才好？以卦中卦來看，可以幫助我們詳細瞭解「九三」的痛苦和對策。「九三」是卦中卦頤卦（䷚）的初爻，「舍爾靈龜，觀我朵頤」，一定凶。所以在頤卦初爻，就要避免靈龜被老虎代表的欲望吃掉。那要怎麼解脫呢？艮卦二、三、四、五、上爻構成的是蒙卦（䷃），「上九」是「擊蒙」，「九三」是蒙卦第二爻，要有耐心，循循善誘，「包蒙，納婦吉，子克家」，「剛柔接」。所以，「九三」可以用「包蒙」突破，遇到過不去的難關，千萬不要放棄。還有，「九三」也是卦中卦蹇卦的兩個陽爻，也是解卦的兩個陽爻。初、二、三、四爻是水山蹇（䷦），艮卦「九三」是蹇卦的「九三」跟「九五」，有蹇就要解脫；艮卦的「九三」又是解卦的「九二」跟「九四」。可見，這個爻包含多層次的內涵，可以用的方法很多。雖然這個爻本身要承受「艮其限，列其夤，厲薰心」的痛苦，但卻可以用「包蒙」和蹇卦第三的「往蹇來反」——反身修德，來維護「靈龜」，突破的方法多得是。

如果第三爻不能突破，就不會有弘一法師，就不會有內地的GDP增長，它是可以突破的，但是要過那一關，一定要有膽識、要有耐心。

四爻：屈伸自如

六四。艮其身，无咎。

〈小象〉曰：艮其身，止諸躬也。

第四爻就是「艮其背，不獲其身」，因為前面三個爻已經熬過來了，所以就安定下來了。「六四」不像「九三」陽居陽位、過剛不中，拚命掙扎；「六四」陰居陰位，而且由內艮進入外艮，是中央執政高位層。為什麼以前講修身、齊家，才能治國、平天下？因為沒有經過自我約束的訓練，這種領導人就是不貪污也會無能。「艮其身」，就是知止而後能定，「不獲其身」，就是定而後能安；所以修、齊之後可以治、平，結果无咎。艮卦初爻告訴我們「艮其趾，无咎」，還要「利永貞」；至少「永」了三個爻，由內而外，誠於中，形於外，最後才到第四爻的「艮其身，无咎」；整個身體不再有二爻、三爻那種剝和蠱的痛苦。身心鬆靜，然後才能無我相。

可是，〈小象傳〉很逗，解釋「艮其身」，還要「止諸躬也」。「躬」跟「身」不完全一樣，躬是說身體像弓一樣彎著，一種是自然的老化，慢慢就直不起來了；還有一種是從修行上講反躬自省。懂得反躬自省，就會發現自己有很多毛病需要改進，那就一定要保持低姿態。四爻同樣是身，爻辭說，要頂天立地的時候就要挺直；〈小象傳〉則說該要彎腰的時候，就要放低姿態。這就是能屈能伸。以身體來講，第四爻就不像第二爻的小腿跟大腿不協調，也不像第三爻的腰、背不協調。身心不協調的痛苦過程都過去了，身體屈伸自如，可以直立做大家的典範，也可以反躬自省挑自己的毛病。「艮其身」是「立人」，「已欲立」就是「止諸躬也」。

注意「身」跟「躬」，身代表正直，躬代表謙卑，第四爻修得很不錯，對肉身完全控制自如，不過這個爻爻變為火山旅（䷷），還在飄蕩，沒有真正定住，為什麼？因為還在亂講話，到第五爻才控制住。

五爻：有倫有序

䷳

六五。艮其輔，言有序，悔亡。

〈小象〉曰：艮其輔，以中正也。

第五爻作為領導人，不能亂講話，第四爻身體都不動，嘴巴卻沒閒著，病從口入，禍從口出，所以第五爻的「艮其輔」就是針對咸卦第六爻專惹口舌是非的「咸其輔、頰、舌」對症下藥。咸卦第六爻喜歡亂講話，因為反正退休了，愛怎麼講就怎麼講。可是第五爻是領導人，可以亂講話嗎？當然不可以。第四爻是中央高層，同樣也應該如此。一定要以身作則，為老百姓鞠躬盡瘁，但因為第四爻亂講話，所以很多當官的常常失言，就要鞠躬道歉。第五爻作為領導人，更不能亂講話，這就是「艮其輔」，控制好自己的嘴巴。但是，不亂講話並不等於把嘴巴封起來，有很多重要場合還是需要領導人講話，動見觀瞻，一定要謹言慎行；該講話的時候，要有縝密的幕僚作業，經過深思熟慮，先評估效應，這就是「言有序」。不是不講話，而是講出來的都能對社會產生正面效應，講話有倫有序，這樣才可以「悔亡」，減少很多後悔的事情。

「一言既出，駟馬難追」，在《易經》中到處呈現，尤其是艮卦第五爻。第五爻講出來的話就是金口玉言，不能輕易更改。〈小象傳〉說：「艮其輔，以中正也。」「正」就是止於一，說一不二。這個爻爻變就是艮卦的下一卦——風山漸（䷴），所以領導人發表談話，最好有一個幕僚團隊幫忙擬稿，講話循序漸進，不能像歸妹卦那樣衝動。這樣慢慢就會上軌道，然後「敦艮，吉」，帶動漸卦的團隊往上提昇。言多必失，這一點對領導人來說是很重要的，所以最好旁邊有人提醒。這是歷代帝王的基本功，因為皇帝一說話就是開金口，不可輕易更改；其人不言，言必有中，這樣才能悔亡。如果第五爻的工夫有缺失，絕對無法「敦艮之吉，以厚終」。

占卦實例1：「不見其人」到「以虛受人」

爻全部講完了，再講一個卦例，就是艮卦的上卦四、五、上爻全動，結果變為澤山咸（䷞）。換句話說，這些高位領導階層經過「艮其身，止諸躬」，「艮其輔，言有序，悔亡」，然後是不動如山的「敦艮之吉，以厚終」。三爻齊變為咸卦（䷞），「亨，利貞，取女吉」；咸卦〈大象傳〉說「君子以虛受人」。艮卦卦辭言「不見其人」。艮卦的修為修到上卦，又開始產生感染力；從「不見其人」到「以虛受人」，進而發揮影響力。這個卦例是二〇〇六年針對某一個領導人而占的。這位領導人在位時謹言慎行，日久之後就產生很強的感染力、影響力。也就是說，一個人能夠耐得住寂寞，經由「行其庭，不見其人」，他才可能真正發揮用處——「君子以虛受人」。

占卦實例2：西藏之行——「敦艮之吉，以厚終也」

二〇一一年十月中旬，去了一趟西藏，回來病了半個月。當然，病因不是高原反應，純粹是感冒，溫差太大。最後一天就是開始感冒的那一天，去了海拔五千多公尺的高山聖湖納木措湖，冰冷的空氣都是零度以下，大概吸入太多冷空氣，回來就感冒了。在聖湖面前，我針對這個湖和前幾天去的珠穆朗瑪峰占卦，這兩個卦的結果是一樣的。高山上的聖湖跟第一高峰都是艮卦，動第三和第六兩個陽爻，有坤卦的象。上爻動代表最後會登峰造極，修到「敦艮之吉，以厚終也」、「一覽眾山小」的境界。可是第三爻也動，代表想要看到「敦艮，吉」的大山氣象，中間的過程很辛苦，先要翻過「九三」這座小山的峰頂。

這樣就很清楚了，不管是翻山越嶺，還是征服內心的欲望，第三爻都是最苦的一關，好像上下整個要截斷一樣，「艮其限」，那是一個必要超越的限制。如果第三爻翻不過去，絕對不可能修到「敦艮，吉」，所以「列其夤，厲薰心」是必要付出的代價。在這個過程中，坤卦「利永貞」，順勢用柔、厚德載物的工夫完全都得用上。過了三爻的難關，才有可能一睹「敦艮，吉」的境界，高山聖湖跟世界第一高峰就是這個氣象。

占卦實例3：大陸經濟何時天下第一

中國大陸改革開放以來，經濟快速發展，二〇一〇年GDP趕上日本後，大家都在預測何時可追上美國？多年前我就問過這個問題，先以二〇二五年之前測試，為晉卦四、上爻動，齊變為坤卦。晉卦「上九」爻辭：「晉其角，維用伐邑。」〈小象傳〉批：「道未光也。」晉為日出之象，日新又新，晉極受阻，緣於國內積弊待整飭。「九四」爻辭：「晉如鼫鼠，貞厲。」〈小象傳〉批：「位不當也。」中央執政高官貪腐嚴重，假公濟私，拖累遲滯了國力的成長。

我再以二〇三〇年之前占問，為艮卦三、四、上爻動，「上九」值宜變成謙卦，爻辭稱：「敦艮，吉。」〈小象傳〉：「以厚終也。」突破重重障礙，登峰造極終獲成功。三爻齊變為豫卦，一群人為未來願景齊心奮鬥，圓了振興中華之夢。

有趣的是，我曾占問弘一法師李叔同的修行境界如何，也得出同樣卦象。艮卦為止欲修行，斷盡塵緣，敦艮吉，以厚終，功德圓滿矣！

雁行團隊——漸卦第五十三(䷴)

循序漸進

漸卦是第五十三卦。「漸」字最早是中國一條河的名字。《說文解字》說：「漸，水。出丹陽黟南蠻中，東入海。」《漢語大字典》解釋為：「水名。一是古水名。即今浙江，也特別指浙江中、上游的新安江，南北朝後統稱浙江，發源於安徽省黃山南麓，東流至浙江杭州市東入海。《元和志・休寧縣》云：『漸江一名浙江。』。一是澹水、興水、鼎水。在今湖南常德北，東南流入沅水。《漢書・地理志》武陵郡索縣：『漸水東入沅。』」浙江省也因為有一條浙江而得名。浙江又叫「之江」，彎彎曲曲曰「之」，是水流動的樣子。

「漸」這個字，在中國文化裡有非常豐富的涵義。不管是否讀過《易經》，對於漸卦卦爻的象徵意義大概都能懂一些。漸卦是一個非常正面的卦，難得有一個卦連卦帶爻的文辭意象絕大部分都是正面的。漸卦是鼓勵一個人或一個團隊往既定目標奮鬥時，要循序漸進，因為急功近利不會得到真正的成功，甚至可能輸得很慘，到頭一場空。「循序」的「序」就是次序、秩序，任何事物的發展都有其規矩、節奏，不能「升虛邑」。這種工夫要做得扎實，一邊緩慢地往前推進，一邊兼顧所有資源、實力、人際關係和整個團隊的平衡。像易經福報第一的謙卦（䷎），它好在哪裡？就是平衡，而不是畸形發展。一陰一陽之謂道，自古以來，中國的政治經濟文化傳統都在追求平衡。謙卦因為平衡，「裒多益寡，稱物平施」，最後就可以得善終。如果按照漸卦循序漸進的方式，不急不躁，平衡推進，最後也一定可以得善終。

《易經》六十四卦上爻得善終的只有十幾個，一般來講都不好。漸卦最後一爻「有終」，就因為漸卦強調平衡推進的方式，所以能得善終，並能完成終極目標，這是好上加好。漸卦的前一卦艮卦，上爻「敦艮，吉」，當然也是好的。艮、漸二卦的上爻都是「有終」的範例。

漸卦重視平衡，而且在往前推進時低調深入、步步為營，把一個長期目標，分階段、抓重點，步步落實。這種踏實的精神跟謙卦「勞謙」的精神非常像。謙卦是「君子有終」，卦爻全吉；漸卦的「有終」表現在上爻，結果也很好。艮卦剛開始歷盡艱辛，到最後「敦艮，吉」，也是好得不得了。可見，不論是爬山或止欲修行，都不可能一蹴而就，歷盡辛苦之後，最後才有好結果。而它跟謙卦「有終」的精神也是直接呼應的，因為「敦艮，吉」的爻變就是謙卦。

漸卦除了第三爻有點兒躁進，出一點小狀況，其他幾個爻都非常正面。謙卦也是，六爻非吉則利，統統有終。艮卦前面痛苦得要死，但上爻爻變為謙，是難得的「有終」。人生「有終」特別難，蓋棺才能論定，有終之難，在乾、坤兩個父母卦就已經定調了，它們是影響其他六十二卦最大的基本因素，不能「有終」是人生最大的痛苦。如果以爻來講，乾卦最後是「亢龍有悔」，知進不知退，這是亙古的教訓。若是知所進退、進退有序，那樣的人生姿態就很優雅；知進不知退，前面不管如何輝煌，最後還是歸零。這是人性最難克服的。乾卦代表自強不息的天道自然，最後卻極有可能落到「亢龍有悔」的下場。坤卦從陰柔的路子出發，一路小心翼翼，順勢用柔，但偶一不慎，稍微把持不住，上爻「龍戰于野，其血玄黃」，結果也很慘。乾、坤這兩個主導全局的基本卦就告訴我們，「有終」很難，因為絕大部分的卦都是在這種陰、陽互相較勁的情況下發展，所以六十四卦之中，上爻結果好的這麼少。

上爻吉又有終的卦

艮卦上爻跟漸卦上爻光看最後一個字就知道是吉，這兩個卦是少數的例外。我們回頭看學過的五十幾個卦，有哪些卦上爻是吉的，再仔細推敲，它為什麼能夠「有終」。

首先是隨卦（䷐）跟蠱卦（䷑）上爻。隨卦「元亨利貞，无咎」，這種重量級的卦，懂得與時俱進，不會背包袱，上爻就是了不起的境界，能夠吸引人生死相隨、不離不棄。「拘係之，乃從維之，王用亨于西山」，「上窮也」。這個窮不是困窮，而是最高境界，有窮極的意思。所以隨卦上爻肯定是有終的。我們追隨一個目標，代表主體對客體的追隨，從隨卦第一爻到隨卦上爻，最後兩者合而為一，不分主從、不分彼此；如此，就可以振興西山之王的事業。就像周朝的振興一樣，中國歷史上最長的一個朝代，因為可以掌握人心的嚮往，也掌握到那個時代的主軸，所以後面永遠都有人追隨。人才、群眾就是最寶貴的資源，所以它成功了。

蠱卦上爻也是有終。「不事王侯，高尚其事」，「志可則也」，改革成功，進入自由開放的境界，非常正面、非常清新，讓人眼前一亮。所以上爻也是有終。

艮、漸、隨、蠱的上爻能突破「亢龍」跟「龍戰」，一定有它的道理。蠱卦上爻的成功也有漸卦的精神，因為改革不能操之過急，需要「先甲三日，後甲三日」，這也是「七日來復」的精神。「戊戌變法」就是因為太急，「小不忍則亂大謀」，「欲速則不達」，「見小利則大事不成」，這都違反「七日來復」的規律。因為它就是需要這樣的時間，你要壓縮它是不行的，這就是漸卦的原理。「據亂世、升平世、太平世」，這是古人對社會發展的嚮往。蠱卦就是據亂世，上爻「不事王侯」爻變就是升卦（䷭）的升平世；升卦初爻一變就是太平世的泰卦。一個階段一個階段慢慢形成，這就是漸卦。

除了上面四個卦，還有大有卦（䷍）上爻「自天佑之，吉无不利」，這個卦之所以有終，因為下面接著是謙卦天地人鬼神的境界，肯定有終。從同人（䷌）、大有再進一步擴充到謙卦；人間世處理得很完美，就要進一步擴充到人跟自然、人跟歷史文化、人跟整個宇宙的和諧平衡。

由大有卦就可以想到鼎卦（䷱），因為它們兩個卦只差初爻不同。鼎卦上爻「鼎玉鉉，大吉无不利」，上爻為什麼那麼好？因為它就是大有卦的上爻，兩者根本就是孿生兄弟。以卦中卦來看，鼎卦二爻到上爻就是大有卦，所以鼎卦「上九」就是大有卦的「上九」。

我們透過《易經》的爻變及錯、綜、交、互的卦中卦觀念，就可以慢慢把這些卦串起來，理解它們之間周流相通的關係。所以讀書一定要把書讀通了。講到把書讀通，哪一個卦的上爻是能夠把書讀通的呢？井卦（䷯）上爻和大畜卦（䷙）上爻。「何天之衢，亨」。大畜卦〈大象傳〉說「多識前言往行」，學習吸收消化變成自己的，最後畜極則通，爻變成泰卦。但是，大畜卦前面五個爻都得憋著，「童牛之牿」、「豶豕之牙」……，處境真有點像便秘，前面五個爻都很苦，到最後就完全通暢了。讀書和做事都一樣，不通跟通，境界差太遠了。如果讀不通就不如不讀，有時候還憋死人。井卦也是如此，前面辛苦挖井，最後水終於冒出來，還要能服務眾生，因為它下面就接著創新的革卦（䷰）。

大畜卦上爻和井卦上爻也是有終。目前為止我們學過的還不到十個，後面還會陸續學到。上爻是很值得重視的境界，因為《易經》乾坤兩卦已經顯示到最後是前功盡棄的通則，能突破這種習氣的那些卦，一定值得研究、學習。多數卦的上爻除了痛苦，還有失敗、追悔，甚至整個崩盤，慘烈的情況多得很。凡夫俗子很難突破上爻的宿命，只有聖人的境界，上爻才比較不會出問題。乾卦〈文言傳〉講到「亢龍有悔」的時候就說：「知進而不知退，知存而不知亡，知得而不知喪。其唯聖人乎？知進退存亡，而不失其正者，其唯聖人乎？」

有終和一場空

漸卦「有終」，跟漸卦關係最密切的歸妹卦（䷵）正好是反面。歸妹卦急躁，感情用事，下卦、內卦就是充滿情欲衝動的兌卦；上卦、外卦就是積極行動的震。為了貪圖一個「爽」字，往往不顧一切，最後是竹籃子打水一場空，絕對不得善終。漸卦則是絕對冷靜的卦，看準形勢，一步一腳印，懂得循序漸進。我們都知道需卦（䷄）是健行遇險，摸著石頭過河，一步一步慢慢來；歸妹卦性子急躁，把終身大事當兒戲。男怕選錯行，女怕嫁錯郎，古代婦女嫁人尤其是一件極其慎重的事。歸妹卦就是衝動，目光短淺，一切以感情、欲望為依歸，主觀上自以為是，一衝動起來就莽撞行事，而且希望一步到位、一次搞定。

漸卦和歸妹卦相綜又相錯。相錯綜的卦我們已見識過兩組，一組是隨卦（䷐）、蠱卦（䷑）；一組是泰（䷊）、否（䷋）二卦；漸卦和歸妹卦是第三組，第四組就是既濟（䷾）、未濟（䷿）。漸卦、歸妹卦相錯綜，一緩一急，確實影響人生成敗。漸卦務實推進，慢慢接近成功；歸妹卦急躁衝動，最後一場空，而且絕對不得善終。這兩個卦其實就是理性跟感性、平衡跟扭曲、沉靜從容跟急躁冒進的對比。道家注重清澈虛靜的智慧，這需要深層的人生閱歷。漸、歸妹二卦的不同，《老子》一書其實講得很到位：「重為輕根，靜為躁君。是以君子終日行不離輜重，雖有榮觀，燕處超然。奈何萬乘之主，而以身輕天下。輕則失本，躁則失君。」任何兩方的較量，其實是兩敗俱傷，冷靜的人很少見，急躁衝動的人到處都是。取得最後勝利的做老大，落敗就得稱臣；所以人生要為自己修，越是冷靜沉著，失敗率越低；越是浮躁，失敗率超高。

一個國家的領導人，就要培養冷靜沉著的智慧，降服內心的浮躁。人因為期待成功，難免焦灼、急躁，這其實就是失敗的根由，所以最好用冷靜主導人生的奮鬥，以靜作為主要的出發點，這就是「靜為躁君」。

漸跟歸妹相錯相綜，可是按照自然卦序，人還是有可能從漸卦往歸妹卦走。要想修到身外無一物，確實太難了；剛開始還可能冷靜下來，到後來實力大增，反而失去耐心，由冷靜變急躁。因為有這個自然趨勢，就有可能在漸卦還未達成目標的時候，因為心緒還是急的，於是漸漸往歸妹卦偏移。這就是《易經》透過卦序和相錯綜的關係給我們的深刻提醒。

艮、漸、歸妹、豐卦卦序分析

〈序卦傳〉說：「艮者，止也。物不可以終止，故受之以漸。漸者，進也。進必有所歸，故受之以歸妹。得其所歸者必大，故受之以豐。豐者，大也。」這是自然的卦序發展，在震、艮之後，巽、兌之前，中間有四個單卦，即漸、歸妹、豐、旅。

「艮者，止也。物不可以終止」，萬事萬物都不會永遠停止不動，不動是因為「時止則止」，等到「時行則行」，還是得動，動才是常態。等到「時行則行」的時候，「故受之以漸」，慢慢開始活絡血脈、伸展肢體，恢復動態。從震卦的劇烈震盪到艮卦暫時受挫或休養生息，看似安靜，一旦恢復元氣，或時勢利於行動，長久不動之後要開始動的時候，就要從小幅度的動作慢慢放大規模。就好比蹲久了猛然站起來，常常會頭昏眼花，所以要特別小心。漸卦是重視整體平衡的動，所以，由極動的震到極靜的艮，之後再恢復動，一定是慢慢來的，這就是漸卦。「漸者，進也」，循序漸進。「進必有所歸」，要往前進，一定有一個目標，最重要的是終極目標。人生短短幾十年，總希望能在接近終點時可以完成人生的終極目標。漸與歸妹關心的是不管中間需要經過多久，但最後能夠「有終」。雖然最後漸卦「有終」，歸妹不能「有終」，但總歸有個終極目標。就像艮卦是以上卦的大山為終極目標，下卦的小山只是階段性的目標。

這個終極目標，在漸與歸妹二卦就取象於男女婚嫁，過去就叫終身大事。也就是說，不論組織或個人，都要盡物力或想像所及，鎖定目標，看到底能不能完成。「進必有所歸」，說明漸卦和歸妹卦都希望能有美好的歸宿、快樂的結局；前面好了九十九都沒用，最後的一沒好，還是歸零。

像京房八宮卦所謂的遊魂卦、歸魂卦就大有意味，遊魂是還沒有到位，有時就差一步，還是浮躁不安、飄飄蕩蕩，沒有真正安身立命。歸魂呢？不管好不好，終究有了歸宿，不會魂魄無依。所以遊魂很慘，還沒找到最後歸宿；歸魂雖然一命歸天，不管怎樣，總有個安身之所。

漸卦、歸妹卦都是歸魂卦，歸妹卦的意義更深。京房八宮卦序裡的遊魂、歸魂佔六十四卦的四分之一，八宮——乾、坎、震、艮、巽、離、坤、兌，歸妹卦就是兌宮的歸魂卦。按照八宮卦序，歸妹卦是八宮卦序最後一個卦，好像真的是人生最後的歸宿。所以歸妹卦又稱為大歸魂，「大」的意思是說，不管怎麼跑，最後都得到那裡報到。這就是歸魂中的歸魂。歸妹是兌宮的歸魂卦，那麼漸卦一定是艮宮的歸魂卦，因為下卦全變。關於歸魂卦，如果占卦問重大的生死存亡問題，一定要多加小心，很可能會不久於人世。

「進必有所歸，故受之以歸妹。」我們在泰卦已經見識過「歸妹」，泰卦君位是「帝乙歸妹」，歸妹卦的君位也是「帝乙歸妹」。同樣的故事重複上演，一場政治婚姻的安排，看似富麗堂皇，其實是錦上添花；結果有可能「城復于隍」，傾城傾國，繁華化為烏有。因為這樣的安排並不真誠，純粹是一樁巧用機關的買賣；機關用盡，反誤了卿卿性命。「帝乙歸妹」後面是傾城傾國的「城復于隍」。歸妹卦的「帝乙歸妹」最後落得一場空，下場也很慘。

我們繼續看卦序。「得其所歸者必大」，這是百川匯海的象。一江春水向東流，黃河東流九曲，最後統統流到大海。大海接收所有資源，自然能夠成其「大」，「故受之以豐」，所以豐卦的資源十分雄厚。豐卦是第五十五卦，五十五又是天地之數，也是我們在操作「大衍之術」占法時，作為判斷爻變之主要變數的數值。「豐者，大也」，大德敦化，小德川流，豐就是這種境界。那麼多河流走不同的方向，最後都流到大海裡；我們要成為大海，就得放低姿態，而且要能包容。「豐者，大也」，氣勢恢弘、非比尋常。小河流在山裡可能還覺得自己挺不錯，一旦流到大海，就不免自慚形穢、望洋興嘆。豐的境界不是人人可以達到的，經過百折千回、千辛萬苦，從震、艮的行止動靜到漸、歸妹兩條路線之爭，最後是豐卦的總檢討——有沒有完成真正想做的事情？以中華文化來講，先秦諸子百家爭鳴，但最後殊途同歸而能「成其大」，成就了資源豐富的中華文化。

萬物之所成終而所成始也

《易經》追求有終，有終的目的又是什麼呢？就是要終而復始，啟發後面的人從有終的人這裡取得動力，繼續往前推進。所以〈說卦傳〉講艮卦「萬物之所成終」，其實不是到這裡就完了，一個人的「成終」，還要把優秀經驗傳授給下一任接棒的人，啟發下面開展新的循環。

「先知覺後知，先覺覺後覺」，帶動下面又往前走，這就是「生生之謂易」，終而復始，《易經》的精神就在這裡。我們常說的「始壯究、始壯究」就是如此。八卦重卦為六十四卦，六十四卦最後一卦為未濟卦，都是強調生生不息的概念。第二十四卦復卦的新陳代謝，蠱卦的「幹父之蠱」，都是強調終而復始。蠱卦〈彖傳〉說「天行也」，要貞下起元，這才算取得了永續的意義。所以，「有終」很難，但是有了「終」才有希望終而復始。以艮卦來說，只有把人的欲望壓到最低，才能開展這種胸懷。因此〈說卦傳〉說：「萬物之所成終而所成始也，故曰成言乎艮……終萬物始萬物者莫盛乎艮。」這是對艮卦最好的總結。

艮卦的涵義對中國文化的影響頗為深遠，簡單講就是終始的思想。落實在人生奮鬥，就是要求「有終」。

〈雜卦傳〉說漸卦、歸妹卦

值得注意的是，漸、歸妹二卦雖然相綜，但〈雜卦傳〉並沒有把它們放在一起。〈雜卦傳〉的最後八個卦可說是瘋瘋癲癲、天下大亂，把原本正常的《易》卦錯綜關係全弄亂了，這就是典型的末法時期亂象。

按照〈雜卦傳〉的卦序，第五十七卦是大過卦，後面就是姤卦，這兩卦非錯非綜；漸卦跟歸妹卦本來是相錯綜的兩個卦，也被放在〈雜卦傳〉的最後八個卦中，但它們並不在一起。姤卦之後，接著就是漸卦；再經過頤卦、既濟卦，然後才出現歸妹卦。我們看〈雜卦傳〉怎麼講這最後八個卦：「大過，顛也。姤，遇也，柔遇剛也。漸，女歸待男行也。頤，養正也。既濟，定也。歸妹，女之終也。未濟，男之窮也。夬，決也，剛決柔也，君子道長，小人道憂也。」

漸卦是「女歸待男行也」，歸妹卦是「女之終也」，這兩個卦是天崩地裂時期很重要的卦；也屬於歸魂卦，有一個最後的結果。在這種狀況下，更要審慎，因為它完全不按牌理出牌。〈雜卦傳〉對漸、歸妹二卦的描述都用婚嫁的象；歸妹卦是急著要嫁人，甚至不惜私奔。就像《西廂記》裡的崔鶯鶯。但自己送上門的，多半不會受到珍惜，最後可能很慘，甚至被拋棄。「女之終」，就是說女人的終身大事不可輕忽，一定要選好目標。漸卦則不同，「女歸待男行也」，「女歸」是女孩子嫁人，但她很冷靜，一切按照禮法，明媒正娶。古代婚禮的進行程序很複雜，有所謂的六禮：一納采、二問名、三納吉、四納征、五請期、六迎親。就像一卦六個爻，一步一步進行。女子嫁得再急，心裡都要冷靜，讓男的採取主動；因為越不容易到手，他就越珍惜。「女歸」看著是被動，其實是真正的主動；而看著是主動的，最後則完全陷入被動。

如果從男女婚姻去看，〈雜卦傳〉講的好像很好懂，其實不止如此，取象於男女婚姻，但可以擴及天地之間所有的陰陽互動，都要追求圓滿的結局。「女歸待男行」強調的是「待」，耐心等待為第一要義，這也是需卦健行遇險的概念；最後「有不速之客三人來」，得到好結果。漸卦在〈雜卦傳〉最後八個天翻地覆的卦裡頭排第三，緊接在姤卦之後。「大過，顛也。姤，遇也，柔遇剛也。」說的是非常時期許多意想不到的危機、體制外的狀況都可能爆發。之後馬上出現「漸，女歸待男行」，後面還有一個頤卦的「養正」，才讓狀況逐漸穩定下來，這就是「既濟，定也」；但隨後又產生新的變化，那就是「歸妹，女之終也」。

「歸妹，女之終也」，接下來是「未濟，男之窮也」，歸妹卦是〈雜卦傳〉第六十二卦，未濟卦是第六十三卦，最後才是夬卦。歸妹和未濟兩個卦是雙數跟單數的關係，一個叫「女之終」，一個叫「男之窮」，很有相對仗的意味。「男之窮」代表所有陽剛的力道最後可能都會用盡，所以還是要留一點餘味。但「歸妹，女之終」的警示很重要，萬萬疏忽不得，否則一失足成千古恨，那是回不了頭的。「女之終」是提醒人不要犯歸妹卦卦、爻裡面普遍急躁的錯誤，不然「終」一定好不了。為了有好的「終」，漸卦的模式就很值得參考，「女歸待男行也」；耐心等人家出招，然後見招拆招，立於不敗之地。

漸卦卦辭

䷴

漸。女歸吉，利貞。

漸卦卦辭跟歸妹卦一樣都是五個字。漸卦是「女歸吉，利貞」；歸妹卦是「征凶，无攸利」。截然不同的做法，導致截然不同的結果。

「女歸吉，利貞」，先有卦辭，才有〈雜卦傳〉的「女歸待男行也」。漸與歸妹都是「女歸」，但漸卦最後是圓滿收場，歸妹卦則落空。漸卦既然希望最後好，那麼就要「利貞」，固守正道就有利。

漸卦卦辭是從人間世的夫婦來談的，但爻辭卻是以雁行團隊取象。那是很美的比喻，觀察細膩，簡直摸透了鴻雁這種候鳥的生態。六個爻的爻辭都是以「鴻漸于……」開頭，後面就接著不同的棲息地，以及最後可能著陸的地點。因為漸卦有雁行團隊的象，英雄主義不利於整個團隊的發展，所以非常重視團隊的協調與團結；要求大家步驟一致，好提高集體戰力與效率。爻的意象是透過鴻雁生態的細膩觀察，隱含大量的自然法則，每一代的鴻雁就按照這個法則生存繁衍，並成為競爭力的條件。人生的奮鬥也應該如此，但人往往不如鳥，很多人並沒有團隊的概念。

漸卦的不言之象

漸卦六個爻是以鴻雁所處的不同時位，作為爻辭移動的象，由內而外、由下而上、由基層到高層，始壯究、始壯究，一步步推動。

漸卦的不言之象就是六個爻全稱卦名，也就是說，不論任何時間、空間，六個爻沒有一個可以脫離團隊。既然團隊資源為你所用，大家就得守望相助、履行權利、義務，為團隊爭取最大的利益，絕對不可以把團隊作為個人工具。因為在團隊中，一榮俱榮、一損俱損，團隊利益也就是個人的最大利益。這就是漸卦的團隊意識。

英語關於團隊的單詞是team，四個字母中有一半是母音，這個單詞中沒有母音「I」；也就是說，團隊中不可以凸顯「我」。漸卦的團隊中無我，要以公為重。艮卦的止欲修行是個人的工夫，最後再延伸到群體的漸，就是從個人到團隊的象。而這個過程是自然而然的。如果前面沒有艮卦的工夫，就不會有漸卦的無我。艮卦的「艮其背，不獲其身；行其庭，不見其人」，由「無我相，無人相，無眾生相」，一直到「無壽者相」，這不是教條，而是人生追求成功所必須跨越的。團隊中如果太過凸顯個人，不僅團隊受損，還會衍生一堆內鬥、外鬥。這也是我們觀察人、事的金科玉律。

要看透一個人或一件事的成敗是最難的，但在一個團隊中就可以看得比較清楚。團隊（team）不可以有我（I），所以人要跟鴻雁學習，在團體中泯除自我重要感。儒、釋、道都強調在個人的「獨」建立之後，就要注意到「獨」跟「群」的均衡。所謂的無我、無人……就是佛教的基本要求，不然就無法超凡入聖；儒家的「願無伐善，無施勞」，就是行善低調，團隊利益大於個人利益；道家的「功成而不居」，也強調不要把個人的功勞掛在心上。但是要做到這一點特別難，一般人都是居功居德，甚至誇大自己的功勞或爭功諉過。「功成而不居」前面還有「生而不有，為而不恃」，我創造的我不佔有，也不因為我奮鬥有成而妄自尊大。還有「長而不宰」，培植事物，卻不掌控它。「功成而不居」就可以往「德」的境界邁進。儒家「三不朽」之一「太上有立德」，最高的成就還是「德」，不但中國人如此認為，從全人類來看也是如此；「功成不居」就是立德，「其次有立功」，「其次有立言」，成功也很難，居於最末的是立言。儒、釋、道諸家一致推崇這種以集體利益為重、不居功自偉、不凌越他人的精神。

在團隊中成功不必在我，因為有些事業不見得是一個人、一個世代可以完成，必須「漸」，一代一代接著幹；因此這個團隊不只存在於同一個時空，也包括前代後代，甚至整個歷史文化的薪盡火傳；所以要找接班團隊，建立並運作有效的接班機制。這時，人更不能自私，要能生生不息，這輩子即使沒有達到心中的「歸」，但基礎已經建立，而且粗具規模，後人只要按照這個方向去做，你的心願依然可以完成。孫中山先生說「革命尚未成功，同志仍須努力」，雖然說得很白，但完全切中人生事實。假若成功必在我，一定要在我的任期內完成，就會把明明需要長期實現的規劃硬是壓縮在短期之內，就會出現很多造假的局面，做假賬、報假功，什麼都來了。這就完全違反漸卦的精神。事情做不完是很正常的，必須留給後人繼續完成。《易經》最後一卦為「未濟」，其實就是告訴我們，事情是永遠做不完的，不要勉強，功成不必在「我」，「我」在必不成功，一定要突破人性的弱點。外國人把《易經》翻譯成「I經」，其實「I」的問題大、麻煩也多。

漸卦的卦中卦

漸卦一直強調「女」字，亦即坤卦的概念，不是爭雄鬥霸，而是厚德載物、順勢用柔，不要強出頭。我們看漸卦的卦中卦也是如此。

首先看三、四、五、上爻構成的家人卦（䷤），卦辭「利女貞」。漸卦中有家人卦，代表雁行團隊如同一家人，是革命的大家庭、事業的夥伴，人人為我，我為人人，而且強調「利女貞」。家人一沒搞好就是睽，團隊就會產生內鬥、分裂、瓦解，然後進入蹇卦，得花好大的力氣才能解開。所以漸卦要維持團隊親如一家人的聯繫。家人卦是漸卦裡面的一個卦，「六四」那個爻就特別重要，因為它正是家人卦的「六二」跟「六四」；「六二」主「中饋」，負責在家燒飯，一定要放棄追求個人成功的想法，「六四」要負責理財。漸卦「六四」就同時扮演這兩個角色。

漸卦不擔保一定能成功，或者說還可以更上一層樓，只是沒有抓住機會。為什麼功成不必在我，我在必不成功？為什麼要功成不居？因為事情永遠是一波未平、一波又起。所以漸卦的二、三、四、五爻構成的就是未濟卦（䷿）。

再看，初、二、三、四爻構成的是蹇卦（䷦）。也就是說，漸卦從初爻到四爻的過程備嘗辛苦，大家都要風雨同舟，直到五爻才登頂成功。「蹇之時用大矣哉」，千山萬水很難行，在困境中更要互相合作、發揮團隊精神。到未濟卦又把君位考量進來，這就說明要有未濟的戰略思維、人生態度，不要把持、壟斷。到了三、四、五、上爻構成的家人卦，就知道大家是一家人。這樣看來，外面是一個漸卦，裡面潛在的暗流有「蹇」、有「未濟」，也有「家人」。

還有就是五個爻的卦中卦。初、二、三、四、五構成的是大家一起往前衝、爭取光明前程的旅卦（䷷）。雁陣飛行本來就是如此，為了遷徙，往往要飛行幾千公里。這樣一個旅的過程，往往沒有固定居所，該遷徙時就得遷徙。「群行以序，往來以時」，這是漸卦的主要象徵。也就是說，這是一種集體行動，出入往來特別要按照次序、時間的規律。就像候鳥一樣，今年飛走了，明年又飛回來；隨著生存環境的變動，依照週期性的規律集體遷徙，在有秩序的同時，還要遵循時的變化。

當然，漸與歸妹除了大量取象於鴻雁的生態，另外就是從夫婦男女取象，而且一樣重視群體。因為小兩口也是一個群體，尤其以前那種大家庭，兩家聯姻是集體的事，所以不能自私自利，只考慮到小兩口。這兩個卦都涉及到群體，從制度上講，就是古代的群婚制。群婚制不是集團結婚，而是在男女不平權的時代，一堆女的嫁給一個男的，天子娶親一娶九女，一次就辦，然後還要有次序，諸如妻、妾或者正室、側室，還有陪嫁丫頭。坤卦的「利牝馬之貞」說的就是一匹公馬在前面跑，一堆母馬在後面追。這種群婚制是多對一，所以就要安排大紅燈籠高高掛，要重視管理，維持公平；不然就會由家人變成睽、蹇，大老婆管二老婆，二老婆將來就會把大老婆拉下馬，然後又來了專門對付二老婆的三老婆……。所以古代群婚制一定有一套森嚴的規矩，就像雁群的生態，誰領頭，做多久，然後各就各位、互相掩護，不爭先恐後。鴻雁是水、陸、空三棲動物，它之所以現在還存在，就因為什麼環境都難不倒它，善於應變，具有生存的能耐，而且它是群居動物，不是單打獨鬥。這就有智慧了，這種生態規則對於人間的團隊奮鬥非常有借鑒意義。雁群齊飛時，一定有領頭雁；而這頭雁也有任期制，一旦任務完成，頭雁又回到隊伍，變成一介「平民」。也就是說，領袖可以回到民間做志工，一點也不覺得委屈，也不會賴著不走變「亢龍」。退任領袖變成一介平民，這一點很多人做不到；一日董事長，終身都想做董事長；就像皇帝做完了，就想做太上皇，太上皇做完了就變先皇。

再者，鴻雁一起飛的時候，旁邊一定有負責側翼掩護的雁群。當過兵或者搞軍事的都知道，側翼一般是最軟弱的，在兩旁的死角必須要有負責大隊安全的側翼掩護小隊。

為什麼漸卦要把夫婦跟鴻雁拉在一起？因為經過長期觀察發現，據說一隻雁一旦喪偶，就終身不再「嫁娶」。這一點一般人很難做到，尤其是年輕時代，不管古代現代，喪偶之後很多人是耐不住寂寞的。我們從前讀梁實秋的《槐園夢憶》覺得好感動，沒想到書還沒讀完，他就再娶了，《槐園夢憶》變成「槐園夢囈」，說的是夢話。傳說母鴻或公鴻死了，就變成雁群中的鰥寡孤獨，但牠們也不脫離雁群，就擔任放哨的工作，負責掩護那些恩恩愛愛、有老有小的公雁母雁。這種鰥寡孤獨的雁就是負責側翼掩護的。可見，鰥寡孤獨廢疾者還能對社會有貢獻，不會因為個人遭遇不幸而改變對團隊的忠貞；既忠貞於兩個人的小家庭，又忠貞於整個團隊的大家庭，至死不離不棄。說實話，我也沒有從現代生態學去實際瞭解鴻雁，牠們是不是真的這麼高尚？可以從自然知識求證，但古人的觀察應該有所本，好像這種不再偶的候鳥還不限於鴻雁，還有其他候鳥也是如此。這種群德很不容易，雁頭可以換，大家都不會爭；然後不管個體遇到什麼失意、失婚、失戀、失業，都不會脫離團隊，甚至還在旁邊掩護這個團隊，這就很難了。現代有做過統計，因為長久的默契，大群鴻雁在飛行中集體拍動翅膀的共同節奏，會產生一種強大的氣流，就像一架大飛機一樣，這種集體飛行的效率比孤雁單飛高百分之三十，這是有科學根據的。所以，人在團體中集體行動，第一，不會害怕；第二，集體效率大於個人。就像「時乘六龍以御天」一樣。

漸卦中鴻雁的意象

「鴻」字本身就有雁鴨棲息的意思。「鴻」字已經深入中國文化，成為一種特殊的象徵。蘇東坡一首很有名的詩——〈和子由澠池懷舊〉，詩云：「人生到處知何似，應似飛鴻踏雪泥。泥上偶然留指爪，鴻飛那復計東西。老僧已死成新塔，壞壁無由見舊題。往日崎嶇還記否，路長人困蹇驢嘶。」跟漸卦六個爻的情境十分類似。鴻雁停留、棲息的每個地方都會留下痕跡，但牠不會留戀這些地方；就像頭雁不會留戀領頭的位置一樣，完成任務，就退居於團隊中的一個角色。蘇東坡認為，人生就像飛鴻，總會留下腳印，但要了無罣礙。很多人就是罣礙重重，老在追想當年榮景，那就會成為戀棧不去的「亢龍」。鴻雁了無罣礙地自在飛翔，因為牠不會活在過去。有研究認為，鴻雁之所以能夠一飛幾千公里，和它有很輕的翅膀有關。「人固有一死，或重於泰山或輕於鴻毛」，這就說明鴻毛確實很輕，但這麼輕的鴻毛卻很有勁力，所以才能飛得那麼遠。

注意，漸卦跟謙卦為什麼很多地方相應？〈雜卦傳〉解釋謙卦時說「謙輕」，把名位、權勢、自己看得很輕，把群眾、團隊看得很重。鴻雁的羽毛也很輕，所以能固守團隊精神。人就是因為固執自己，所以不能兼顧別人或團體安危。謙是輕，把什麼都看得輕如鴻毛，就能想得開、看得淡；但是要把群體、甚至後人的福利看得很重。

還有最後一個卦中卦，就是二、三、四、五、上爻構成的渙卦（䷺）。團隊猶如一個同心圓的圓心，如何發揮統合力，執政團隊就很重要。但渙卦另外一個負面意思，就是這個團隊有可能瓦解。如果有一群人太自私，離心離德，不肯效忠，這也是渙。

漸卦〈大象傳〉

〈大象〉曰：山上有木，漸。君子以居賢德善俗。

在十篇〈易傳〉中，〈彖傳〉跟〈大象傳〉的關係密切，一定要放在一起研究。〈大象傳〉不談吉凶悔吝和成敗勝負，它的創作主要是講修德的境界，即「立德」，涉及上卦和下卦的互動。〈彖傳〉則包含整個卦、爻，以及卦的結構、爻際關係的主從，還有一些創新思維。但是，被稱為天下第一傳的〈彖傳〉，主要教我們如何追求人生成功，亦即「立功」。成功不容易，但成功不是終極目標，人生最圓滿的是成功之後還能成德，就是上文談到儒釋道所推崇的最高境界。所以成功不是一切，尤其是集體的成功大於個人的成功；而集體的成功，也要能夠終而復始，要打下好的基礎，對後人有正面的影響。所謂「前人種樹，後人乘涼」，就是由「功」往「德」的境界提升，最後進入不朽的境界。

〈大象傳〉一開始就從德出發，〈彖傳〉則重在成功。漸卦六個爻只有「九五」成功，也就是說，整個雁群到達既定的目標，而上爻就是在「九五」成功的基礎上成德。就像井卦的成功是在第五爻「井洌，寒泉食」。第六爻就是成功之後再成德的境界。也就是說，井水冒出來了，井蓋不要蓋起來，要服務大眾，讓大家都有水喝。這就功德圓滿了。漸卦也是如此。但是，很多人成功之後就霸住那個位置，不肯下來，非但離成德的境界很遠，甚至會變成知進不知退的「亢龍」。

漸卦「上九」的境界，就是〈大象傳〉所說的成德。那麼我們看〈大象傳〉怎麼說？「山上有木，漸。」漸卦上卦巽為風，也為木，這裡取木之象，也取山上有風的象。下卦艮為山，在山坡上種樹，是因為山坡上風特別大，為了保持水土，防止山坡崩毀，就要種樹，因此巽既為風，也為木。「山上有木」說的是培育樹木。大家都知道，「十年樹木，百年樹人」，要圖長久之計，就要「漸」，有耐心、慢慢來。《管子》書中提到的這個觀念，深入國人心中——「一年之計，莫如樹穀；十年之計，莫如樹木；終身之計，莫如樹人。」可見，人才培育比種樹更難，需要更長久的時間。所以時間很重要，很多事物的形成都需要長時間慢慢累積。

「君子以居賢德善俗」，「居」是動詞，即固守，守得住什麼呢？「賢德」。在「居賢德」的同時，還能夠「善俗」，帶動其他人的學習風氣，創造善良的社會習俗。一個領導人或團隊能固守賢德，就會使風氣變好，這就是所謂的指標人物，也就是代表高度的「山上有木」。要知道，漸卦一開始就有一個山的高度作為基礎，不像升卦的「地中生木」是從平地開始的。漸卦一開始就高，如果這座山根基穩固，人在山上種樹，就可以打下不動如山的基礎，讓後人乘涼，不必從頭來。這也是漸卦的意思，因為有長期累積的東西作基礎，就可以在上面繼續發展、孕育樹林。所以漸卦的高度一定比升卦高，而且又會回饋孕育自己的環境。所以人要有公而忘私的精神，飲水思源，這都是漸卦善良風氣的來源。作為公眾的指標人物，如果「居賢德」，大家就有樣學樣「善俗」。如果指標人物不做好表率，下面就不會有「善俗」。換句話說，枱面上的人物（即艮卦上面的巽）很重要，這就是所謂的君子之風，可以潛移默化，形成善良的風俗。

這也是晚清時期，我的老鄉曾國藩恪守的規範。他曾說：「風俗之厚薄奚自乎？自乎一二人心之所向而已。民之生，庸弱者，戢戢皆是也。有一二賢且智者，則眾人君之而受命焉，尤智者所君尤眾焉。此一二人者之心向義，則眾人與之赴義；一二人者之心向利，則眾人與之赴利。眾人所趨，勢之所歸。雖有大力，莫之敢逆。故曰：『撓萬物者莫疾乎風。』風俗之於人之心，始乎微，而終乎不可禦者也。」也就是說，風俗的好壞，取決於「一二人」心之所向，「一二人」就是山上的樹，就是指標型的公眾人物。這種人的示範效應是很大的，就如蒙卦講的「利用刑人」一樣。在上位的人，因為動見觀瞻，如果能守住賢德，大家都沒話講；如果他沒有「居賢德」，那麼要求下面的人「善俗」就很困難。像年事已高的義大利前總理貝盧斯科尼，別人都說他治國能力弱，治床能力強。可見領導人物的行為至關重要，一定要追求立德的境界。

漸卦〈彖傳〉

〈彖〉曰：漸之進也，女歸吉也。進得位，往有功也。進以正，可以正邦也。其位剛得中也。止而巽，動不窮也。

我們看〈彖傳〉。「漸之進也」，這句話看著簡單，其實很值得細細品味。「之」是彎彎曲曲，就像水流一樣，它不是一步到位的「歸妹」，而是順勢推進；有時候進兩步，碰到挫折還得退一步，只要最後抵達終極目標就好。「之」也是植物迂迴生長的象，只要中心軸保持向前推進，總有一天會抵達目標。所以「漸之進」很優美。當然，若把「之」字當成所有格也可以，亦即「漸的進」，意思是說，想要往前推進，就要循序漸進，穩步向前，這樣就不容易失敗。

這樣的前進方式就像女子嫁人「女歸吉也」。這跟前面的卦辭完全是呼應的。「漸之進」是一種進的方式。下經有三個卦都很明顯地講「進」，最好的進就是「漸之進」。晉卦（䷢）的進最開始是日出東方，然後如日中天，但是到晉卦最後一爻就是「晉其角」，沒有終，因為日出必有日落，晉卦之後是明夷卦（䷣），就是日出到日落。換句話說，晉卦的進有很多弱點。還有升卦（䷭）的進，升卦進到最後則成為泡沫。由晉卦的進到升卦的進，現在是漸卦的進。卦序按照人類文明發展，經歷長期的揣摩研究，終於找到一種最好的推進方式。晉卦的進在第五爻、第六爻遭遇瓶頸，上不去了。升卦的進是從幼苗慢慢「積小以高大」，氣象一新，顯然比晉卦改善很多。升卦第一爻「允升，大吉」的「允」，晉卦到第三爻才有這個境界；晉卦要到「允」的境界，還要經歷初爻的「晉如，摧如」和二爻的「晉如，愁如」。晉卦和升卦中間相隔十一個卦，可見這種前進的方式也需要長期累積才得以改善。但是，升卦的一帆風順好像比晉卦好，沒有「晉如鼫鼠」的大老鼠，也不必經過「摧如」、「愁如」的慘狀；更不會因為第五爻稍微有一點私心，馬上就「晉其角」，下面就是明夷卦的黑暗。升卦把這些問題都調整過來了。一開始就是一帆風順，一路升到第五爻「貞吉，升階」，「升階」就有一點漸卦的意思了；可是第六爻「冥升，利于不息之貞」，升過頭了，然後掉到谷底，變成三年都出不來的困卦（䷮）——「升而不已必困」。透過晉卦的「晉其角」和升卦的「冥升」，我們發現它們都不能有終，這種進的模式始終有遺憾，到最後會前功盡棄。幸好，漸卦的「進」彌補了這些遺憾，既成功，又成德，也不會戀棧君位，而且還能照顧後進。所以漸卦的進就突破了晉卦和升卦的進。

為什麼晉卦的進最後會「晉其角」，變成明夷卦？而升卦的進最後會變成「冥升」，並發展成困卦？因為它們都是知進不知退。升卦是無限制的擴張、成長，這種私心欲望的膨脹就是「升虛邑」。漸卦的進之所以功德圓滿，就是吸取了晉卦和升卦的教訓。這是比較三種進的方式，一個是用太陽的上升做比喻，有日出就有日落；一個是從植物的生長取象，最後卻有「冥升」的象，「升而不已必困」；一個是用模範鳥類——鴻雁團隊的飛翔取象。

接下來繼續看〈彖傳〉：「進得位，往有功也。進以正，可以正邦也。其位剛得中也。止而巽，動不窮也。」大體意思是說，這個動能是生生不息的，絕對不會耗損完。這當然是講「九五」，「其位剛得中」就是「九五」剛中，亦即鴻雁團隊突破千辛萬苦，排除千難萬阻，靠著團體的努力終於完成目標，到達登峰造極之境。因為往上進取大位，從初爻到「九五」，一步一步都是「進以正」，完全按照正道進取大位，沒有亂來，人家當然會接受你做領袖。既然合法、合情、合理，「可以正邦也」，自然而然就可以「居賢德善俗」。

「止而巽，動不窮也」，內卦艮止，已經攻下一個山頭；外卦是巽，要很低調，在下卦山頭的基礎上發展平台陣營。一個「止」字，道出絕不貪心的意志，故「動不窮也」。內卦懂得止欲修行，看形勢決定行止，一方面靈活地往外發展，善於應變，步步為營，絕對不會一次把力量用完，所以動力無窮。即使外面的巽不太順利，裡面的艮足以守住固有的東西。人生有時一路攻城掠地，只想著往前攻，沒有留守後防不動如山的基地大本營，結果一天到晚打遊擊，不斷取得新東西，最後卻統統留不住。所以寧願攻下一個山頭，穩扎穩打，外面有多少算多少；已有的絕不喪失，日後才能慢慢積累增加。曾國藩以一介文人帶兵，其實就是這種漸卦的模型——「動不窮」。他前面是屢敗屢戰，但最後成功了；反之，太平軍一路攻城掠地，勢如破竹，最後打到南京，可是後面打下來的鄉鎮都沒辦法守住。人生常常是這樣，一路衝，一路丟，後面的人就撿便宜。所以還不如有一個算一個，既然是我的，那就守住這個平台、山頭。所以，內止而外巽，就會「動不窮」。「動不窮」很重要，可以不斷地出招，卻永遠有後手。不像歸妹卦就只有一次，要麼成功，要麼失敗，這樣太冒險了，萬一失敗，那就什麼都落空了。

關於「進以正」，其實還有一句話叫「退以正」。漸卦最重要的就是第五爻的「進以正」，那麼，「上九」要退的時候，要不要「退以正」？事實上，爻辭就告訴我們進要以正，退也要以正。這就是乾卦〈文言傳〉講的聖人境界：「知進退存亡，而不失其正者，其唯聖人乎？」知進而不知退是一般人常犯的錯誤，很多人「進以正」，卻不能退以正，老想辦法延長任期。其實「進以正，可以正邦」，那是第五爻；第六爻要「居賢德善俗」，就不能戀棧，退也要以正。注意，「進以正」已經很難，上爻「退以正」，就是「鴻漸于陸」，退回三爻在下卦民間的位置。換句話說，做完「九五」，「上九」又回到「九三」民間的位置，領頭雁又回到雁群中。中國有一部《茶經》，作者的名字就是取自漸卦上爻：「鴻漸于陸，其羽可用為儀。」這就是陸羽的名字由來，他的字是「鴻漸」——陸鴻漸，都是取自《易經》。

「山上有木（漸）」中有「山上有火（旅）」

「山上有木」的漸卦，其實蘊含了山上有火（即旅卦䷷）的可能，這是什麼意思？也就是說，「漸」十年樹木成功，有豐美的樹林之象，卻隨時可能發生森林火災，一把火燒光光。漸卦的下一卦為歸妹卦，歸妹卦的下一卦是豐卦（䷶），豐卦的下一卦就是旅卦。也就是說，從山上有木——花很多時間造林成功的漸卦，經過跟它相綜一體的歸妹卦，還有豐卦，很可能會被旅卦的「山上有火」燒光光。所以造林極為不易，十年樹木，百年樹人，一瞬間就可以完成破壞。「山上有火」，就是因為「山上有木」，木頭是非常好的燃料，一不小心引起森林火災，根本就沒法撲救。

這是《易經》微妙的地方。「山上有木」，風景極美，可是要小心，山上也會有火。經過循序漸進、累日積年的工夫，可能一把火燒光。正因為這樣，那就更需要漸卦「上九」的修德，不要眷戀領導的位置，不然一切的紛爭都由此而生。這就是漸卦中有旅卦的提醒，星星之火可以燎原。

漸卦六爻詳述

漸卦六個爻的關係

漸卦六個爻就是鴻雁的六個落腳點。第一爻「鴻漸于干」，第二爻「鴻漸于磐」，第三爻跟第六爻都是「鴻漸于陸」，陸就是台地、平台。也就是說，第六爻登頂之後又回到原先小山上的平台，回歸到下卦民間，這就是所謂的有往有來。第四爻「鴻漸于木」，第五爻「鴻漸于陵」，陵就是大山之頂，君位的登峰造極；最後是第六爻的「鴻漸于陸」，也就是再回到第三爻低矮的平台。所以漸卦是知進知退的。

第四爻是上卦巽木的根，陰居陰位，也是「山上有木」的生機所在，吸收營養再往上竄的那個生長點；進一步就可以獵取大位，到達「九五」。但「六四」的競爭者不止一個，大家都在等著看能不能進位到「九五」，往往會面臨功虧一簣的局面。

六個爻中，三爻跟上爻是最重要的，都在同一個點上，就像候鳥都是往而復返，做過領導人，退休之後又回到民間，發揮餘熱。過去很多學者沒有把漸卦讀通，就擅自把「陸」字改了，因為他們覺得「九三」「鴻漸于陸」，飛到「鴻漸于陵」，再往上應該是更上一層樓了，怎麼又是「鴻漸于陸」呢？凡是他們不能理解的大概就是錯的，所以就自作聰明，沒有任何依據，就把上爻的「鴻漸于陸」改成「鴻漸于逵」。「逵」的意思是雲路，就像飛機航線一樣。這一改，漸卦好像步步高，最後竟然飛起來了。其實這種做法完全抹滅漸卦的精神。要知道，第六爻並不比第五爻高，而是能屈能伸，這才是大丈夫。

初爻：先求自保

初六。鴻漸于干，小子厲。有言，无咎。

〈小象〉曰：小子之厲，義无咎也。

初爻「鴻漸于干」，「干」就是水陸交界處，一邊是水，一邊是陸地；通常是曲曲折折的。鴻雁剛開始是在位置很低的水岸邊上，然後牠力爭上游，到比較高的河床上休息。從水裡到溪岸，中間彎彎曲曲的交界就是「干」。

「干」的原始意義是溪流與溪床的界限，也就是水陸交界處，說得通俗點，就是河之干——河岸。溪床上有石頭，所以第二爻才有「鴻漸于磐」。「鴻漸于干」是從水裡登陸上岸，「鴻漸于磐」是再往內陸推進，到了溪床上。然後再一步步到「鴻漸于陸」，集體離開溪床，離開穩固的大石頭，再飛到比較高的平台；然後再往上飛到「山上有木」的樹梢上。鴻雁要找地方棲息一定要有基地、大本營，而且要步步推進，不可能一下子登頂，所以第四爻「鴻漸于木」就非常重要。大家做好準備，往第五爻的高峰再飛。一鼓作氣登頂之後，到最後又回到「鴻漸于陸」。

干是河岸，這是我們熟知的。《詩經》裡頭有一首詩叫〈伐檀〉，其中有一段是：「坎坎伐檀兮，置之河之干兮。河水清且漣猗。不稼不穡，胡取禾三百廛兮？」「坎坎」，就是坎卦第三爻「來之坎坎」，「置」是放置。像坎卦上爻的無間地獄——「寘（置）于叢棘」。「置于」就是坎卦的象。

「干」的原始意思就是溪流與水岸的交界處。在水中界線不清楚可能沒關係，現在到了陸地上，陸地上的原住民就不見得歡迎你，因為你踩了紅線，越過界了。「干」就是你跨界到一個新地方，想要開拓新領域，可是別人會反彈。在此，「干」就有「求」的意思。我們都想追求一些東西，求名、求利、求學、求道，都是求。《論語》記載孔子有個弟子叫子張，相貌堂堂很會講話，可是他個性浮躁，人緣不好，同學們不喜歡他，但是他很喜歡做官。子張學「干祿」，「干」就是有所求；「干祿」就是求官，求官就有俸祿。我們到一個陌生領域，人家會反彈、杯葛，覺得我們干擾他們的生活，這就是「干犯」。然後，人家就會防衛、抵抗，不准我們撈過界。這時候「干」就是盾牌。在產生衝突時，要解決紛爭，每個人都要拿一個「干」，先求自保，立於不敗之地。

「鴻漸于干」的意思確實很豐富。過去說一個人在國防上有貢獻，就被稱為國之干城。「干」就是保護大家，不許敵人干犯我們。但攻擊的時候光靠干也不夠，還要用戈，這就是干戈。干是防守的盾牌，戈就是攻擊的戈矛。所以，不管是拿著干還是戈，都要先把自己保護好。

「小子厲」，小子就指一群年輕的鴻雁，在「鴻漸于干」的時候是很危險的。就像剛開始人生奮鬥的年輕人，進入一個陌生的新領域，地位很低，又缺乏經驗，必然也是動盪不安的。

「有言，无咎」，第一步能站穩了，在溪床上建立新的據點，這就一定要「有言」，有理論基礎，有一套戰略戰術。漸卦「上九」「太上有立德」，「九五」「其次有立功」，「初六」剛開始就有一套行動理論，這就是「立言」；第五爻就是立功，但是立功談何容易，到上爻則更難了，成功之後還能讓賢。換句話說，漸卦立言、立功、立德，三達德俱全；而「有言」是基礎。困卦也講「有言」，人雖受困，卻可以在困中體悟出一套理論、戰法，否則前面就不會有升卦。

「无咎」，有一套理論、戰法，就可以在不斷的實踐中嘗試改進，所以說「无咎者，善補過也」；然後站穩腳跟，建立灘頭堡，正如〈小象傳〉所說的：「小子之厲，義无咎也。」因為年輕，不可能一下就成功，這個階段一定飽嚐挫折。不過吃苦當吃補，在不斷的嘗試錯誤中，除了「有言」，還有實踐經驗，最後「无咎」，功力越來越強，可以繼續往內陸更高的地方推進。另外，「義」字也說明漸卦剛開始奮鬥時，要站穩腳跟，要「有言」，這是天經地義的，這樣才能慢慢入行，累積經驗，並加深同志之間的感情。因此「初六」爻變為風火家人（☲☴），在開創階段，大家都必須親如家人一樣地合作，由經驗不足到經驗豐富，很多的「言」（理論）也就在經驗的實踐中慢慢建立成形。而且，言也要隨時調整，就像革卦第三爻的「革言三就」，要創新、要革命，不是一蹴而就，需要一改再改，合乎實際的理論才經得起考驗。

漸卦初爻「鴻漸于干」，需要累積經驗，所以不要怕犯錯、失敗，更不要怕挨罵受氣。很多年輕人在職場一天到晚挨罵，這正是磨練心志，讓自己越來越成熟的好機會。所以，也有人認為初爻的「有言」就是挨罵，這就跟需卦第二爻和訟卦初爻的「小有言」有點接近了。不過，把「有言」

解釋成挨罵，就比較淺、比較容易理解；如果說是有一套理論，層次就高很多了。「言」是在不斷實踐中錘煉、調整到最後趨於完美，然後成為思想、理論，甚至成為主義。可見，「鴻漸于干」是人生進入新的階段，要經歷很多磨練，才可以建立自己的行動理論。

二爻：偏安一時

六二。鴻漸于磐，飲食衎衎，吉。

〈小象〉曰：飲食衎衎，不素飽也。

初爻成功建立灘頭陣地，就像二戰時美英聯軍在諾曼地登陸一樣，德軍的裝甲車來不及趕到，使得聯軍順利往前推進，建立比較穩固的陣地，後面就有源源不絕的補給。這就是第二爻的形勢——「鴻漸于磐」。漸漸進入離水岸很遠的溪床地帶，底下有大石頭，基礎越來越穩固。人生也是如此，先打好根基，才可以「鴻漸于磐」，如同群雁在穩固的河床石頭上棲息，建立奮鬥的基地大本營。就像產品有了市場佔有率，行銷管道很穩定。「磐」字在此是第二次出現，第一次是屯卦第一爻：「磐桓，利居貞，利建侯。」地基要打得深，才有穩定的陣地和平台。

「飲食衎衎，吉。」「衎衎」就是安和快樂的樣子。也就是說，飲食不愁，不會挨餓，而且可以放心地吃，因為已經建立穩固的人生平台。生活優渥，工作安定，前途大有發展。這一切都建立在「磐」的基礎上，結果自然是吉。這跟還在水邊隨時可能被趕下去的境況大不相同；從「潛龍勿用」到「見龍在田」；從「履霜，堅冰至」到「直方大，不習无不利」；從Nobody到Somebody，局面大為改觀。

但是〈小象傳〉提醒我們，一個人奮鬥到第二階段比較穩定的時候，千萬不要到此為止，不思進取。初爻因為日子苦，所以上進心很強，敢於迎鬥一切困難；二爻日子變安逸了，就容易忘掉過去的辛苦艱難，意志由此怠惰，這就是偏安的思想作祟。所以漸卦第二爻有時會貪圖苟安，不思進取，辜負原先立定的志向，沉浸在「磐」跟「飲食衎衎」的安定中，早已把前頭千辛萬苦爬高山的歷程拋諸腦後。初爻生於憂患，二爻死於安樂，這是一個隱憂；耽溺在不愁衣食的生活，將讓人喪失鬥志和前進的動力。

注意，漸卦跟需卦都談到飲食問題。需者，飲食之道也。〈大象傳〉說「君子以飲食宴樂」，需卦最主要的爻就是大家希望找到好吃的——「需于酒食，貞吉」。可是過分安逸也有壞處，人會失去奮鬥的志向。所以漸卦第二爻的〈小象傳〉馬上提醒我們：「飲食衎衎，不素飽也。」事業基礎既然這麼穩固，資源不虞匱乏，千萬不要因為太舒服，飽食終日，無所用心。最怕的是第二爻的安逸造成墮落，這樣，漸卦就根本沒法完成任務；最可怕的就是在安逸的環境中沉淪墮落，直到被消滅。

因此，「初六」的奮鬥到第二爻稍有成就，就想放縱自己，這也是多數飲食男女共同的問題。如果放縱自己，不再要求自己往更長遠的目標發展，人生可能就到此為止，甚至從此埋下將來崩潰的因子。我們要知道，只有暫時偏安，不會有永遠的安逸。在這麼好的生活條件下不思進取、尸位素餐，這怎麼行呢？《詩經・伐檀》詩中有「彼君子兮，不素餐兮」，說的就是這種人。素就是空，追逐逸樂，全無雄心壯志，白白浪費前人奠定的基礎；清朝後代是這樣，太平天國也是這樣。

清朝剛剛崛起時，才一點點兵馬，就把大明朝給滅了，他們在白山黑水間靠十三副戰甲起事的時候是「鴻漸于干，小子厲，有言，无咎。」等到最後入關，進了北京城，就變成「鴻漸于磐，飲食衎衎，吉。」征服天下的八旗綠營一進繁華的北京城，就徹底失去了戰力。太平天國也是。最早他們在廣西金田村起義，一路摧枯拉朽，戰無不勝，把清軍打得稀里嘩啦，然後攻進南京城；沒想到南京城的繁華，卻是埋葬太平天國的地方。太平天國就是在「鴻漸于磐」之後開始走向失敗。這些人完全沒想到只能偏安一時，滿以為只要有塊地方，就可以過過稱心如意的小日子，好好享受，其實鬧到最後，連站腳的地方都沒有。在窮鄉僻壤揭竿起義時是「鴻漸于干」，「小子厲」，都是一家人，「有言，无咎」，很有志氣，一氣打到南京城。結果「鴻漸于磐，飲食衎衎」，初步是「吉」，最後卻完了，第三爻的內鬥分裂就是這麼來的。

所以，「六二」的〈小象傳〉就提醒我們安逸的環境不能長久，在這個位置上，仍然要勵精圖治，設法往下一步推進。

再仔細看「衎」字，「行」是所有的行為、行動，但「衎」字裡面就藏著一個「干」。所以初爻到二爻還是有聯繫的，人生奮鬥的第一個階段還是很緊張，每個年輕人手裡都拿著盾牌，一方面手牽手合作，一方面自我防衛；等到第二爻既得利益到手，第三爻就開始內鬥了。初爻的時候盾牌有明顯的防衛意識，第二爻日子過得不錯，盾牌就藏起來了，但所有的行為裡還是有防衛意識。所以「飲食衎衎」就是保持武備不懈怠的象，只是程度不一樣，明顯可見的「干」，藏在「行」之中，所以有「衎衎」的結果。在這種情況下，如果沒有進取心就可能墮落；若有進取心，就懂得居安思危，而且會一步一步圖謀進取，立於不敗之地。

「六二」爻變為巽卦（䷸）。漸卦中有巽卦的象，就是所謂的潛移默化，不著痕跡，一步一步來。但「干」不管是放在外頭還是藏在裡頭，絕對不可輕忽，一定要有所戒備。一個團隊更應該如此，千萬不要因為吃喝疏忽了「干」的準備或者失去繼續進取的雄心，不要學太平天國。

三爻：回歸大本營

九三。鴻漸于陸。夫征不復，婦孕不育，凶。利禦寇。

〈小象〉曰：夫征不復，離群醜也。婦孕不育，失其道也。利用禦寇，順相保也。

第三爻開始內鬥，出現離群的孤雁，想脫離團隊。這是漸卦中出現的變奏，初爻、二爻基本上很團結，但是從憂患到安樂之後，就有家人睽的可能。一個人剛開始從團隊中得到很多資源，他的人生因此變得比較順利了，但是他成功之後，翅膀硬了，反而覺得團隊拖累他，甚至覺得團隊中有人反對他、壓制他（內卦為艮，代表內卦有阻礙，形成派系鬥爭）。內部嫌隙漸漸滋生，一旦爆發衝突，只要有人認為團隊不能滿足他的個人欲望、無法幫助他達到個人目的，就會脫離團隊，另外成立新團隊。

第三爻就是在團隊中不得意，於是想「此處不留人，自有留爺處」，結果處處不留爺，就像石達開一樣，最後家破人亡。他也是在內鬥的時候乾脆把十萬核心部隊拉出來，很多人跟著他走，生死相隨，但一路被清軍追擊，最後在大渡河被困，全軍覆沒。

第三爻因為團隊出現裂痕，憤而出走，最終造成自己的覆滅。人常常是這樣，當自己有成就時，沒想到其實是因為後面有一個團體在支撐自己，就像大公司的經理人，他總認為自己是世界一流公司的經理人，卻忘了自己後面有塊鐵招牌撐著；等到他出來創業，成為一個小公司的老闆時，才發現自己變得啥都不是。所以，人生等閒不要輕易離開團隊，沒有團隊，就沒有個人。這是漸卦的團隊精神主旨。可是，「九三」過剛不中，剛愎自用，已經是一個派系的山頭，在派系鬥爭中，十有八九會憤而出走，結果什麼也混不出來。那麼，要不要回頭，團隊要不要再接納他，這也是這個爻要討論的問題。

「九三」「鴻漸于陸」，整個團隊已經奮鬥到一個比較高的平台上棲息，這裡既不是「磐」，也不是「干」，再往上看就是君位第五爻。三與五同功而異位，如果要往君位前進，中間還卡著第四爻這一關，而且競爭的人很多。「九三」的派系不知有多少，派系之間的爭鬥很可能造成團隊分裂。所以爻辭講完「鴻漸于陸」之後就不再講鴻雁，而是講夫婦之道。

三爻跟五爻都以夫婦取象。「夫征不復」，「征」就違反了漸卦卦辭要「利貞」的大原則。貞是固守，跟團隊一起固守。如果不願固守，孤軍出戰就是「征」。「征」是歸妹卦的行為，「征凶，无攸利。」漸卦與歸妹卦相錯相綜，歸妹卦的感情衝動就會影響到漸卦「九三」這個爻，道力不堅，業力如山，太迷信自己，覺得團隊是他造就的，忘掉團隊給他很多支持。所以離群的孤雁——丈夫就離開家，出門找外遇、找新的發展機會。這就是「夫征」。照講內卦為艮，是止，「九三」宜固守不動，可是他偏不信邪，迷信自己的力量，帶著嫡系部隊衝出去。結果很抱歉，「不復」——回不了家，沒有創造出可觀的局面。

還有「婦孕不育」，有夫就有婦，「九三」有兩個婦，一個是家裡的黃臉婆，就是「六二」。

「六二」跟「九三」陰承陽、柔承剛，是「九三」陣營中的賢內助；另外一個婦就是外面的「小三」——「六四」。因為「六四」和「九三」陰乘陽、柔乘剛，情欲蒙蔽理智，代表飛上高枝的鳳凰，可是關係不正常。所以「九三」想去征服「六四」，結果卻回不來了；當然最後可能被「六四」甩了，因為「六四」想跟著「九五」，「六四」、「九五」陰承陽、柔承剛，關係很好。所以，「九三」出外不成，家裡又背叛了「六二」。

「夫征不復」是貿然出走，「婦孕不育」是胎死腹中，生不出孩子。「夫征不復」，是人心常見的問題，在非正常關係之下，很難生生不息；就像「六四」是「九三」往外發展的對象，因為關係不正常，生下來也是私生子，無法光明正大地撫養長大，那就叫「婦孕不育」。可是要注意，「六四」是外面高智商的鳳凰，對「九三」來講確實值得往前衝，可是他已有家室「六二」，也有小孩——「初六」的「小子」。「九三」本來在家待得好好的，可是「九三」看到外面的「六四」穿著入時、風光亮麗，地位也比較高，自然就巴著去追求，於是離家出走，夜不歸營，遺棄了「六二」跟「初六」。

但是「九三」跟「六四」關係不正，貿然衝出去，結果「夫征不復」，回不了家。「九三」跟「六四」雖然是不正常的陰陽互動關係，但是私通久了，「六四」還是會懷孕，只是沒法生出來；因為私生子不能曝光，不能得到正常養育，沒有合理合法的地位。即使生下來，「六四」也會因此喪盡顏面。這就代表這種結合不會有未來、不會有結果。而且「六四」真正想要的是「九五」，想進一步進大位；加上「六四」跟「九五」的關係是正常的，跟「九三」的關係反而是不正常的，所以「九三」夫征不復，「六四」即使有孕也會胎死腹中，沒有合法地位。

既然「六四」最後不跟「九三」生小孩，為什麼還有這麼一段呢？因為「六四」要拿「九三」解悶。「六四」真正想要的是「九五」，但是有那麼多「六四」在爭「九五」這個大位，她反正閒著也是閒著，搞個外遇剛好打發時間。這就是「九三」搞不清楚的地方。從「六四」看，長期來講，跟「九三」的關係一定落空。我們常說人生有兩個「守」，如果不能守身如玉，就要守口如瓶。講得真好！如果能守身如玉，也就沒有守口如瓶的問題了。「九三」、「六二」、「六四」、「九五」，他們之間的關係，看清楚了嗎？人都想往高處爬，卻瞎搞了一段，到最後啥也沒有，「夫征不復，婦孕不育」，結果還凶，好慘！你認為是一個好機會，結果卻一事無成，沒有任何人承認你。而且你已經離開團隊，如果團隊不接納你，那就兩頭落空，只能像遊魂一樣到處飄盪。這時，與其在夾縫中高不成、低不就，兩頭落空，如果「六二」、「初六」還願意寬懷接納，不如及時回頭。這是《易經》對「九三」的建議。原先叛離團隊、拋妻棄子，最後他們還是希望你回來，畢竟是一家人，可以共同「利禦寇」。既然進取無望，那就回頭固守，也許還綽綽有餘，因為有一個不動如山的平台當後盾。這和蒙卦上爻有點相似：「擊蒙，不利為寇，利禦寇。」「夫征不復」就是「為寇」，其實「九三」當時衝出去，是看「六四」蠻好，結果什麼也不能成。「六四」對「九三」來講根本不是婚媾的對象，而是寇。可是有些人會誤判，當然要付出代價。所以，這時候還是回頭跟原來的團隊——「六二」、「初六」合起來「利禦寇」，抗拒「六四」的誘惑。這樣的做法才對，先保本再說。

好，我們看〈小象傳〉：「夫征不復，離群醜也。婦孕不育，失其道也。利用禦寇，順相保也。」寫得很工整，意思也明了。人生在漸卦「九三」因為一時衝動而犯錯的時候，最後的經驗法則就是「夫征不復，離群醜」；離開了本家「六二」跟「初六」。「醜」字有醜陋的意思，「九三」就是嫌「六二」黃臉婆太醜，而「六四」像名模一樣要多美有多美。結果名模不能生小孩，而你已經拋妻棄子。醜就是針對「九三」的作法作價值判斷。如果持中性觀點，醜就是「類」的意思，「離群醜」就是離開了「六二」和「初六」這一類，而這一類恰恰是其生命根源。

「婦孕不育，失其道也」，意思很簡單，因為不合正道，迷途了。失道通常就是觀念不清楚，方向錯誤。「夫征不復」的時候就已經確定「婦孕不育」，不可能走出新路子來。那麼最後要不要回來，「利用禦寇，順相保也」？已經對不起家人，又不被外人接受，這時唯一的退路就是懺悔，希望「六二」、「初六」還能接納，回歸組織團隊；因為你還是有本領的，回歸團隊，可以增強彼此共同共守的防衛實力。「九三」跟「六二」、「初六」「順相保」，再也沒有不切實際的其他想法。

不過話又說回來，如果已經知道是不復、不育，那當初還出去幹什麼呢？豈不是浪費生命？然後平白內耗好多年，後面再低聲下氣的回來。這樣看來，「順相保」其實是沒辦法中的辦法，除非你不想混了，不然就只有這條路子。所以離群的孤雁飛不久，最後還是要回到雁陣中來。

「九三」爻變為觀卦（䷓），說明當時嫌團隊進度太慢，想單飛闖天涯，就是對形勢的觀察、判斷有問題。所以，人生在衝動的時候，想要「夫征不復」，採取決絕行動時，一定要冷靜觀察，要是判斷錯了，就要繳一筆昂貴的學費，還不一定回得來。即使回來，人家心裡對你也是大打折扣。

四爻：穩固的落腳點

六四。鴻漸于木，或得其桷，无咎。

〈小象〉曰：或得其桷，順以巽也。

第四爻真的進取了，飛上高枝做鳳凰，下一步就是進取「九五」大位。但是高處不勝寒；乾卦第四爻「或躍在淵」和坤卦第四爻「括囊，无咎无譽」的感覺也隨時存在。

「六四」「鴻漸于木」，而且山風野大，隨時可能被吹下來。「或得其桷」，「桷」是方的椽子，「或」含有不確定性，要看運氣。這就說明第四爻雖在高位，但好的位置少，安全的位置更少，而且離成功只有一個爻。第四爻既然已經站在被大風吹得搖搖晃晃的樹梢頂端，而且要使雁群在山風狂嘯的樹梢上站住腳棲息，那就不是一般的難。要知道，「六四」不止一個，都想找到「鴻漸于木」的好位置。在激烈競爭的局面中，因為不是只有一個團隊，只能看哪個團隊站得最穩，在劇烈的鬥爭中不會垮台；但是「或得其桷」，充滿不確定因素，誰能得到，誰就無咎。因為絕大部分樹枝都是圓的，「桷」是方的木頭，鳥用爪子抓著，站在上面，不管風怎麼吹都很穩當。對鴻雁來說，因為牠有腳蹼，圓的樹枝比較抓不住，方的桷木因為是多角形的斷面，是安全的好位置，但這種木頭如鳳毛麟角，數量很少。鴻雁的蹼在初爻「鴻漸于干」的時候是很有用的，可以用來游水；等到第二爻它上岸之後，蹼就沒用了，可是蹼永遠跟著它；等到第四爻的時候，腳蹼就會成為累贅，要在方的木頭上才站得住。找不到方的木頭，站在圓木上，風一吹就被打下擂臺，那就是真正的是「在淵」了，又回到初爻。

這個與生俱來的腳蹼曾幫助鴻雁成功，在最後登頂的時候反而成為包袱，但是腳蹼與鴻雁是不可分割的。漸卦、歸妹卦有個最重要的特點就是不可分割，在鴻雁團隊中，個體不能跟團隊分割，離群的孤雁非死即傷。現在的環境不需要蹼，可是無法切割；而有蹼就沒有好位置，要找到方的木頭棲息，才是真正穩定的高位。可是沒那麼多好位置，必須碰運氣。

不過，漸卦的風根，「六四」為上卦巽是靈活變通的；「六四」是高層，有了一定的地位和財富，但是到這個位置還不算成功，要找桷木棲息，等到其他那些站在圓木上的都被吹下去的時候，才有機會攀登大位。在「鴻漸于木」的時候「或得其桷」就無咎；要是找不到「桷木」，就不能無咎了。〈小象傳〉說：「或得其桷，順以巽也。」上卦是巽，低調深入，不輕易得罪人，因為競爭者還剩下最後幾組，誰能登上「九五」大位，整個團隊就有穩靠的棲息地。

五爻：夢圓山頂

九五。鴻漸于陵，婦三歲不孕，終莫之勝，吉。

〈小象〉曰：終莫之勝，吉，得所願也。

第五爻「鴻漸于陵」，屬於登峰絕頂的王者，這種機會絕少，但漸卦的「九五」做到了。「婦三歲不孕，終莫之勝，吉。」夫婦的象又出現了。「九三」「鴻漸于陸，夫征不復，婦孕不育」。「九三」就是夫，「婦」是指「六四」那個外面的野女人，結果她「孕不育」。「九五」「鴻漸于陵」，也是從夫婦取象。「九五」是丈夫，終年在外拚事業，終有一天大成。人在拚事業的時候，大概少有家人相聚的機會，所以妻子三年都無法懷孕。「三年」就是隔三個爻，「九五」的婦就是「六二」。「二」跟「五」相應與。「六二」「鴻漸于磐，飲食衎衎」，現在雖然「鴻漸于磐」，中間可能有非常多的磨難，但不能不思進取，目標放在三個爻以外的「鴻漸于陵」，終有一天會成功，只是現在連續三年都不孕。「不孕」跟「不育」不同，第三爻的對象「六四」已經懷孕，但胎死腹中；第五爻的對象「六二」則是連懷孕的機會都沒有，當然更不會「育」。再者，三爻的「婦孕不育」是非法懷孕，五爻「婦三歲不孕」是合法的，一有機會還是可以懷孕——「終莫之勝」。為什麼三年不懷孕？因為五爻跟二爻之間有重重阻礙，各種內外形勢使得他們無法相聚，但因為他們意志堅定，最後丈夫功成名就，夫妻團圓，所有造成「婦三歲不孕」的阻礙都被「九五」克服了。結果「終莫之勝」。這也是鴻雁不再偶的群德。

「終莫之勝」，這個爻歷盡千辛萬苦，經過長期奮鬥，最後「吉」。爻變就是艮卦（䷳）；排除種種障礙，最後登峰造極。人生就是這樣，很多障礙不讓你成就，如果你的道力超過業力，成功終究屬於你。故〈小象傳〉說：「終莫之勝，吉，得所願也。」「得所願」就是以大團圓收場。整個雁群歷盡千辛萬苦，由「鴻漸于干、鴻漸于磐、鴻漸于陸、鴻漸于木」，最後「鴻漸于陵」。

「終莫之勝」，與賁卦第三爻的〈小象傳〉頗為相似，賁卦「九三」「賁如，濡如，永貞吉」，「終莫之陵」，最後超越所有小山的障礙，登上大山之頂。「終莫之陵」和「終莫之勝」，都是人生歷盡千辛萬苦，最後圓夢，這是很過癮的經驗。但這一切只是成功而已，還算不上是成德，成德是上面的第六爻。

上爻：功成不居

䷴

上九。鴻漸于陸，其羽可用為儀，吉。

〈小象〉曰：其羽可用為儀，吉，不可亂也。

「九五」任期一滿就要進入「上九」，就像整個雁群登上絕頂，在峰頂上待久了也受不住寒冷，馬上就得下來；而且鴻雁也不能永遠霸住頂峰，畢竟還有很多人等著登頂呢。把位置空出來，回到下卦第三爻民間的位置，安心做大老，才是「上九」的境界——「鴻漸于陸」。

「其羽可用為儀」，這是一個高度的象徵。鴻雁的羽毛很輕，象徵鴻雁把個體名位看得很輕，把團體看得很重。這樣的品德可作為眾人仰望的德行標準。一旦退下來，不干政，不下指導棋，整個團隊徹底「裸退」。這就是「功成而不居」，是知所進退的成功、成德典範，是最高的成就，結果當然是吉。

〈小象傳〉說：「其羽可用為儀，吉，不可亂也。」規矩一旦定下，不管是誰都不能戀棧，大老該下台就下台，讓老大放手去幹。「不可亂也」，誰都不可以破壞規矩。這樣就維持了漸卦貫徹始終、終而復始的象。但是，上爻爻變為蹇卦（䷦），說明實際貫徹起來很難，很多人就是捨不得過去的輝煌。

「其羽可用為儀，吉」，也是從武備進入文德的過程。文德就是鴻雁羽毛的象，上爻就是和平不爭，懂得謙讓。所以漸卦從初爻一路上去，以武備取得江山之後，最後還要修文德，由武而文，這是非常完美的過程。

占卦實例1：極樂世界在哪裡、《心經》的宗旨等

首先是新加坡華僑銀行在臺灣的分行出了大問題。有位朋友想組成雁行團隊併購銀行，或者被銀行併購，藉此解決華僑銀行的問題。結果他占的卦是漸卦動二、四、上爻。這三個爻看起來不錯，但不要被爻辭誤導，結果當然是失敗的。漸卦動二、四、上爻，齊變就是大過卦（䷛）。大過是崩頂之象，後來這個銀行也真的垮了，董事長、總經理很快就離開華僑銀行。

其次就是有人問極樂世界在哪裡？學佛的都認為極樂世界在西天，我們很想去極樂世界，只好占卦問問，得風山漸第五爻、第六爻動。極樂世界在第六爻，第六爻是宜變之爻，第五爻成功登頂，第六爻成德。極樂世界在風山漸的五爻、上爻動，而且主要在上爻，這個意義就很深刻、很啟發人。漸卦五爻、上爻動是天地人鬼神皆具的謙卦（䷎）。漸卦第五爻是登峰造極，第六爻脫胎換骨，但是「鴻漸于陸」，又得回歸內心，也就是第三爻。所以，極樂世界就在人的內心，心淨則國土淨。第三爻在下卦，剛修的時候充滿阻礙，「夫征不復，婦孕不育」；等到修成了，還是得回到這裡來。也就是說，不要往外面找極樂世界，就在你的心裡面；此岸就是彼岸，娑婆世就是極樂世，心一動就是菩提境界。其實佛經裡講的都是這個道理，一般人老是到外面去找高山，看看印度有沒有、尼泊爾有沒有？等到你爬到珠穆朗瑪峰上面，還是找不到靈山淨土。佛說跳出三界外，等到你真的跳到三界之外，其實還在三界裡，只因心淨了，你看到的東西就不一樣了；心不淨，就是飛上天也還不是樂土。而且極樂世界是循序漸進，慢慢開顯出來的。

第三是關於佛教的《心經》。《心經》的宗旨是什麼？結果是風山漸三、五兩個爻動，整部

《心經》講的就是這個境界。它是個什麼象呢？這兩個爻齊變就是剝卦（䷖）。也就是說，剝才會復，所以最高的妙智慧，就是「觀自在菩薩，行深般若波羅蜜多時，照見五蘊皆空，渡一切苦厄」。「五蘊皆空」就是剝；復卦的見天地之心就可以「渡一切苦厄」。這個過程也是經過三爻，然後到五爻登頂。漸中有剝的象，就是剝掉外面的假象，把復的核心體證出來。所以，《心經》和極樂世界的定義異曲同工，不剝就不能復。

還有一個占例是關於西藏的葬禮。西藏有天葬、水葬。天葬的地方我們到不了，但水葬是公開而且集體進行的。漢人一般都認為入土為安，見到這些場景當然會覺得怪。像天葬是讓老鷹吃光屍體，水葬就是丟下水去讓魚把屍體吃掉。我在水葬場體會它的氣場，占卦一問也是漸卦三、五爻動，結果是剝卦。漸卦剛好是歸魂卦，而且是一批一批地進行，漸中有剝象，就是把軀殼這副臭皮囊集體扔掉。

再看一個占例，這是漸卦三個陽爻三、五、上爻動，貞悔相爭，結果變坤卦（䷁）。第三爻會遇到很多發展中的困境，到了第五爻則登峰造極，第六爻是和平的象徵，這是一個完美的成功模型；三爻齊變是坤卦的廣土眾民、厚德載物，整個發展策略就是順勢用柔。這個卦象是關於未來二十年中國海權的發展。也就是說，中國海權的發展在未來二十年會像三爻一樣遭遇一些障礙，但是到了五爻就登峰造極，上爻獲致和平；而且二十年的發展循序漸進，成就相當可觀。

占卦實例2：臺灣高鐵興建可成

一九九八年十一月中，臺灣高鐵興工在即，富邦集團為股東之一，蔡明忠自占未來前景，為漸卦四、五、上爻動，「九五」值宜變為艮卦，齊變成小過卦。漸卦為雁行團隊，工程太大，所以要組高鐵聯盟，而BOT的興建營運方式，廠商、政府、銀行三方面，也構成一更大的團隊，須密切分工合作，才能成功。卦名為漸，表示工期會拖長；變為小過卦，歷程中事故不斷，但非大過卦，不至於停擺。上卦三爻全動，團隊的領導階層可能會有極大異動，「九五」君位為主變量，影響很大，爻辭稱：「鴻漸于陵，婦三歲不孕，終莫之勝，吉。」〈小象傳〉：「得所願也。」突破萬難，仍能興建成功。

結果高鐵施工期間狀況不斷，原始股東變動甚大，等於只有領頭的大陸工程董事長殷琪撐到最後，難怪卦辭稱：「女歸吉，利貞。」不僅廠商高層變動，連國民黨下台、民進黨上台都有顯示。不管如何變動，從李登輝到陳水扁，最高領導人對高鐵的支持不變，所以能堅持完工。

「九五」爻辭「鴻漸于陵」之後，「上九」又復「鴻漸于陸」，候鳥飛去飛回，也完全切合BOT的興工模式：民間興建、營運一段時間後，將產權歸還政府。易占預斷大事，信息如此豐富，真是神機妙算，令人讚嘆！此占為蔡明忠初學乍練所為，他雖不會斷，演卦卻精確無比，易占不欺生也！

永終知敝——歸妹卦第五十四（䷵）

《易經》參考書目介紹

在進入歸妹卦之前，我想就《易經》的參考書目和大家說一下。首先是民國初年著有《杭氏易學七種》的易學專家杭辛齋，他的《學易筆談》是筆記式的，因為理氣象數具備，這本書很值得看。杭辛齋對《易經》下了很多工夫，算是民國奇人。《四庫全書》總共只有三、四百種《易經》註本，他卻看過六、七百種，可能是有史以來看過最多的人，所以他能成一家之學。杭辛齋的著作很值得研究。

宋代的程頤著有《程氏易傳》，但只講義理，在象數方面比較弱，專講做人做事的大道理。朱熹則偏重卜筮，他的《周易本義》比較審慎，不懂的不會裝懂。比較起來，杭辛齋才是真正博學，他懂得很多東西，而且言之有據。

還有民國初年的周善培寫過一本《周易雜卦證解》。他講的「雜卦」不是〈雜卦傳〉的「雜卦」，而是用〈雜卦傳〉來解釋中爻互卦——即卦中卦的現象，一個卦裡面不是只有二、三、四、五爻構成的卦，還藏了另外四個卦中卦，他利用這個概念從第一卦講到最後一卦，包括〈繫辭傳〉等〈易傳〉，統統用這一套去串。當然不是全部都通。另外他舉了很多歷史事例印證《易經》的自然法則，成一家之言。他的理論未必能全信，但他有很多突破性的觀點，頗能啟發我們的靈感，很值得關注、發現。不像現代很多《易經》著作，不是剪刀漿糊，就是胡說八道。

對《易經》有興趣的讀者，喜歡創新思維的可以看杭辛齋和周善培的易學著作；喜歡規規矩矩的思想，就讀《程氏易傳》和《周易本義》；若有哲學思考的興趣，還可以看《船山易傳》。但王夫之的《周易內傳》、《周易外傳》讀起來很累，文字深奧，但思想十分深刻。

拋開以上幾種著作不說，最起碼要讀的是義理易開山祖師王弼的《周易注》、《周易略例》。內容很少，但理論架構健全。他是中國文化史上的奇才，年僅二十四歲，但後人研究《易經》、《道德經》等，無不以他的學說為基礎。

歸魂二卦——漸卦與歸妹卦

「歸魂」二字令人怵目驚心。歸妹卦是八個歸魂卦之一，我在講漸卦時也提過歸妹卦，但歸妹卦最特殊的是，它是歸魂中的歸魂卦，因為它是京房八宮卦序最後一宮兌宮的歸魂卦。所以歸妹卦以前被稱作「大歸魂」，是歸魂中的歸魂。「歸」這個字就有最後歸宿的意象，人生的最後歸宿究竟如何？中間都是過程。

歸妹卦和上一卦漸卦相錯又相綜。相綜的卦本為一體，所以相錯綜的卦一定要從總體去看。

漸卦的發展是循序漸進的，這就可能讓人失去耐心，而有歸妹的衝動。人有時候很理智，一旦感情衝動，就會失去耐心，但越急越無法搞定大事，就像少女急著出嫁，就很可能闖禍。歸妹卦（䷵）下卦、內卦的兌是待字閨中的少女，一旦春情發動，到了適婚年齡就想嫁人。嫁人當然要選理想的終身伴侶。而她看上的是外卦、上卦的震卦長男，叱吒風雲，充滿行動魅力；「帝出乎震」，是枱面上的明星、英雄，這對在下卦的少女就構成致命的吸引力。台上的人未必看得到台下的少女，而且台上的震是少數的，台下的少女「粉絲」一堆。每一個台下的兌看著台上的震都覺得魅力無限，眼光隨著他轉。這樣就很容易產生歸妹的衝動。在感情衝動、情欲衝動下倉促行事，最後必然一場空；因為草率行動，往往葬送了終身大事。這是歸妹卦跟漸卦特別不一樣的地方，光從卦象就可以看得出來。

二十一世紀女性的地位

我們都知道，《周易》是以乾卦為首，商代的《歸藏易》是以坤卦為首，又稱《坤乾》，象徵「萬物莫不歸藏其中」；即一切都來自母親簡狄（傳說中，商人的祖先為「契」。契的母親叫簡狄）。引申為人類的文化與文明，都以大地為主；萬物皆生於地，又終歸藏於地。可惜的是，《歸藏易》已經失傳很久了。

《周易》至今已有三千一百多年，隨著時代變遷，坤卦所代表的女性，很可能會在二十一世紀抬頭；包括經濟、政治各領域，明顯都有陽衰陰盛、陰長陽消的現象。這個趨勢已受到很多人的肯定。對於這個問題，我一般的習慣就是用《易經》去驗證。結果二十一世紀的女性運勢是完全不變的大有卦（䷍），「元亨」。可見女性抬頭是必然的；說不定還是由女人發號施令，「遏惡揚善，順天休命」。而且「大有」是普遍的、國際化的，亦即全世界的女性都會抬頭。大有卦卦象是一陰五陽，一陰在君位「六五」，五陽皆俯首稱臣。《易經》的回答真讓男人失望。

那麼，男性在二十一世紀的地位如何呢？卦象是復卦（䷗）初爻、上爻動。復卦初爻代表男性本來還擁有核心競爭力，但大勢不妙，從復卦初爻走到上爻，上爻是男人的厄運，「迷復，凶，有災眚」，天災人禍都往男人身上砸。然後呢？「用行師」，男人不服氣，拚命要跟女性抗爭，「終有大敗」。更氣人的是，「以其國君凶，至于十年不克征」，一蹶不振。復卦由初爻到上爻是越來越衰微的象，越走越偏。兩個爻動又有剝卦（䷖）的象，「遇復之剝」，「不利有攸往」，好慘！剝卦是「柔變剛也」，「小人道長，君子道消也」。這是《易經》揭露二十一世紀男人的處境，我當然希望它來得慢一點，最好在我們有生之年都不會有明顯的消長，不然很多男生要集體自殺了。笑話歸笑話，但這個趨勢是非常明顯的，男人已經得意三千年，換女性抬頭又何妨？

隨、蠱、漸、歸妹四卦錯綜的卦際分析

隨、蠱和漸、歸妹這兩組卦是《易經》中除了泰、否跟既濟、未濟兩組卦之外相錯綜的卦。這四個卦關係密切，我們放在一起分析。

隨卦（䷐）中有風山漸的象，二、三、四、五爻構成的卦中卦就是漸卦（䷴）。那麼蠱卦（䷑

）的二、三、四、五爻構成的肯定就是雷澤歸妹（䷵）。「蠱」中有「歸妹」，蠱卦本有誘惑、蠱惑的象，有了歸妹卦，就更容易被情欲蠱惑，發生不正常的關係。相對來說，「隨」中有「漸」就相當正面，一個是「元亨利貞，无咎」，一個是「女歸吉，利貞」，兩個卦都很好。

除了隨、蠱和漸、歸妹相錯綜之外，澤雷隨跟雷澤歸妹又是上下交易的交卦，其實就是少女跟長男的關係；只因上下互動的位置不同，就產生截然不同的結果。風山漸跟山風蠱互為交卦，就是少男跟長女之間的對應關係，也是上下、內外的不同，就會產生不同的卦。

假定隨卦跟漸卦是比較正面的，用在陰陽老少四個卦——長男、長女、少男、少女，如果相對關係配對正確，就可能產生比較好的卦，像澤雷隨跟風山漸。澤雷隨為什麼「元亨利貞，无咎」？因為長男在下、少女在上。照說長男的實力遠超過少女，但長男甘居內卦、下卦，讓少女在上、在外，即使對她百依百順，也不會逾越大原則；這種隨和的關係，就產生了隨卦的「元亨利貞，无咎」。可是，長男跟少女的關係如果放在歸妹卦的情境就很不好了，震卦長男在外卦盡情表現實力，兌卦少女癡癡地在台下做「粉絲」。「歸妹」又有私奔的象，結果就是送上門的不會真正受到重視，而且那個長男也不見得用情專一，結果導致歸妹卦的悲劇。如果上下對調變成澤雷隨，主動、被動上下易位，卦的性質就完全相反。同樣是長男、少女，位置不同，吉凶禍福迥異。

蠱卦是長女和少男的互動，卦象是女惑男、風落山；長女在下，少男在上，少男經驗不足，被長女蠱惑，所以產生很多弊端。但是，如果上下對調，就變成非常好的風山漸，長女在上，少男在下，這跟長女誘惑少男的蠱惑之象又有不同。不僅風氣正，而且結果超好。換句話說，長女、少男不是不能配，而要看怎麼配；像大過卦的老夫、少妻配和老妻、少夫配，也是結果迥異。玩味其中的意思，十分有趣。同樣的材料，相對關係不對，可能就搞壞了一局棋；相對關係擺對了，結果就很好。就像風山漸是少夫老妻配，但結果是「女歸吉，利貞」。臺灣有句俗話說「娶大某，坐金交椅」，意思是說，妻子年紀略長幾歲就可以享福了；因為她比較細心，什麼都幫你照顧到了。漸卦就有一點是這個象。

歸妹卦是台下想台上，盲目的偶像崇拜，震卦長男的魅力讓兌卦少女如癡似狂，結果卻不可能結合。這是歸妹卦的警醒，我們對一個充滿誘惑的東西嚮往不已，一旦心旌動搖，肯定失去冷靜；沒有掂量彼此相稱的關係而孤注一擲，希望一步到位，就會產生歸妹卦的慘痛結果。

歸妹卦的結構分析

漸卦和歸妹卦都是三陰三陽的卦，六十四卦中有十組卦是如此。除了相錯綜的隨（䷐）、蠱（䷑），泰（䷊）、否（䷋），既濟（䷾）、未濟（䷿）這三組之外，還有噬嗑（䷔）、賁（䷕），渙（䷺）、節（䷻），豐（䷶）、旅（䷷）等，都是陰陽總量三比三的卦。值得注意的是，只有陰陽三比三的卦才有可能相錯綜，這是數理的必然。三比三的卦雖然陰陽均等，但互動關係錯綜複雜，其中蘊含的智慧，跟這種奇妙的結構是有關的。這幾個卦雖然比較難於理解，但也很有趣。

生命的最後歸宿——大歸魂的歸妹卦，雖然陰陽三比三，其實並不均衡，因為是長少配——長男跟少女。而且上下一隔開，這種不均等、不平衡的態勢就更為明顯，以致產生妄想、感情用事。歸妹卦的結構藏在很多卦象中，所以它對很多卦也有深刻的影響。如果一個卦裡頭包含了漸卦，那種冷靜、重視團隊精神、不凸顯誇張自己、懂得循序漸進的情操，就會讓那個卦受到漸卦的感染。如果歸妹卦躲在別的卦裡，就像孫悟空躲在妖魔的肚子裡頭，就會把它搞得稀里嘩啦，因為歸妹的炸藥埋藏在那裡。例如第十二卦泰卦（䷊）就有歸妹的象，二、三、四、五爻構成的卦中卦就是雷澤歸妹（䷵），所以才會泰極否來，好景不常。大家應該記得「泰否曲線圖」，泰的曲線快速衝上去，但很快就下來，因為有歸妹卦的得意忘形，一衝動就急速擴張，使得泰卦三個陽上去之後，很快就「城復于隍」跌回原點。很多梟雄就是如此，狂風暴雨般起來，又劈里啪啦結束。泰卦中含有歸妹卦的象，是對人生的警告；人在得意時如果不懂得節制，用內在修為化掉「歸妹」的衝動，那麼一定會出事。等到泰卦中的「歸妹」走完，馬上就是第六爻的「城復于隍」。換句話說，歸妹卦的急切放縱，就會讓泰卦馬上變否卦。泰卦君位「帝乙歸妹」的典故我們很熟悉，紂王的父親把女兒嫁給周文王姬昌，想要安撫這個西方大諸侯，但這種和親手段並不能挽救殷朝「城復于隍」的命運；因為政治聯姻就如歸妹卦，沒有真實的感情基礎，只是一個工具罷了。古代的和親政策，除了唐朝的文成公主還算成功之外，其他幾乎都是悲劇。換句話說，在泰卦中，「帝乙歸妹」後面就是「城復于隍」；但歸妹卦的君位講「帝乙歸妹」則完全正確。泰卦中憑什麼跑出帝乙歸妹的象？因為泰卦中就有歸妹卦。不過，歸妹卦第五爻好景不常，之後的第六爻也很慘。泰卦第五爻和第六爻是一場空，國破家亡、傾城傾國；歸妹卦是什麼都沒有，全完了。

「泰」中有「歸妹」，所以泰卦的榮景非常短暫。否卦（䷋）中有漸卦，看著那麼糟糕的否卦，二、三、四、五爻構成的就是漸卦（䷴）。否卦中靠著團隊的群策群力，最終得以傾否，但過程一定很慢，所以否卦的谷底很漫長。

歸妹卦的下一卦是豐卦，而歸妹本身就有五個卦中卦，二、三、四、五、上爻構成的就是雷火豐（䷶）。在歸妹卦裡，豐卦的場景呼之欲出；等到歸妹卦走完，藏在歸妹裡頭的豐卦就由台下現身到台上。換句話說，前一個卦已經蘊含了下一個卦，歸妹卦中有豐卦的象並非特例，很多卦都是如此。像第二十六卦大畜卦（䷙）的下一卦為頤卦，大畜卦的三、四、五、上爻構成的就是頤卦（䷚）；而且第二十五卦无妄卦（䷘）的初、二、三、四構成的也是頤卦。无妄、大畜裡面都有頤卦的象，无妄、大畜二卦後面就是頤卦。可見，任何事物都有因果，有的因不明顯，但有智慧的人就能提早看出潛伏在卦中的象，因而預作準備，等到本卦的大環境發展到那裡，就可以降低衝擊面。

歸妹卦中有豐卦的象，反過來，豐卦裡頭也有歸妹卦的象。你看，因果關係多密切！後面一個卦裡面還殘存前一個卦的餘響；前面一個卦裡隱伏著後面一個卦，時機一成熟，馬上浮上枱面。餘慶也好、餘殃也罷，業力流轉看來是無法迴避的。

歸妹卦卦辭

䷵

歸妹。征凶，无攸利。

在進入歸妹卦的卦辭前，我們先看看歸妹卦的卦中卦。歸妹卦中由五個爻構成的卦，首先是預見下一個時代——豐卦的來臨。豐卦是由二、三、四、五、上爻構成的。另外是初、二、三、四、五爻構成的節卦（䷻）。歸妹這種與生俱來的自然衝動其實跟豐卦有關，所以需要節制，否則就會被欲望葬送一生。

接下來是四個爻構成的卦中卦。先是初、二、三、四爻構成的睽卦（䷥），歸妹卦跟睽卦當然有關係，睽卦是反目成仇的家庭悲劇，也是兩個女人的戰爭。還有二、三、四、五爻構成的既濟卦（䷾）。「歸妹」中有「既濟」的象，這在漸卦已詳細說過。最後一個就是三、四、五、上爻構成的解卦（䷧）。睽卦跟解卦都含藏在歸妹卦中，這些卦最明顯的特徵是，男女之間錯綜複雜的互動，都在歸妹卦中交相呈現。

漸卦講「女歸吉」，歸妹也是「女歸」，但是卦辭不太妙：「征凶，无攸利。」這跟漸卦的「女歸吉，利貞」完全相反。漸卦是絕對的自在、圓滿，有秩序感，也很冷靜；歸妹卦則是躁動、衝動的，帶來的是挫折和失望。兩個卦的卦辭都是五個字，「征凶」對「利貞」，「女歸吉」對「无攸利」，完全是對應的。

「征」是採取躁進的攻勢，可是歸妹卦是我爽我就動，內卦兌的情欲衝動化為外卦震的行動，完全是冒險行為；這跟漸卦的行為模式完全不同，所以「征凶」，而且「无攸利」。所有的「征」原本都希望獲利，但歸妹的「征」不可能達到目的。

從字面上看，歸妹卦的意思很清楚，理解起來一點都不困難。可是讀懂很容易，要做到就往往是「當局者迷」了。很多事情擺明著就是「征凶，无攸利」，可是當局者自欺欺人，他就是要逆天而行。所以，人事沒那麼簡單，外面的人看「歸妹」，跟「歸妹」中的人看「歸妹」，完全不一樣。歸妹卦本身就是自我感覺良好，所以再大的動作都是凶，歸零、歸空的可能性大增。

歸妹卦〈大象傳〉

〈大象〉曰：澤上有雷，歸妹。君子以永終知敝。

先看〈大象傳〉：「澤上有雷，歸妹。」這是自然現象，下卦兌為澤，象徵封閉的、安靜的內陸水域，可能是湖泊沼澤，也可能是水庫。但是上面打雷，雷的威勢充滿動態，對靜態、封閉的澤就造成了干擾，所以水面一定會起波瀾。這和咸卦（䷞）的「山上有澤」就不一樣了，咸卦是少男少女談戀愛，歸妹卦是少女倒追長男。少男少女是慕少艾的純情，如山上的天池一般清澈，山影倒映在湖水中。可是歸妹卦就不同了，因為打雷把湖面攪亂了，這樣的水面上就算有倒影，也全是扭曲變形的。「澤上有雷」，說明受到震的影響而心思紛亂。上卦的震可以是雷聲，也可以是地震，都有驚人的震撼力。

「澤上有雷」是歸妹的象，這是從自然現象來看的。「君子以永終知敝」，這個提醒特別好，而且言詞懇切，讓人感動。敝是破敗、陳舊的意思，要知道一切事物都有毀壞的可能，所以做任何事都要做風險評估；萬一失敗，下場會如何？這都叫作「敝」，亦即所有的東西開始剝落、破舊，不能再使用。所以，下決定之前必須做全面的思考，不能孤注一擲，只圖瞬間的爽。

永終知敝

過去對「永終知敝」的解釋，常讓《易經》的初學者越搞越糊塗。關於「永終」有兩種講法是比較正確的。一是希望有善終，能永續流傳下去，這是正面的主觀期望。也就是說，做任何事都要能一代傳一代，基業常青。所以我們希望人生花好月圓、事業成功、家庭和樂。但人有「永終」的嚮往，就要先「知敝」；只是「永終」這種美好的嚮往大多不會實現，因為人生不如意事十之八九。歸妹當然希望能夠「永終」，所以〈大象傳〉的建議就是「知敝」，提醒我們腦筋清醒一點，一定要先做好全方位的風險評估。因為人間沒有那麼多的花好月圓，妻離子散、國破家亡的反而多。就像「帝乙歸妹，城復于隍」，歸妹卦第五爻的繁華剛過，只一爻之差，第六爻馬上陷入慘狀；歸妹卦第五爻也希望有一個美好的政治婚姻，但殘酷的現實就是第六爻的「敝」。所以，人在做「永終」大夢的時候，要不要「知敝」？在「帝乙歸妹」的時候，要不要想到「城復于隍」？

因此，人生要常常練習往最壞之處想，如果最壞的狀況都能承受，那就沒什麼可以限制你的了。如果只想著勝利成功，到時候落差太大，誰都受不了，甚至會成為永遠的笑柄。所以要「知敝」，絕對不能撿到一個雞蛋，就想要開農場。這種不切實際的夢是很危險的。

「永終」的第二個意思可能更經典。「永終」在《尚書》跟《論語・堯曰篇》都出現過。但這個「永終」不是好事。《論語》說，堯傳給舜，舜傳給禹，中國過去明君賢相禪讓的政治道統到禹終止，從此「天下為公」變成「天下為家」。在堯傳舜、舜傳禹時，都會殷殷告誡新的接班人，如果自私自利、貪污腐化，導致經濟不景氣、失業率高、民不聊生，上天一定收回對你的支持。這就是「四海困窮，天祿永終」。

不管是從正面的美好期許，還是負面的天譴，「永終」都是教我們要「知敝」，要戰戰兢兢，不可胡來。

可見，「終」的概念很重要，尤其是「永終」，這跟八宮卦序的人生最後歸宿——大歸魂的歸妹卦密切相關。我們都不希望人生最後一場空，那就要調整心態，讓紛雜的妄念止息，不然當下就是一個結束，而且機會永不再來，那就真的是「四海困窮，天祿永終」了。

關於「敝」字，我們比較熟悉的是《論語》中的一段話。〈公冶長篇〉云：顏淵、季路侍。子曰：「盍各言爾志？」子路曰：「願車馬衣裘與朋友共，敝之而無憾。」顏淵曰：「願無伐善，無施勞。」子路曰：「願聞子之志。」子曰：「老者安之，朋友信之，少者懷之。」子路一生的志向，就涉及到願意和朋友共富貴。「敝」字就是把東西用破、用壞。能交到子路這種慷慨無私的朋友真好，你開他的車子、用他的房子，即使用壞了，他也不會說一句。因為「敝」有破敗的意思，所以變成一個人的謙稱，我們稱自己為「敝」，敝人如何如何，敝公司如何如何，這是客氣用語。

依經解經的智慧

我在講漸卦的時候，曾經結合《詩經・伐檀》篇講述漸卦第一爻和第二爻。第一爻「鴻漸于干」的意象在《詩經・伐檀》的體現是：「坎坎伐檀兮，置之河之干兮。」然後是第二爻「鴻漸于磐，飲食衎衎」，「不素飽也」，則是「彼君子兮，不素餐兮」。這就是依經解經的文化脈絡，能掌握這個脈絡，才能貫通經典深刻的意義。

歸妹卦也是如此，主要在上爻假鳳泣虛凰、最後一無所成的象。這個象在《詩經》也出現過，在具體解釋爻的時候再細講。就像要真正掌握「永終知敝」的意思，就得熟悉《四書》、《尚書》；把漸、歸妹的意象，跟《詩經》放在一起看，就更容易明白它的意涵。所以我的老師常說，要掌握《易經》，首先就要讀《四書》，基本觀念都具備了，不論講《易經》或學《易經》，都在一條共通的文化脈絡裡，那就可以依經解經，大家都不會那麼吃力。

歸妹卦〈彖傳〉

〈彖〉曰：歸妹，天地之大義也。天地不交而萬物不興，歸妹，人之終始也。說以動，所歸妹也。征凶，位不當也。无攸利，柔乘剛也。

歸妹的〈彖傳〉很值得重視，不要看著好像很簡單，其實理氣象數皆備。〈彖傳〉是天下第一傳，既談卦，又談爻，結構分析嚴謹詳細，又比較務實；譬如教人怎麼成功，如何將卦的結構及資源做最佳組合，以提煉最高的智慧。

〈大象傳〉的創作在〈彖傳〉之前，觀念較樸素，著重在如何按自然法則修行，視成德為最高境界。〈彖傳〉出現在社會發展漸趨複雜的時候，這時就不能只看上卦、下卦的關係，還要考慮爻的問題，這就是〈彖傳〉了不起地方，看問題是全面的。〈小象傳〉雖然也談爻，但不能把六個爻串成一個體系，視野有限，有時候談到爻，就忽略了卦；〈大象傳〉則根本不談爻，卦的落實要靠爻的奮鬥，所以一定會落實到爻的層次。亦即確定大的政策、方針之後，如何執行就涉及到爻際互動。這是〈大象傳〉不夠周全的地方，但〈彖傳〉做了完美的補充，卦爻都談，而且指出哪個爻是全卦之主，哪些是搭配的角色，然後教人成功之道。儒家有三不朽，首先是「太上有立德」，「其次有立功」，「其次有立言」；立德最難，立功也不容易，相對而言，立言反而是最容易的。以漸卦來講，初爻立言，有著作傳世；第五爻往有功，成德就要到上爻，這才是完整的立德、立功、立言三不朽。

我們看歸妹卦的〈彖傳〉。「歸妹，天地之大義也。」歸妹是天經地義的事。最大的智慧是恰到好處，就是所謂的天經地義，不違背自然法則。「天地不交而萬物不興」，如果天地之氣不能互相交換，就像否卦一樣「否之匪人，不利君子貞」。天地交，就是泰卦的陰陽和合，具有生生不息的力量。整部《易經》的卦象其實都從天地交而來。「歸妹」雖然是不大對稱的少女迷戀長男，但它仍然是芸芸眾生之象。少女崇拜偶像，雖然想法幼稚、經驗不足，總還是真情，只是這樣的情感付出太冒險，可能把自己的終身都搭上去；所以卦辭提醒：「征凶，无攸利。」不能隨便「歸」給人家，不然就得遭受痛苦的下場。歸妹卦卦辭雖然凶險，但〈彖傳〉把它拉到「天地之大義」的高度，這就是〈彖傳〉了不起的地方。因為「歸妹」的狀態出自與生俱來的七情六欲（兌）；想要就會付諸行動，於是有外卦震積極主動的象。這並非罪惡，人類文明能夠延續，就是因為大家都有「歸妹」的衝動，只是要檢討自己的衝動行為。像少女找長男，這是情感的自然流露，但仍要考慮社會觀瞻、年齡差距、地位懸殊等現實問題。

「歸妹，人之終始也。」終而復始，生生不息，一代一代才能延續下去。就因為不是每個人都要出家，所以艮卦的修行方式只有少數人能攀登頂峰；如果人人都能止欲修行，人類早就滅亡了，怎麼還有「人之終始」？所以「天地大義人終始」，這是歸妹卦最特殊的地方，完全不必背負罪惡感。

下面就開始解釋，面對這種自然欲望，就要特別謹慎，並多方考慮，不然就是「征凶，无攸利」。這時〈彖傳〉才正式解釋卦辭的「征凶，无攸利」。前面是正本清源，這一點很重要，先不要有罪惡感，然後再檢討做法。這就是為什麼艮卦在《易經》的修行不可能是最後一卦，因為艮卦後面是漸卦，漸卦後面是歸妹卦。艮卦的時候兌卦完全隱伏不見，比損卦（䷨）的「懲忿窒欲」還要徹底；但是到了歸妹卦時，內卦的兌又冒了出來。可見，兌卦是不可能被長期壓抑的，艮卦的止欲修行只有少數人做得到，多數人只能止於一時，就像如來佛的五指山也只能把孫猴子壓上五百年；到了第五百零一年，他就像火山爆發一樣噴出來。

「說以動，所歸妹也；征凶，位不當也；无攸利，柔乘剛也。」這三句話不是說「歸妹」不行，而是說一定要考慮後果。「說以動」的「說」就是內卦兌的概念，「動」就是外卦震。歸妹感情用事，高興就悶著頭往前衝，於是就可能白白送禮，這就是「所歸妹也」，把儲備一生的資源一次輸光。〈彖傳〉很重視成功，「歸妹」肯定不能成功，做的時候只求爽一下，等到玩完了，就要承擔一切後果。「征凶」是大張旗鼓往前衝，結果一定凶。「位不當也」，這跟漸卦的「進以正，可以正邦也」正好相反。歸妹卦的「九二」、「九四」陽居陰位，「六三」、「六五」陰居陽位，沒一個當位，全部擺錯位置，統統不稱職。能怪誰？「无攸利」，即便是你不計成果也不行，連其他附加利益都賺不到；這就是「无攸利」，沒有任何利益。為什麼會這樣呢？因為「柔乘剛也」，欲望蒙蔽理智，不但判斷錯誤，言行也有問題。「柔乘剛」是欲望蒙蔽理智的象；個人蒙、團隊也蒙，所以大家都「无攸利」。這時，〈彖傳〉就轉換成勸阻的口吻，告訴你雖然這是天經地義人終始，你絕對擁有這個自由，但也非常可能「征凶，无攸利」。「征凶」是因為「位不當」；「无攸利」是因為「柔乘剛」。歸妹卦上卦、下卦就是「柔乘剛」；「六三」之所以感情用事，也是因為陰居陽位、不中不正。

關於內卦、下卦為兌的問題，我們講過多次，也就是說，沒有幾個「六三」是好的。像履卦（䷉）第三爻「眇能視，跛能履，履虎尾，咥人，凶。武人為于大君。」同樣是「履虎尾」，結果被老虎咬死。天澤履和雷澤歸妹的「六三」都是「柔乘剛」，而且歸妹卦的上卦也是「柔乘剛」，第四爻想動，上面卻有兩個陰爻壓著，這種結構注定整體失敗。為什麼漸卦能成功？因為它的結構跟歸妹剛好相反，歸妹卦不得位、不當位；漸卦「進得位」，當然就「往有功」。而且歸妹卦是柔乘剛，漸卦則是柔承剛，下卦艮二陰承一陽，上卦巽更是溫柔婉約、低調沉潛；「六四」跟「九五」、「六二」跟「九三」就是柔承剛的關係。歸妹卦統統反過來，負面的壓在正面之上，這樣絕對有問題。

這就是歸妹卦的〈彖傳〉。雖然卦辭全部都是負面的，但〈彖傳〉拿掉不必要的罪惡感，扭轉大家對「歸妹」的成見。這跟姤卦（䷫）〈彖傳〉同樣都是平反的筆法。姤卦卦辭說「女壯，勿用取女」，純粹是負面的勸阻；〈彖傳〉則一方面解釋為什麼「女壯，勿用取女」，後來筆勢一轉，用「天地相遇，品物咸章也；剛遇中正，天下大行也」詮釋姤卦大義。也就是說，後世的人發現卦辭的觀點不夠整體、圓融，所以他們結合宇宙創生的宏觀角度，把姤卦抬到跟乾、坤兩卦一樣的崇高地位。賁卦（䷕）卦辭說「亨，小利有攸往」，但是〈彖傳〉也把賁卦昇華到「人文化成」的高度，「剛柔交錯，天文也；文明以止，人文也」；然後講「人文化成」，「觀乎天文以察時變，觀乎人文以化成天下」。所以賁卦的〈彖傳〉和姤卦、歸妹卦一樣，都是在做翻案文章。這就是〈彖傳〉革卦辭的命，讓人看到卦飽滿的一面。山火賁、天風姤的〈彖傳〉做了一個示範，到雷澤歸妹時更徹底；〈彖傳〉首先完全不解釋「征凶，无攸利」，把這個問題放一邊，先告訴你歸妹卦的正當性，否則人會絕種滅亡，因為「歸妹，人之終始」。所以，姤卦、賁卦，加上歸妹卦，這三個卦是易學史上特別受到重視的。

說以動、明以動、巽以動

〈彖傳〉有「×以動」的句型，也很值得研究。人人都想有所行動，希望站在主動的地位，把震放在外卦，好站在枱面上。可是你背後的動機是什麼？這很重要。歸妹卦是「說以動」。歸妹卦之所以這麼糟，就是它的內部「燃料」是感情用事的兌卦，內說外動，只要自己喜歡，不考慮別人，也不考慮後果。

關於歸妹卦的「說以動」，還可以舉一些卦來對照。歸妹卦下卦為兌，代表少女；豐卦的下卦是離，代表中女。中女一般比較成熟，而且溫柔大方，合乎柔中之道。豐卦「明以動」，剛好是歸妹卦的下一卦。在歸妹卦，少女衝動想嫁人，結果全盤皆輸，還不如再等幾年；或者在歸妹的時候不那麼急，等到變成中女的「明以動」，就是豐功偉業如日中天。換句話說，用離卦的智慧，「明以動」就成豐；用兌卦的情欲，「說以動」就成歸妹。但豐卦的問題在於後面是旅，有可能只是一時成就，最後又失去一切。所以「明以動」還不是最好的，就讓這個女人再長大一點，變成長女，長女為巽，「巽以動」則是恒卦（䷟）的天長地久。豐卦是成功一時，豐極轉旅，很快又落敗了；說得具象一點，就是「啪」的一個燦爛奪目的閃光；歸妹卦則是「嘭」的一聲丟到水裡面；恒因為懂得用巽的工夫深入地動，所以能白頭偕老、天長地久。

可見，人生的行動值得肯定，但要看在什麼情況下動。如果是少女的動那是歸妹卦；如果是中女的動那是豐卦；如果是長女的動則是恒卦充滿歷練的智慧。這三種情境的動，結果截然不同。

歸妹卦六個爻的關係分析

歸妹卦中，「初九」跟「九二」是一組，誰缺誰都不行，有點像漸卦的團隊領導，合則兩利，分則兩傷。漸卦是最講究合作的，歸妹卦也不能單打獨鬥，為了提高勝算，初爻和二爻就必須密切合作。

三爻、四爻形成強烈的對比，預期跟結果完全不同。三多凶，四多懼，歸妹卦的三、四兩爻統統不正。人會有很多想法和做法，在某種情境下，擁有某些資源，但這兩個爻都不正，一個可能的結果還不錯，一個則是一團糟。三、四兩爻的境況如此，所以「初九」跟「九二」一定要摒棄成見，密切合作，可能還有贏的機會。

五爻跟上爻有直接的因果關係。五爻想「帝乙歸妹」，結果機關算盡。政治領導人常做這種「政治聯姻」、「和親政策」的動作，希望能有好結果，不然第六爻的下場就很慘，就像泰卦的「帝乙歸妹」變成「城復于隍」。傾城傾國的美女是和親政策的政治籌碼，不但沒有帶來王朝的復興，反而造成國破家亡，變成典型的禍水。歸妹卦也是如此。

五爻和上爻有因果關係。三、四兩爻則是兩種想法、做法的對照。如此分析，估計歸妹卦六個爻就沒有困難了。初爻、二爻是一組合作團隊，不能講必勝，至少不可輕侮。

歸妹卦六爻詳述

初爻：廣結善緣

初九。歸妹以娣，跛能履，征吉。

〈小象〉曰：歸妹以娣，以恒也。跛能履，吉，相承也。

我們先從初爻、二爻開始。初爻、二爻都有缺陷，兩個爻也是承乘的關係，都有一定的實力。不要小看歸妹卦，它有三個陽爻。所以初、二、四爻本身都有一定的實力，只是在歸妹的形勢下不能輕舉妄動，隨時都要評估環境局勢，然後討論合作方案。「六三」本身是有問題的，「六五」、「上六」都有問題，而且「六五」是虛的，一個領導人沒有資源實力，但是他巧用機關，可以促成不同黨派的政治合作、政治交易，希望達成某種效果；上爻最慘，就是最後「歸妹」不得善終的破落局面。

我們先看「初九」：「歸妹以娣，跛能履，征吉。」整個歸妹卦的卦辭明明是征凶，可是初爻卻偏偏做對了，還「征吉」，成功地趨吉避凶；因為它識時務者為俊傑，懂得跟人家合作，知道自己有一定的實力，也有一定的弱點。它的合作對象就是身邊的「九二」，有直接的承乘關係，兩者剛好互補，用對方的長處取代自己的弱點，用自己的長處協助對方的缺陷。

「初九」除了有實力，本身也正，陽居陽位，而且是歸妹卦第一爻，是出發點。初爻本來是

「潛龍勿用」之位，二爻「見龍在田」，照講它的社會地位或各方面的資源會比「初九」高一層，但因為陽居陰位、剛而能柔，必須懂得忍耐，最重要的就是不能感情用事。可是它的上面就是最容易感情用事的「六三」——兌卦情欲的開竅口，心中有什麼就想說出來，心中有什麼感覺就想宣洩。「六三」陰居陽位、不中不正，「九二」跟「六三」是典型的陰乘陽、柔乘剛，「九二」勢必會受到感染；「初九」跟「六三」隔一層，還不至於直接受到影響。所以「初九」「潛龍」跟「九二」「見龍」要合作，就得避開「六三」的感情用事，以免牽累大家。

「歸妹以娣」的「娣」字很重要。「初九」「歸妹以娣」，「六三」「反歸以娣」，「六五」「不如其娣之袂良」，「娣」字是瞭解歸妹卦的關鍵字。這個字的表面意思倒不是很難，「女弟」曰娣，古代群婚制中，做妾的就叫娣，也就是所謂的「三房」——少女。在家人、睽、革三卦中，我們已經見識過兩個女人的戰爭。家人卦（䷤）中大房和二房和睦相處，然後睽卦（䷥）是二房革了大房的命，但下面的三房又蠢蠢欲動；於是在革卦（䷰）中三房又革了二房的命。「娣」就是古代男子特權時代的產物。古代婚禮就像六個爻一樣有六道步驟，大婚之前的禮節就能把人累個半死，結一次婚簡直脫一層皮。這是漸卦的好處，不然，像歸妹卦省去繁文縟節，如崔鶯鶯找張君瑞，直接跳牆成就好事，但隨後卻有無限的風險。換句話說，繁瑣的儀式雖然很費事，但卻宣告婚姻不僅神聖，而且關係到兩個家族的聯姻，所以不能隨便結婚或休妻。歸妹卦省卻一切手續，來得容易，也就不值得珍惜，結果當然不好。「娣」字很少用來做名字，取這個名字的人大概欠缺常識，因為娣是小老婆，是妾，甚至可能是陪嫁丫鬟。在古代，妾跟妻的地位相差很遠。妻者，齊也，是平等的；妾就不平等了，必須要站著。「立女」曰妾，隨時準備接待人，再加一個提手旁不就是「接」字嗎？老婆有位置坐，小太太沒有位置坐，從皇宮到民間都是這樣。

「歸妹以娣」，「娣」可能到最後會得到男主人的歡心，但在傳統社會中，娣的社會地位很低，所以歸妹初爻用「娣」來代表人微言輕，資源有限。但「初九」很有志氣，有長期觀點，善於處理人際關係，跟那些姊姊們的關係好得很。藉著營造「姊妹淘」的關係，慢慢取得所有人的歡心，然後在家庭爭鬥中逐漸提高自己的地位。當然更重要的還是如何討好老公。這樣一來，「歸妹以娣」乍看好像沒機會，但是「跛能履」，雖然跛腳卻能走路，走得也很蹣跚，但結果是「征吉」，一個侍妾的身份地位慢慢就得到改善了。卦辭明明說「征凶」，是誰都不看好的「歸妹以娣」，「跛能履」也充滿艱難，爻辭卻是「征吉」，到底是怎麼回事呢？〈小象傳〉做了進一步的解釋：「歸妹以娣，以恒也。」一日心為恒，每天用心營造關係，「匪寇婚媾」，地位慢慢就提昇上來了。這樣做就不是急急火火的一步到位，而是在鬥爭中懂得一日心為恒的長期奮鬥，慢慢樹立自己的地位；即使現在的身份是「娣」，將來搞不好一步一步往上爬，從「少女」變「中女」，最後變「長女」，只有恒才是長久穩定之路。那麼，為什麼「跛能履」結果是好的呢？「相承也」。「初九」好好奮鬥，一定要跟「九二」結盟，他需要你，你需要他；這個團隊能維持多久不重要，階段性的同盟很重要。「初九」上承「九二」，「九二」也要重視跟「初九」的關係；因為「九二」上面有「六三」的那個理不順的因素，但是跟「初九」的關係可以很好，兩個結盟，一來不讓「六三」對他們產生負面的影響，二來他們本身就能形成強大的戰力。這就叫「相承」，是互相的。所以「初九」最後能成功。

當然，「初九」本身是有資源、有實力的，剛開始奮鬥時不宜躁進，應該廣結善緣，「跛能

「履」的人就找「眇能視」的人，跟「九二」形成長期合作而且比較穩定的關係。「初九」如果做到了，在種種不利的條件下，只要懂得「以恒」的長期觀點，善用「相承」的關係，最後依然可以「征吉」。歷史上幾個厲害的女人剛開始都是出身微賤，到最後卻主宰天下，像武則天、慈禧皆是如此。

「初九」爻變為解卦（䷧），必須懂得冤家宜解不宜結，要跟所有人和解，千萬不要樹敵。「初九」尤其要和「九二」和解，不管過去有什麼恩怨，現在同在一條船上，「九二」行動力強，見識差；「初九」行動力弱，但眼光長遠，二者合作互補，是最明智的決定。

二爻：等待時機

䷵

九二。眇能視，利幽人之貞。

〈小象〉曰：利幽人之貞，未變常也。

「九二」的見識就遠不如「初九」。「眇能視」就是所謂的獨眼龍，少一隻眼睛，看事情往往看得不周全，很容易被「六三」煽動，但因為行動力很強，常有衝動的行為。所以《易經》建議「九二」切忌輕舉妄動，而要「利幽人之貞」，把自己關起來，等待時機。直到找到「跛能履」的人，雙方合作，才可以一起行動。也就是說，「初九」必須找到「九二」，「九二」也要和「初九」合作。這還是一個團隊的概念，如果「幽人之貞」就有利，因為「利幽人之貞，未變常也」。「常」就是「恒」，「恒」就是「常」，這就是常道。「九二」有缺點，也有長處，「初九」亦然。雙方揚長避短、互相合作，何愁不能成？所以「九二」還沒找到「跛能履」的「初九」之前，就不要輕舉妄動，尤其不要單獨行動，這才是「九二」要謹守的常道。要剛而能柔，謹守下卦中道，這樣才能擺脫「六三」陰乘陽、柔乘剛、情欲用事的毛病。

「初九」要擺出和解的誠意，「九二」動力很強，但單獨行動非輸不可，所以兩者要合作。「九二」爻變是想積極主導的震卦（䷲），但這是不行的；所以還是「利幽人之貞」，先把自己關起來，等到可以動的時候再動，避免致命的弱點。可見，人生不能光靠會走路，還要眼光遠大。人生就是兩件事，看得對和做得對，如果知行合一，成功的機率大增。如果眼光精準，但沒有行動能力或行動資源，還是無法成事。倒過來也一樣，拚命做，但是看錯了，一樣很糟。所以，完人很難，完整的團隊更難；「利幽人之貞，未變常」，「歸妹以娣，以恒……相承」，這個道理講得非常清楚。

三爻：開高走低

六三。歸妹以須，反歸以娣。

〈小象〉曰：歸妹以須，未當也。

接下來我們看「六三」跟「九四」這一組。「六三」「歸妹以須，反歸以娣。」歸妹卦爻辭的文法很有意思，都是「以……」。「初九」「以娣」代表身份低，是小妾、小老婆，但地位慢慢改善了。關於小老婆、侍妾，也有個比較好聽的稱呼，叫作「如夫人」。「如夫人」是好像夫人，但不是真夫人。「反歸以娣」的「反」就是「反復其道」的「反」，到最後還是以小老婆的身份嫁掉了。三爻原先有很多夢想，但結果不好，小老婆的行情自然是低迷的。

前面是「歸妹以須」，這是過去《易經》注釋的難點，這個「須」到底是什麼呢？從文法上看，「以須」對「以娣」，「娣」如果是小老婆，「須」是什麼呢？如果是必須的「須」，為什麼〈小象傳〉又說「歸妹以須，未當也」？顯然不對。「未當也」說的是「六三」不中不正，陰居陽位，還自己臭美，自認為會有很好的歸宿，結果落差太大了。這裡應該是這樣的意思。最後嫁給人當小老婆，就是「反歸以娣」；原先對自己有很高的期許，自我感覺良好，就叫「歸妹以須」。在此，「須」就和需卦的「需」有關聯，「需，須也」，想滿足飲食宴樂的需要、或者為了一個長期目標，一定要耐心等待。所以「須」就有等待的意思。賁卦第二爻「賁其須」，跟對了第三爻，第三爻上去就會把第二爻也帶上去；一人得道，雞犬升天。所以在職場中一定要跟對人，要是押錯寶，就可能進墳墓；寧可慢一點，也不要錯。

「歸妹以須」，對「六三」來說，一定要耐心等待，不要輕易嫁人。但從修辭來看，「須」跟「娣」應該是平行的，同樣是身份的象徵。「須」有等待的意思沒錯，就像「賁其須」，有等待的意思，也是鬍鬚的意思。這裡應該也是一詞多義，那麼這個「須」就是身份地位比較高的大老婆，「娣」是身份地位較低的小老婆。「歸妹以須」就是說「六三」不知道自己醜，覺得自己大有機會，要嫁人就要做正室夫人。可是她給自己定這麼高的標準，這只能是她自己的想法，別人卻認為她頂多只是個「娣」，結果等了個半天，有行無市，到後來越等越慌，最後只好委委屈屈給人當小老婆，趁行情還好的時候趕快出清存貨。這就叫開高走低。

人生有很多時候對自己的瞭解不夠，自我感覺良好，結果跟周遭的需求不符，乏人問津，到最後連自己都不好意思了。在歸妹卦中，「六三」的「須」就是長姊、長女的意思，可是最後還是跟小妹妹一樣委屈地嫁掉了。

「六三」是開高走低，「九四」就是開低走高，哪一種比較好？一個是「先笑後號咷」，一個是「先號咷而後笑」。「六三」為什麼不好？因為感情用事，不清楚外面的需求，最後「反歸以娣」，期望值差得很多。

這個爻爻變為大壯卦（䷡），發情的公羊一衝動，結果角被卡在裡頭。歸妹、大壯二卦都代表血氣方剛、感情用事的青年男女。歸妹就是青春少女在春情發動時最容易犯的毛病。第三爻透過爻變把大壯跟歸妹結合在一起。也就是說，感情用事、不可理喻到了極點。大壯卦根本不能動，第三爻明知兩邊都是死路，還是悶著頭往前衝。這在歸妹第三爻也發揮到極致，自己把自己看得很高，結果開高走低，到最後不得不降價求售。

「須」為什麼是長女呢？屈原的《楚辭》可以為證。古代長江流域一帶稱長女為須，《易經》的注解中也有說須就是巽，巽為長女。還有一些《易經》的注解認為「須」不是大老婆，地位比娣還低賤，這個說法應該是不通的。這個爻的場景我們常碰到，原先預期過高，預計今年要做多少業績，未來的發展要如何？但後來才發現天差地遠。所以一開始千萬不要「歸妹以須」，膨脹過度，小心最後結果是「反歸以娣」，開高走低。

這就是「六三」，期望過高，失望過甚。這就涉及到產品定價的問題，什麼情況下出售，還是要惜售？「歸妹以須」是完全沒有自知之明，高定價最後卻以低折扣賠售了結。

四爻：開低走高

九四。歸妹愆期，遲歸有時。

〈小象〉曰：愆期之志，有待而行也。

「九四」完全不同，剛而能柔，陽而能陰，更適合做大老婆。可是「九四」目前的狀況是受困的。因為受到上下兩個陰爻包夾，正是坎險的深淵（三、四、五爻互卦為坎☵）。坎卦是勞卦，所以「九四」很辛苦，又是上卦震的主爻，位置不正，但幸好「九四」陽居陰位，比較能忍。「歸妹愆期，遲歸有時」這八個字就說明遲早會嫁，只是一時嫁不了。「九四」也要歸妹，希望有一個好結果，可是「愆期」，錯過適婚年齡，越來越難嫁。「愆」是有心為衍的意思，沒有直線成功。需卦第二爻「需于沙，衍在中」，像水流那樣順勢而行，但最後還是會流到大海。如果單純是衍，那倒沒關係，只是迂迴一下罷了；可是「愆」字多了一個「心」，這就麻煩了。本來二十歲該嫁，結果拖到四十歲才嫁，這時女人通常就會很緊張，怕嫁不出去，爸爸媽媽更緊張。這就是「歸妹愆期」。但爻辭總算有點安慰，「遲歸有時」，等到時機成熟、姻緣到了，一樣有美滿良緣。這和「六三」「歸妹以須，反歸以娣」正好相反。「九四」就是所謂的開低走高，剛開始很低調，時機還沒成熟，雖然耽誤婚期，但是對自己有信心，絕不委屈下嫁。嫁人是人生最重大的抉擇，不能因為怕變成老姑娘就冒險嫁人。「九四」因為不放棄、不遷就，寧可慢一點；「遲歸有時」，結果正如〈小象傳〉所說的「愆期之志，有待而行也」。這個人心中有主張、有看法，等時機成熟，天造地設的另一半一定會出現。

好事多磨，最後還是有美好姻緣，這就叫開低走高，剛開始很低調，但是不輕易遷就現實。不像「六三」漫天開價，最後坐地還錢。「九四」的等待對不對呢？爻一變是海闊天空、元亨利貞、自由奔放的臨卦（䷒）。等到時機成熟，歸妹卦一下變成無窮無疆的臨卦。所以人生要學會判斷，在時機未到時，千萬不要降低標準。

人生真是開玩笑，三多凶，四多懼，芸芸眾生，就是這兩種結局：一種是麻子，自以為是美女，結果真的是以麻子的價格賣掉了；一種是有自知之明，不肯委屈下嫁，暫時耐住寂寞，忍受父母懷疑的眼光和別人的譏諷，結果真讓她等到了真命天子。《易經》那麼重視「時」，但是整部易經四千多字的經文中唯一出現「時」這個字的，就只有歸妹卦這個爻，其他全部都出現在傳文裡。

「六三」和「九四」是人生兩種截然不同的對比，這跟本身的條件、周遭的環境有關，關鍵在於怎麼做正確的判斷？人生該怎麼定價？其實歸妹卦六個爻全部在檢討身價的問題，女怕嫁錯郎，男怕選錯行。假定任何東西都可以定價，不管是物質的，還是精神的，總有一個價位，每個人對自己的定價也都不同，這就涉及到定價的策略。定價要名副其實，然後價位是隨時調整的，有最高的行情，也有最低的行情，怎麼定價？智慧就在其中。

五爻：捆綁銷售

䷵

六五。帝乙歸妹，其君之袂不如其娣之袂良。月幾望，吉。

〈小象〉曰：帝乙歸妹，不如其娣之袂良也。其位在中，以貴行也。

第五爻和第六爻就是歸妹卦的精華了。「帝乙歸妹」，帝乙要考慮歸妹，一定要把她當政治籌碼來運用，創造最大的價值。不管是女兒或妹妹，只要是擁有豪門勢力，就是最高的籌碼，可以用來和番或政治聯姻，至於女的願不願意嫁那是其次，誰叫她是公主呢？金枝玉葉就得隨時準備為大局犧牲。公主下嫁就要找駙馬，權與勢的結合，用政治聯姻化敵為友，或者讓雙方更強。所以早期的歐洲皇室全部是親戚，公主下嫁平民就不容易。

「其君之袂」，君就是公主，過去叫「小君」。「帝乙歸妹」要辦一場隆重的婚禮，婚禮的安排要運用巧思，才能達到某種政治目的。所以在這場婚禮中，新娘一定要帶著一堆陪嫁的丫鬟或姊妹，「其君」是公主，其他的「娣」就是陪嫁過去的團隊。「其君之袂不如其娣之袂良」，「袂」是衣袖，公主的袂不如「娣」。這個婚禮很有意思，角色倒置，配角打扮得花枝招展，燦爛奪目，衣袖華麗；公主的衣袖反而很樸實。這就是凸顯配角、凸顯贈品，低調處理主產品。這在行銷策略上就是捆綁銷售，只能成套銷售，不可分售。就像家長帶小孩吃麥當勞，才可以拿到他們送的玩具。

公主好醜，旁邊那些娣多漂亮！但是你一定要娶公主，她還是你名義上的大老婆，如果不娶公主，這些漂亮的女人都不會屬於你。為了得到這些漂亮的女人，為了做駙馬，公主再醜也只好將就。這就是用贈品帶動產品的行銷策略——捆綁銷售。這是用便宜的附加贈品夾帶主要產品的整體行銷。因為主要產品常常叫好不叫座，附加產品叫座卻沒什麼本錢，但是它可以帶動不可分割的統一定價。

「其君之袂不如其娣之袂良」這個反差也說明，真正有實力的反而低調。「月幾望」，不要自滿，不要求全，反而要自己打折求售。這種低調的情況下，再難賣的也會賣掉。所以娣跟君、小老婆跟大老婆、配角跟主角的關係也是整體帶動的關係。〈小象傳〉說：「帝乙歸妹，不如其娣之袂良也」；主角反而穿得不好，因為不在乎，「其位在中，以貴行也。」真正「以貴行」的是君，其他都是帶動主產品銷售的附帶贈品。「六五」的政治安排真是用盡心思，但他有可能成功，從爻辭看，就是「月幾望，吉。」這個爻一變是兌卦（䷹），兩情相悅，「亨利貞」，「朋友講習」，只要賞心悅目的東西在眼前，都會讓人忘勞忘死地追求。兌卦有可能得到好結果，可是操作風險畢竟太高。

上爻：白費心機

上六。女承筐无實，士刲羊无血，无攸利。

〈小象〉曰：上六无實，承虛筐也。

「六五」的安排如果萬一被識破，或者機關算盡，不是在自然、真實的基礎上安排的政治聯姻，最後可能一翻兩瞪眼，變成「上六」最慘的局面——「女承筐无實，士刲羊无血。」士跟女是對稱關係，《詩經》裡就是用「士」跟「女」稱夫妻或新郎、新娘。像「女曰雞鳴，士曰昧旦」，冬天新婚燕爾的夫妻正如膠似漆，天還沒亮透，女的從被窩鑽出來說：「雞叫了，要起來上班了。」男的還留戀溫暖的被窩，就說：「再睡吧！天還沒全亮呢！」

「女承筐无實」，指的是從前的待嫁女兒背著竹筐出門採蘋、採棗，用採摘這些美麗的花果象徵對未來的美滿生活充滿憧憬。《詩經・豳風・七月》是一首動人的詩篇，其中有一段就是寫女承筐：「七月流火，九月授衣。春日載陽，有鳴倉庚。女執懿筐，遵彼微行，爰求柔桑。春日遲遲，采蘩祁祁。女心傷悲，殆及公子同歸。」因為對婚禮充滿期待，而在竹筐裡裝滿美好的東西，現在臺灣的客家人是不是還保留這個習俗？我不知道，至少過去是有的。

「女承筐」，其實就是陰承陽、柔承剛，伺候丈夫、伺候婆家。女孩子未嫁之前編一個筐，裡面放滿漂亮的花花草草再去結婚；但現在竹筐裡是空的——「无實」。「无實」就是「承虛筐也」，就像升卦第三爻的「升虛邑」，泡沫破滅，白費心機；最後承虛筐，徒具形式，剩下空殼子，沒有實際內涵，這就是「女承筐无實」。這是很多政治人物的表現。人生很多顛倒夢想何嘗不是如此？

「士刲羊无血」，羊代表吉祥，男人要表現英雄氣概，要在羊身上劃一刀，讓羊血噴出來，可現在沒有噴出羊血，代表裡面也是空的。「无攸利」，這是對應卦辭的「征凶，无攸利」。

「上六」爻變為睽卦（䷥），聯姻不成，甚至曾經相戀的戀人，如今卻反目成仇。而且是因為機關算盡，反誤了卿卿性命。這和《紅樓夢》中的王熙鳳下場一樣。第五爻花了多大的心思，想得到最好的政治收益，卻在第六爻落得一場空，「城復于隍」。事實上，很多政治交易也是如此。

在古代社會，尤其在《詩經》、《易經》的時代，割羊是一種重要的禮儀。《孟子》一書就有記載：

王坐於堂上，有牽牛而過堂下者；王見之，曰：「牛何之？」對曰：「將以釁鐘。」王曰：

「舍之；吾不忍其觳觫，若無罪而就死地。」對曰：「然則廢釁鐘與？」曰：「何可廢也？以羊易之。」

白話的意思大致是：一天齊宣王坐在堂上，看到有人牽著一頭牛從堂下經過，他就問，這頭牛要牽到哪裡去？那人回答說，要用牠來祭鐘。齊宣王不忍心看牠恐懼發抖的樣子，於是下令放了牠。那人便問，那麼要廢除祭鐘的儀式嗎？齊宣王當下做出一個自認明智的決定：用羊來代替牠吧！牛被救下了，羊卻倒楣了。孟子就說：

無傷也，是乃仁術也，見牛未見羊也。君子之於禽獸也，見其生，不忍見其死；聞其聲，不忍食其肉。是以君子遠庖廚也。

因為見牛不見羊，所以捨不得殺牛，卻可以狠下心來殺羊。孟子並沒有全盤否定齊宣王的舉動，所以在下結論之前他就說：「是心足以王矣。百姓皆以王為愛也，臣固知王之不忍也。」這就是王道思想，因為不忍看見人受苦，此心推廣開來，就可以「老吾老以及人之老」。只是這種做法並不徹底，把無辜的羊犧牲掉了。這一段很有意思，我每次吃羊最怕想到這一段。

我們回到爻辭來。刲羊在古代是一種禮儀，但現在割了一刀卻沒有血，說明一切都是騙人的。有些官員在上台之初信誓旦旦，到最後卻是一場空。人生追求的很多東西，到最後充其量只是一個空的筐筐。

第五爻是一場華麗的冒險，他有可能成功——「月幾望，吉」，爻變為兩情相悅的兌卦，可是風險非常高，很可能會發展到上爻的「女承筐无實」，親家變冤家。提醒各位一定要記得，任何一卦的第五爻跟第六爻的因果關係，就是非此即彼的關係。第五爻是最高點，稍一不慎就會盛極轉衰，變成第六爻的「亢龍有悔」。像坤卦第五爻的「黃裳元吉」多好！「龍戰于野」多慘烈！歸妹第五爻的政治聯姻如果失敗，就會變成第六爻的慘狀。所以在設計第五爻追求最高的榮耀時，就要同時承擔第六爻的風險。風險跟利益往往繫於一線之間。所以第五爻想要「永終」，第六爻就要「知敝」。

占卦實例1：美國的債務問題和歐洲的債務問題

二〇一一年冬至，距離「二〇一二」馬雅文化的末日預言只剩一年時光。從《易經》的角度來講，這個說法太誇張，因為就算進入冬至的復卦（䷗），至少要一百天之後到大壯卦（䷡），才能脫離這個高度動盪不穩的節氣。這段時間是老人家的關口，在養生方面也要特別注意。

漸卦跟歸妹都是歸魂卦，六十四卦中，遊魂、歸魂的卦就佔了十六個，不管是好卦壞卦，只要跟生老病死有關，都要往壞的方向想，未來幾乎沒有生路，這時就要多注意一下，因為進入這個卦的節氣，正是動盪不安的景象，可能會誘發內部病因，多加小心為要。

面對二〇一二年，我們就美債和歐債的問題能不能在十年內解決分別占問，結果美債是完全不變的坎卦（䷜）。也就是不可能解決，而且帶病延年，一波未平，一波又起。大家都在「習坎」，因為美國政府不會笨到要把債務還清，這時我們就知道為什麼「險之時用大矣哉」，因為大家不能缺美金，所以全部被綁票。接下來美國就會推出合乎美國利益、卻未必合乎世界利益的策略，包括印美鈔。美國債務是這樣，但它畢竟是一個國力雄厚的強大國家，在二十年內還很難被超越，相對來說比較好管理。

歐債問題就因為是多頭馬車，很難管理，一天到晚開會，合乎這個國家利益的決定，不一定合乎那個國家的利益。德國當然是歐陸的霸主，為了自己的利益，不管外面怎麼唱衰歐元區，他們只能往前衝，絕對不會後退。如果退回從前，歐元區解體，歐洲從此就沒有什麼競爭力，花幾十年成立的區域經濟聯合體，就是為了整合起來跟北美區、東亞區競爭的；如果出了事就退回原點，那就會成為戈巴契夫以後的俄羅斯。美國最不希望歐元區挑戰他的霸主地位，可是站在歐陸的立場，那就非往前衝不可。我曾經問過歐元區未來十年的發展，結果是大過卦（䷛）的第五爻跟第一爻。「枯楊生華」是指以德法兩國為核心的歐陸領導，有時會搞一些花招，但那也是政治上的不得已，只能治標，長期還是得「藉用白茅」，用柔軟的鋪墊，讓初爻的民生經濟有緩和的餘地。「大過，顛也」，動盪不堪，非常危險。在過去這一年來看，確實如此，頻頻開會，他們之間偶爾也有利益矛盾。德、法兩國有時候就會意見相左，但後來還是聽鐵娘子梅克爾的，因為法國的經濟實力比德國差，而且很多問題被掩蓋住了，即使不情願，也得跟著德國走。假定十年的歐元區是大過卦的第五爻跟初爻，初爻是治本的，所以一定要推出很多方案，緩和民生經濟的衝擊；五爻是治標的，五爻、初爻雙管齊下，兩個爻動是大壯卦（䷡）的卦象。大過有棺槨之象，可是大壯卦是陽宅，所以有還陽的象，由陰宅還陽宅，由墓穴、棺槨又慢慢重建豪宅，有好轉的象。雖然大過很危險，但裡面出現大壯的象，一定會強化歐元體系，不允許再「棟橈」。這是由德國發動，其他國家配合，雖然有十幾個主權國家，不像美國那麼好管，但非得強化歐元區的核心管束力量不可，很多主權國家的財政自主權必須打折，所以英國不願意加入歐元區，它要保持英鎊過去驕傲的姿態，結果在金融危機時搞得灰頭土臉。

以未來十年來看歐債的問題，我個人是樂觀的，因為它是比卦（䷇）第五爻，比卦就是在一個歐元區的國際聯盟形勢下，大家進行合作。「先王以建萬國，親諸侯」，先王顯然就是德法兩國，尤其是德國。未來十年的歐債問題就表現在第五爻。比卦第五爻是抓到機會一定往前衝，用意志、膽識「顯比」，強化核心力量，「王用三驅，失前禽，邑人不誡」；那些不合格的，包括做假賬的希臘，一粒老鼠屎打壞一鍋湯，借錢還不了，但也不會讓希臘離開；只要核心強化了，也不在乎希臘的「好吃懶做」，反而要網開一面。

占卦實例2：小白兔入叢林

二〇〇二年元月下旬，宗才怡獲任為經濟部長，以其經驗之稚嫩，如何能任繁劇？我占其政治前途，為不變的歸妹卦。卦辭稱：「征凶，无攸利。」明顯「位不當」、「柔乘剛」，果然沒多久，就左支右絀下台，成了誤入叢林的小白兔。

占卦實例3：悲莫悲兮愛別離

二〇一一年元月上旬，我教佛經有感，問何謂「愛別離苦」？為歸妹卦二、上爻動，齊變有噬嗑卦之象。歸妹「悅以動」，為愛而行，希望永終。「九二」爻辭：「眇能視。」不易幽貞自守；「上六」爻辭：「女承筐无實，士刲羊无血，无攸利。」睽為分離，美夢成空。噬嗑卦似人間地獄，痛苦不堪。

占卦實例4：多年失物歸原主

二〇一二年五月下旬，我在富邦課堂上談起「失物占」之事，學生反應熱烈，幾乎每個人都有遺失重要東西的經驗。其中金石堂的老闆娘顏薰齡一副黑珍珠耳環，幾年都找不著，極為懊惱。我占其能否找回？為歸妹卦初、二、四爻動，「九四」值宜變為臨卦，爻辭稱：「歸妹愆期，遲歸有時。」應該以後會物歸原主。結果翌日，她翻找抽屜，居然就找到放置多時的首飾盒，裡面赫然發現那副耳環，高興極了，大嘆易占奇準！

豐功偉業——豐卦第五十五（䷶）

《易經》中的「月幾望」

豐卦是第五十五卦，這是一個重量級的卦。不過在談豐卦之前，我想針對歸妹卦（䷵）「六五」爻辭中的「月幾望」再做些補充。「月幾望」，在小畜卦（䷈）「上九」也出現過：「既雨既處，尚德載。婦貞厲。月幾望，君子征凶。」還有中孚卦（䷼）「六四」：「月幾望，馬匹亡，无咎。」「月幾望」的「望」本意就是月亮借陽光發亮，所以越低調越好；如果忘了自己的資源來自他人，月亮去跟太陽爭光，那就太囂張了。「望」後來成為滿月的象徵，也就是農曆的每月十五。滿月之後開始逐漸缺損，所以說「滿招損」；像豐卦就是「滿招損」，後面有可能失去一切，變成失時、失勢、失位的旅卦（䷷）。因此人要懂得謙虛，若只顧著把滿月的光放射出來，很可能會引起嫉妒，不如就低調一點，「幾」就是這個意思。也就是說，我有滿月的光，可是我不完全表現出來；沒有滿就不會溢，十二、十三、十四的月亮都比十五的月亮好，儘量低調謙遜，不要把力量用盡。以歸妹卦來說，就是「六五」「帝乙歸妹」中的新娘。這個金枝玉葉的公主雖然光芒四射，卻只因為她生長在帝王家，並不是她本身有這樣的光華；辦了這麼一場豪華婚禮，有一大堆陪嫁的娣，當然越低調越好。因為高貴的品質不在包裝，即使真有高貴的品質也不要在包裝上凸顯出來，日久天長，美好的本質自然會彰顯出來。在這一爻裡，公主的低調，表現在新娘禮服樸實無華的衣袖上。也就是說，「其君之袂不如其娣之袂良」這樣的搭配組合，是刻意彰顯配角，而讓主角隱而不顯，這就是「月幾望」的低調處理，結果一定吉。如果豪門之子仗勢欺人，就像大陸很多富二代或官二代，開車撞到人，還報家裡的名號，不但膚淺，而且會招來社會大眾「仇富」、「仇官」的心理，這就是不懂得「月幾望」。要知道自己所擁有的一切都是父母庇蔭，不是自己掙來的，所以越低調越好。若能那樣，別家對你就有好感，所以爻變是兌卦（䷹）。而且，既然是婚禮，一定希望嫁得兩情相悅的如意郎君，不會誇耀富貴、擺出公主的驕氣欺負駙馬。當然，更深的意思是主角跟配角之間巧妙的搭配，是有政治上的用心，身價隨時會變，有時有行無市、開高走低；有時候開低走高。人要懂得累積自己的身價，畢竟成交才算數，所以什麼時候適合出手？如何訂定定價策略？如果定價太高，像第三爻「歸妹以須，反歸以娣」，有行無市，最後不得不降價求售，反而浪費時間。第四爻就是不二價，「歸妹愆期，遲歸有時」，等到最後，人家發現這個產品確實好，願意出高價來買，這就是對自己的品質有信心。「六三」是自我感覺良好，沒有那樣的產品實力，卻抬高定價。歸妹卦就在檢討這些。

歸妹卦跟漸卦都是要求最後有個好結果，但歸妹卦沒有求到；漸卦（䷴）卻求到了；表現在上爻，一個「有終」，一個不能「有終」。不能「有終」的原因當然很多，定價策略是其一，還有包裝、成套銷售組合也是一個原因。鴻雁團隊是不可分割的，歸妹卦裡大老婆帶著一群娣，也不可分割。怎麼組合才能相得益彰？千萬不要太急躁。歸妹卦第三爻並不急躁，它是自我感覺良好，想要等待好價錢出售，但它的產品本身有問題，再怎麼不急不躁也沒用。所以囤積居奇還必須有實力，用時間驗證價值，人家才肯出高價。這種策略運用在政治遊戲上，風險是非常高的，不是全壘打就是高飛截殺。

多藏必厚亡

豐卦的特點有點像老子《道德經》所說的：「多藏必厚亡。」意思是說，藏的越多，失去的越多，所以豐不一定是好事。人要懂得布施、散財。資源雄厚，可是貧富懸殊，絕非好事；管理半徑太長，很容易出事。而且豐也會引起嫉妒，搞不好天地人鬼神都嫉妒你。人的劣根性是見不得別人好，這種搞破壞的心態十分可怕。這個現象，在人際、國際之間都一樣。「滿招損」就是豐，人家看你不順眼，就想把你砍掉一點，所以「謙受益」。

豐卦到了頭，之後就是失去一切的旅卦。大起大落，就是因為豐卦是一種非常不平衡的狀態，它的發展是畸形的，操持不易。就像二十多年前的蘇聯和美國搞軍備競賽，窮兵黷武，最後一下子就土崩瓦解。所以看著是力量雄厚，卻因為內部極度不均衡，遲早會瓦解。

豐卦的「多藏必厚亡」是一個警示，人性的貪婪永無止境，總想再多要一點。但這種擁有是相對的，在追求豐的過程中，一旦結構失去平衡，就是「大過，顛也」。豐卦的二、三、四、五爻就是澤風大過（䷛）的象。擁有太多，未必是資產，搞不好是壓垮你的負債。所以很多有錢人要捐出大部分財產做公益，因為留給子孫往往會變成禍亂的根苗，引發遺產之爭，而所謂的富二代也會養成好吃懶做的習性。豐卦中有負荷過重的大過卦，先人創造那麼大的豐功偉業，子孫如果承擔不起，就會被壓垮。這就是大過。有時文化的資源太雄厚，後代人根器不夠也無法繼承。很多人嘴巴上講中國文化，實際的理解卻十分膚淺，因為承擔不起。大國為什麼有興衰？為什麼富不過三代？這都是由「豐」到「旅」的經驗法則。所以豐卦前面是漸卦與歸妹卦的終身奮鬥，一代接一代循序漸進，然後累積財富，創造豐盛的局面；但問題是豐卦的局面不易維持，持盈保泰特別難。

《道德經》裡類似的警語太多了，像「金玉滿堂，莫之能守」，就是豐的局面守不住了。老子大概看過太多沒多久就完蛋的金玉滿堂；像朝代覆亡，萬貫家財一朝散盡，往往是祖宗創業、子孫敗家。還有「富貴而驕，自遺其咎」，富貴必驕，這是給自己找麻煩。假如子孫強過你，何必把財產留給他？如果子孫不如你，把錢留給他，不是害了他嗎？

關於大國興衰，自有歷史記載以來，就有一個宿命的規律。過去五百年，沒有一個國家可以不靠武力取得世界霸主的地位，像美國在二戰中實力大增，之後才有美國的強權。但問題是靠霸道崛起，一定也會因霸道而衰。也就是說，豐卦的如日中天會變成旅卦；豐卦〈彖傳〉就強調天地人鬼神的平衡，宇宙間所有的力量都在注視著豐卦的不可一世，稍有不慎就會落入旅卦的慘狀。如果豐卦不重視整體平衡，豐極變旅是極有可能的。像蘇聯就是豐極轉旅，一旦國力下降，幾十年都追不上來。從《易經》的卦象來看，這就是錯卦的變化。蘇聯是豐卦，內部崩潰之後，豐卦變渙卦（䷺），蘇聯解體，變成十幾個國家。由「豐」變成「渙」，國勢自然下降。

中國未來會怎麼發展，能不能和平崛起？這是一個大課題。不是絕對不行。但歷史有一種惰性，如果你不想被歷史的輪迴帶著轉，就要以超凡的智慧抗拒豐卦帶來的惰性。從個人來說，先天稟賦有限，就要加強後天努力，最大限度提高修為，要找對經典、找對道路。當然，最終目的是要修成功，倘若修個半吊子，還是無法跨越輪迴。卦序的好處就是告訴我們大的因果規律，提早預防；一般來講至少有七、八成以上的準確性。例如在豐的時候就要念茲在茲，提防錯卦成渙卦，離心離德、徹底崩解；或者是綜卦，豐卦一轉成旅卦。

「多藏必厚亡」跟歸妹卦、兌卦都有關，因為「甚愛必大費」；愛過頭了，執著太深，一定非常消耗時間精力。所以愛也不能過頭，一旦愛過了頭，誰消耗得起？像歸妹卦、兌卦、大過卦都是。

豐、旅中皆有大過之象

豐卦的綜卦是旅卦（䷷），錯卦是渙卦（䷺），交卦是噬嗑卦（䷔），每個都不輕鬆。不管怎麼變，豐卦都不好對付，所以不必羨慕人家的豐，因為豐中有大過之象。旅卦的二、三、四、五爻也是大過卦，旅卦同樣很難過，在家千日好，出門事事難。可見旅卦和豐卦一樣，因為都有大過之象，都不是常態。

豐卦中有大過之象，在體態來說，太胖的人就要小心。胖不是罪過，但太胖就會造成人身的大過，身心超負荷，要消耗很多能量。我們常說人豐滿，就是指身體各部位豐而均衡，均衡就是謙卦的象。所以豐而均衡很重要，現在越來越講究結構上的均衡，「不患寡而患不均」也是資源分配的均衡，M型社會最危險的就是中產階級消失。一個國家軟實力跟硬實力的均衡也很重要。所以不必怕大，怕的是不均衡；不管是寡是豐、是小是大，均衡更為重要。貧富懸殊或資源過度集中，就會畸形發展。豐卦上下交易又變成叢林法則，鬥爭無期的噬嗑卦，非常麻煩，所以要特別小心。

豐字本身是祭拜的象，下面的豆就是祭祀的容器，然後上面擺滿花花草草，代表豐厚的供品。宋代文學家歐陽修在〈瀧岡阡表〉中說：「祭而豐，不如養之薄也。」又說：「養不必豐，要於孝。」的確，與其在祭祀時用豐厚的祭品，還不如在父母活著的時候盡孝心，哪怕是「薄養」也無妨。豐是祭祀的象，但是跟萃卦、鼎卦不同，豐卦是吃素的。一個人事業越成功，越要剃光頭、吃素。因為太多消化不了，要博施濟眾、富而好施，不要讓資源集中在少數人身上。《大學》裡面就講，如果你一天到晚不合理地斂財，加上不合理的流失，就是「多藏必厚亡」；怎麼來就怎麼去，「財聚則民散」，大家對你離心離德，「財散則民聚」。所以豐字上面不是萃卦的「用大牲」，而是用植物或鮮花、水果擺在豆的祭器裡。所以豐蘊含了一個意思，亦即人的資源越豐厚，越不要奢侈浮華，這樣才能永豐。

〈序卦傳〉說豐、旅二卦

豐卦和旅卦都是三陰三陽的卦，前面的漸、歸妹二卦也是，這種卦共有十組，一般來說陰陽三比三的卦特難，但是很值得玩味。我們看〈序卦傳〉：「得其所歸者必大，故受之以豐。豐者，大也。窮大者必失其居，故受之以旅。旅而無所容，故受之以巽。」「得其所歸者必大」，豐卦中有大過卦，壓力特大，結構平衡才能撐得住。從身體來講，如果胖而均衡就不會有問題，如果瘦而不均衡照樣出問題。從卦象來看，豐卦上卦震、下卦離，先後天同位，體用合一；用在身體小宇宙就是心臟。人胖得不平衡，心臟的負荷就很大。離是心火，震是心搏；離卦先天八卦在東方、是生方；震卦後天八卦也是在東方、也是生方，都是要終而復始、永續發展。

心火的離卦在內卦，是氣血流行的網絡；心動的震卦在外卦。體在內，用在外，心臟能否繼續跳下去，或者說強國政權會不會一直強下去，就看震與離的配合。離卦代表智慧光明——軟實力。一個大國若是豐，必須軟、硬實力兼備，否則不能長久。軟實力就是離卦代表的文化底蘊；硬實力就是富國強兵的外卦震。但是外卦震的硬實力跟內卦離的軟實力必須維持均衡，這個國家才可以「永豐」，不然內部一定會出問題，不用人家來打你。所以任何一個大國或個人想要豐，一定要注意內明外動，所有外卦的行動都靠內卦的智慧做指導，而且兩者維持均衡。如果太有智慧而沒有硬實力，也不會有人理你。如果拳頭太大而沒有智慧，那也不行。中國近年來一直強調文化興邦，這就是大智慧。豐卦不能只靠外面的震，還得靠內卦的離。離是燃料、是原動力，沒有心火的離，沒有氣血網絡，心臟的跳動就沒有意義。

我們回到〈序卦傳〉：「得其所歸者必大，故受之以豐，豐者大也。」這句話很簡單，即得其所歸一定盛大，所以接著是豐卦。豐是大的意思。就像百川匯海，黃河九曲終向東流；大海的地位最低，但最後所有的河川都流向它，所以能夠成其大。就像人生的漸、歸妹二卦都要追尋終生奮鬥的歸宿，若能得其所歸當然大，「故受之以豐，豐者大也。」

「窮大者必失其居」，大了之後怎麼維持？「窮」就是窮奢極欲，人一豐，節儉的美德就沒有了，一天到晚揮霍浪費、好吃懶做，結果坐吃山空。通過奮鬥而有豐大的結果，可是卻「窮其大」，消耗、誇耀，或者不斷追求更大；「必失其居」，一敗塗地，連住的地方都沒有，遑論金錢、權力。可見，大之後要適可而止。知足者富，什麼都有極限，像升卦的成長就有極限，不然必困；豐卦的大也有極限，否則「豐」極轉「旅」。只是人總是嚮往大，想創紀錄，追求從未曾有的業績；「窮大者必失其居」，失其居就很慘了，「故受之以旅」，出國流亡，寄人籬下。「旅而無所容，故受之以巽」，在旅的時候因為沒有自己的平台，只能到處漂泊流浪，走到哪裡都被排拒。我們都知道，旅是一個非正常的狀態，人也不能一天到晚飛來飛去，總要有一個家、一個基地或平台，「故受之以巽」。巽就是低調而深入，落地生根，異鄉變故鄉。所以本土化是很正常的事，在一個地方住久了，第二故鄉就超過第一故鄉了。像大部分美國人都是歐洲移民，還有原住民印第安人和亞洲移民，住久了都成為美國公民。像曾擔任美國駐中國大使駱家輝就是華裔，他一定宣誓效忠美國。

「旅而無所容」，異鄉人走到哪裡都不被接受，所以就得進行本土化的扎根工作。巽就是本土化的象徵。落地生根一定要低調，不要得罪當地人，強龍不壓地頭蛇。豐卦可能是強龍，到了旅卦就不能得罪地頭蛇，一定要用巽卦（䷸）的低調設法見容於當地。

〈雜卦傳〉說豐、旅二卦

〈雜卦傳〉說：「豐，多故也；親寡，旅也。」「故」就是既成事實，就像隨卦（䷐）的「隨，無故也」，每一個剎那都在創新，拿得起放得下，不背舊時代的包袱。革卦（䷰）也是「去故也」，拋掉過去的東西，要革故鼎新。豐卦卻是「多故也」，所以豐不一定是好事，因為擁有的東西已經成型，不像隨卦跟革卦的「故」都是要丟掉的。豐卦的舊包袱重得不得了，而且「故」也包括變故、事故，因為「豐多故」，資源太多，如同兵家必爭之地，大家看著都眼紅；或者是兄弟爭產，不知要發生多少事。可悲的是，大家爭的都不是什麼新東西，而是前人開創的舊東西。所以，要豐卦創新並不容易，舊東西就可能把它壓垮。

這就是「革去故」、「隨无故」、「豐多故」，〈雜卦傳〉中有名的三「故」；一是指過時的東西，一是指原因、理由，再就是事故。這些過去的東西本身已經不再進步，是死的資源。除了三「故」之外，〈雜卦傳〉還有三親：「親寡，旅也」，還有「訟，不親也」、「同人，親也」。

「旅」是漂泊在外，舉目無親，這種孤單寂寞的感覺令人心下淒涼，這就是「親寡，旅也」。同人卦、旅卦、訟卦，這三個關係密切的卦都跟「親」有關。人要從獨親其親到不獨親其親是很漫長的。人類社會的親和關係特別重要，所以「大學之道，在明明德，在親民，在止於至善」。親寡，資源就少。豐卦的資源很多，但那些資源不一定有用，子孫繼承就可能成為包袱或負債，一天到晚好吃懶做，無法創造新的空間和前途。人生要找親的感覺，不一定真有血緣關係，像「同人，親也」，天下一家，可是旅卦的「親寡」則是陌路人，大家都繃著一張臉，無法親切、隨和地相處。

豐卦卦辭

䷶

豐。亨。王假之，勿憂，宜日中。

豐卦卦辭首先就是「亨」，資源雄厚當然亨通無礙，正所謂有錢能使鬼推磨。長袖善舞，多錢善賈，有財有勢會耍手腕的人，善於鑽營走門路，本錢多就可以做生意，不必一天到晚去貸款。資金少，能玩的東西就有限，戰戰兢兢當然做不大。

既然豐卦容易創造亨通，就會受到重視，也比較好辦事。「王假之」，「假」即格物致知的「格」，是一種自然而然的感召力量，也就是咸卦「虛受人」的感動力量。「格物」，就是對萬事萬物都要用「格」的精神去接觸、感應、承受。「假」還有「至」的意思，就是說到做到，知行合一。一個領導人要有感召的能力，提出理念之後，還要有強大的執行力；像「至哉坤元」的「至」一樣，說到做到。豐這麼大的企業集團，這麼大的強國，他的王不是更要有「假之」的本領嗎？而且要念茲在茲，時時刻刻都在這上頭用心用力。「王假之」說明，大企業、大國的領導特別重要，不然就會暴殄天物。

「勿憂」，完全不用憂慮，要注意它的受詞是什麼？豐的領導人要統領龐大的團體、資源，一定有忙不完的事；第一要「假之」，要繼往開來，還要調和內部矛盾。管理小公司跟管理大公司是截然不同的。如果把不丹那一套搞到中國，也一定行不通。

「宜日中」，光明磊落、如日中天。日正當中正是光明的巔峰，日中一過，太陽就要下山了。離卦第三爻「日昃之離，不鼓缶而歌，則大耋之嗟，凶。」日正當中是最好的狀態，但能維持多久？我們只能儘量維持永豐不墜。「宜日中」，又光明、又合乎時中之道，不會太偏激、也不會過或不及。要做到這些，首先就得化私為公，光明磊落才能維持優勢、長期不墜。「宜日中」的公正、公開，才經得起陽光法案的檢驗。

豐卦〈彖傳〉

〈彖〉曰：豐，大也。明以動，故豐。王假之，尚大也。勿憂，宜日中，宜照天下也。日中則昃，月盈則食。天地盈虛，與時消息，而況於人乎？況於鬼神乎？

「豐，大也。」〈彖傳〉也是用「大」來解釋豐。「明以動，故豐。」「明以動」三個字，說明內卦離一定要有智慧光明，並依據這個明去動，不要妄動。倘若外卦震的動都是依據文明的法則、智慧的判斷，這樣當然會成功。幾次成功之後，累積相當的資源，自然就豐了，勢也起來了。可見，盲目的動不會豐，動要有明作燈塔和指導法則；所以一個大國的硬實力（震卦）一定要服膺於軟實力（離卦）的指導。只有光明而沒有動，當然也不行，就像只有腦袋而沒有肌肉骨骼就無法行動。「明以動，故豐」，「說以動，歸妹」，「巽以動，恒」，這三個卦，內卦從少女到中女、到長女，外卦都是震，成就不一樣。下卦的動力來源如果是感情衝動的少女，結果就是歸妹卦；「說以動，所歸妹也」。如果少女變成中女，那就成熟了，下卦離的動就成為豐卦。但「豐」通常很短暫，恒卦（䷟）則是「巽以動」，是深入而低調的動；「豐」很難長久，但「永豐」，就是「恒豐」。自古以來，豐卦盛極一時的強權霸業不知有多少，納粹德國也是豐，最後一樣難逃覆亡的結局；中國歷史上帝王霸業的豐也不少，但就如老子所說：「飄風不終朝，驟雨不終日。」一陣狂風暴雨之後，俱往矣，只有恒卦能日積月累、永遠存在；能夠長久留存的，還是那幾本經典。

「明以動，故豐」，人生想要成就豐功偉業，就要永遠記住「明以動」，內明外動；也不可以採取愚民政策，因為老百姓也要有智慧才能，才能藏富於民、藏智於民，這是歷代先賢再三強調的。所以內卦是明，以深厚的文化底蘊形成交織的網絡，才可以支撐上層的震卦，而形成豐的大格局。如果老百姓普遍愚昧，那麼永遠不會豐，即使是豐，也都是假象。明、動相資，交相為用；明需要動、動需要明，行動需要智慧的指引，高明的想法需要有落實的做法，這就是豐的秘訣。像張良「明」，劉邦就懂得「動」，明與動配合無間，如魚得水，成就了漢朝的豐功偉業。有些人是明，卻沒有動的資源和實力；有的人一天到晚亂闖，卻沒學問智慧，這都不能成豐。

「王假之，尚大也。」心嚮往之曰「尚」。人往往好大喜功，永遠不滿足，只想著還有比自己更大、更好的；人比人氣死人，他就想再成長，追求更多的錢、更豐厚的資源與勢力，這就是「尚大也」。這種成長動力有可能成功，也可能導致敗亡。所以領導人很重要，一定要能「假之」，具備「格」的能力，才可以繼續追求成長。如果沒有適當的接班人，權力交接出去就可能出問題。古往今來，許多梟雄英明一世，「尚大也」，孰料接班人卻糟糕透頂。所以，要追求成長，又要求均衡並不容易。

「尚」是雖不能至，心嚮往之，這是很重要的成長動力。要是不想「大」，就不可能豐。人心中有所嚮往，再怎麼樣的坎也不怕，所以坎卦說「有孚，維心亨，行有尚。」《尚書》主張天下為公的政治制度，是跟「至於禹而德衰」之後的家天下比較；我們到底要「尚」父子相傳的專制那一套，還是要「尚」堯舜禪讓那一套？這就關乎人心的嚮往了。人有心儀、嚮往的對象，有高尚的情操，就活得有勁、就會努力；如果沒有「尚」，就會渾渾噩噩一生。一個人遭遇危厄的時候，因為有所尚，就不會失去節制，因為他不會自怨自艾，會奮鬥脫險。〈繫辭傳〉也標榜「尚」：「《易》有聖人之道四焉：以言者尚其辭，以動者尚其變，以制器者尚其象，以卜筮者尚其占。」

然後下面還有：「是以君子將有為也，將有行也，問焉而以言，其受命也如嚮。」最後一個字就是嚮往的嚮。心嚮往之就叫「尚」，還沒做到，但是想到了。這一段是講占卦，我們有任何想法，有所行動，就去問卦；心中想什麼，易占的結果就會出現一個象，這就是「其受命也如嚮」。不管未來的發展如何，「無有遠近幽深」，完全可以預先知道，所以這是天下最精密的學問，不然怎麼能達到這種境界呢？〈繫辭傳〉這段文字，有的版本把嚮往的「嚮」寫成「響」，把「其受命也如嚮」解釋成占卦時答案緊扣問題，如響斯應，也有意思。我認為應該是嚮往的嚮，指心力的運作，心之所感，卦象就出現了，可以超越任何時空阻礙，給出圓滿的答案。

我們接著看〈彖傳〉的下文：「勿憂，宜日中，宜照天下也。」這是天下為公的意思，領導人絕對要棄私從公，如果天天擔心自己的得失利害，那就不對了。所以「勿憂」之後省略的受詞應為「己私」就很清楚了。「勿憂，宜日中」絕對要經得起檢驗，而且「宜照天下」；不是照你家，而是「大人以繼明照于四方」，是日正當中的「黃離元吉」。

「日中則昃」是離卦（䷝）第三爻的概念。換句話說，日中到了高點，之後就得往下，這是不變的道理，所以要小心「滿招損」。「月盈則食」，亢龍就是「盈不可久」，所以月亮滿了，接下來就是缺，好像被陰影吃掉一大塊，光芒越來越暗淡。「天地盈虛，與時消息，而況於人乎？況於鬼神乎？」這是拋出問題，讓我們自己去想，刺激我們去想歷史、想自己、想周遭的事；然後我們不得不承認它確實講得對，這就是自然法則，天地人鬼神都在其中。能夠兼顧天地人鬼神的均衡，所以謙卦（䷎）卦爻全吉，是最好的一個卦，「裒多益寡，稱物平施」，謙受益是一定的。豐就招損，因為它很可能不只是與人為敵，而是以天地人鬼神為敵。即使做到匪寇婚媾、天下無敵，還可能會輸，因為破壞自然環境，導致自然界反撲；或者做了虧心事，造業太多，天地不容，鬼神都會盯住你！所以豐卦的豐功偉業只是人間的成就，很可能是與天地人鬼神為敵，最後不「旅」，不「渙」才怪！謙卦就是以天地人鬼神為友，故「君子有終」。這就告訴我們，做任何事都要考慮周全，不能只考慮人，還要考慮天地人之間的平衡，以及鬼神、歷史的問題。不論有形、無形，都要做整體考慮，求其均衡。

「天地盈虛，與時消息」，「消」跟「息」、「盈」跟「虛」都是相反的；天地是「與時消息」，日月有消長盈虛，天地人鬼神都得服膺自然法則，不會有例外。所以人千萬不要迷信一時的豐、強、大，而做出傷天害理的事。〈彖傳〉不講教條，而是用提問的方式，讓你自己去思考、印證，所以特別啟發人。

關於天地人鬼神的兩個卦，一個是第十五卦謙卦，其九宮數都是平衡的。一個是第五十五卦豐卦。五十五是天地之數，占卦的時候用來確定爻變的主變數與次變數，所以要考慮天地人鬼神的整體影響，作為判斷各種變化結果的依據。《易經》要修大人之學，《大學》也就是兼顧天地人鬼神的大人之學。乾卦〈文言傳〉清楚告訴我們什麼是大人，這是《易經》的最高標準，可以是個人，也可以是群體或社會國家，需要「與天地合其德，與日月合其明，與四時合其序，與鬼神合其吉凶，先天而天弗違，後天而奉天時」，這和「況於人乎、況於鬼神乎」完全是同一個調。益卦（䷩）集體決策的模式，也是全面考慮，不能只有君王本身的看法，要聽高官幹部的參謀，要參訪民意，還要參考「十朋之龜，弗克違」所顯示的天意，這才能得到最好的決策。《易經》之所以屹立不搖，就是因為考慮周全而深遠。

豐卦〈大象傳〉

〈大象〉曰：雷電皆至，豐。君子以折獄致刑。

「雷電皆至，豐。」「至」即指雷、電都到位。我們知道雷聲與閃電是有時差的，閃電在先，之後再聽到雷聲，之間甚至相差十幾秒。豐卦的打擊力卻是雷、電同時到位，這就說明豐卦的資源雄厚，軟實力和硬實力同時到位，而且均衡發展到最高境界。這就是「雷電皆至，豐」的涵義。這裡不說「雷火皆至」，因為離為電、為火、為日，〈大象傳〉取象自然，當然是取風、雨、雷、電。第二十一卦噬嗑卦（䷔）稱「雷電，噬嗑」而不稱「電雷，噬嗑」，把上下卦顛倒了，這也是因為自然界不稱「電雷」而稱「雷電」。「君子以折獄致刑」，「折獄」就是司法審判，論斷有罪、無罪，這是司法審判權。像《論語》有多處講到「折獄」，子路片言就可以折獄。「折」是做出公正無私的判斷，無罪就當庭釋放，有罪就得判刑，這就是「致刑」。古代沒有陪審團，法官權力很大，壓力也很大。如果有陪審團，由陪審團決定有罪沒罪，最後再由法官量刑，這就叫「致刑」。

「君子以折獄致刑」是人間法庭的司法審判權，同時也是天地鬼神的法庭。人可以逃過人間法庭的審判，但逃不過天地鬼神最後的審判。這就說明「善有善報，惡有惡報；不是不報，時候未到」。卦序「五十五」作為天地之數絕非隨機、無意義的；占卦時除非爻不動，只要爻一動，宜變爻位就要用豐代表天地人鬼神的總數五十五去減六個爻的總數和，以決定主變數和次變數，這就是「折獄致刑」。《易經》卦序有十分重大的意義，革卦（䷰）第四十九，鼎卦（䷱）第五十，「大衍之數五十」，這是指鼎卦「君子以正位凝命」；「其用四十有九」，這是指革卦「治歷明時」。

四十九、五十都跟占卦有關，而作判斷的時候就要用到天地之數五十五。謙卦第十五是最完美的數字。節卦（䷻）第六十，是天干地支一甲子的循環起始。恒卦（䷟）第三十二，居六十四卦之中，「立不易方」，恒是永遠不變的。蠱卦（䷑）第十八，「十有八變而成卦」，蠱就產生變化。臨卦（䷒）第十九，每十九年的倍數，陰曆、陽曆生日會在同一天。這些數字的後面都有自然法則的運轉規律，不是巧合。

我們一再強調，在〈易傳〉之前，三權分立、互相制衡的體制還沒出現，直到近幾百年才出現在西方世界。豐卦代表司法審判權——「君子以折獄致刑」；公權力當中最重要的當然是噬嗑卦的立法權，也就是「先王以明罰敕法」；行政權的官樣文章是賁卦（䷕）——「君子以明庶政，无敢折獄」。噬嗑、賁相綜一體，立法、行政如鳥之兩翼互相制衡。立法權又高於行政權、司法審判權，這在法國孟德斯鳩的《法意》中就已經講過。按照《易經》的卦序來講，行政、立法是相綜一體的概念，然後特別強調行政權不可以干預司法審判，豐卦就是司法審判權。豐卦的下一卦旅卦，正是行政權和司法權掛鈎的上下游之地。這幾個卦都是《易經》非常重要的政法思想。三千多年前的中國就已經建立這樣一套完善的思想。周朝的建國者就很清楚，法官可以任命，但不可以關說，不然權力過度集中，一定腐敗出問題。三千年後的今天，大家仍然緊盯著行政、立法、司法，不讓它們濫權。因為濫權一定導致腐化，或者出現所謂的政治獨夫。所以三權的互相制衡很重要。從《易經》來講，就是交卦跟綜卦的概念，旅卦是行政權跟司法權，但司法權只有依法審判，是中立客觀的，不可以受到行政權的干擾。而所依的「法」就是訂立遊戲規則的立法權所訂出的法；因此行政權要依法施政，司法審判權要依法審判。所以「君子以折獄致刑」，「君子以明庶政，无敢折獄」，行政跟司法審判權都只講到君子，只有噬嗑卦的立法權講「先王」，因為這是最高的權柄。

在《尚書》裡面就已明確提出政法分立，當然這些思想在中國歷史上也未能完全落實，因為當權者想要得到特權，一定會干預。所以〈禮運大同篇〉談到那麼好的社會，只是美好的願景罷了。

豐卦六爻詳述

初爻：尋找絕配

䷶

初九。遇其配主，雖旬无咎；往有尚。

〈小象〉曰：雖旬无咎，過旬災也。

我們看豐卦第一爻——「初九」，「遇其配主」，「遇」，就是不期而遇。這是《易經》很重要的概念。人生的機遇往往稍縱即逝、可遇而不可求。「遇其配主」，就是遇到跟你配合的、實力相當的、命中注定的對象；你需要他，他也需要你，雙方是絕佳配合。

「初九」地位比較低，是人生開始求豐的第一爻，還在基層奮鬥。在「潛龍勿用」時，當然希望得遇「配主」——良主，然後可以飛黃騰達，往上創造豐功偉業。但是，一定要碰到識貨的、能夠真正幫上忙的，彼此配合。這樣的一個「主」是可遇不可求的，在人生路上很難碰到，一旦碰到了就要掌握機會，因為這個機會對豐卦「初九」來講非常重要。就像下卦是離，有智慧、很聰明，諸葛亮臥龍在南陽，他是有智慧的，可是沒有實力，無軍、無權、無錢，就只是「初九」；但他有頭腦、有智慧，得遇小有一點震卦實力的劉備，震卦跟離卦配合，自然如魚得水。這就是「遇其配主」。但是這樣的奇遇要有機緣，不能強求。像旅卦也是周遊列國的象，孔老夫子一身本領，周遊列國而一事無成，就是沒有遇到「配主」。

所以「遇其配主」就是豐卦之初最重要的事；有軟實力，還要找到有硬實力的配合對象才能成事。為了找到這個配主，「雖旬无咎，往有尚」。「往有尚」在〈彖傳〉已經講過，根據自己的主張往前奮鬥，就有成就豐功偉業的希望。但需要經過十天之久才能找到賞識你，而且能與你合作幹大事的人，這樣才能无咎。「旬」是十天，這裡當然不一定是十天，而是用十天來代表一段很長的時間。為了找到「配主」，再長的時間也要等待，不然光有智慧，沒有金主支持，無權無勇一定不能成事。所以是「踏破鐵鞋無覓處」，有的時候「得來全不費工夫」，該跑的地方都得去跑，就是希望能遇到「配主」。孔、孟周遊天下，甚至商鞅、蘇秦、張儀等戰國時代那票叱吒風雲的人物，都是靠自己遊說各國，希望能「遇其配主」，但往往不那麼順利，甚至跑完十天，一個也沒碰到。

可見，對豐之初來講，一定要「遇其配主」。如果跑了十天，該跑的都跑完了，還是沒找到「配主」，就只能怪命不好。要知道，懷才不遇的人多得很，鼎卦第三爻、井卦第三爻都是懷才不遇，井水很乾淨，但沒人喝；鼎中的野雞肉超香，但是太燙了沒人吃。這都是懷才不遇。

「雖旬无咎」，如果十天之內找到「配主」就无咎。然後就是「往有尚」，因為跟配主一起往前奮鬥，就有可能共大事。如果過了十天還沒找到，對不起，不一定有下次機會。就像〈小象傳〉說「過旬災也」，不但沒機會，還會有災難。所以人生常常是這樣，「莫益之，或擊之，立心勿恒，凶」，沒找到雖然不至於歸零，但因為有機會成本，而且時機稍縱即逝。超過十天，你想再爭取多一點時間，肯定辦不到！「過旬災」說明人都有些運氣、機緣，人生就是在甲、乙、丙、丁、戊、己、庚、辛等氣運循環中拚老命，能不能碰到都是你的命。如果還不行，「過旬災也」，長江後浪推前浪，就得把機會讓給別人。所以豐卦要求均衡，過了就是災。

這個爻的爻變是小過卦（䷽）。也就是說，在追求豐的過程中偶爾會犯錯，但沒有關係，只要抓到中心軸就可以；要謹小慎微，可小事，不可大事；尤其在還沒找到「配主」之前，不能一個人硬幹，否則就是「過旬災」，而不是爻辭所說的无咎了。就像无妄卦本來是「元亨利貞」，要是「其匪正有眚」就「不利有攸往」，天災人禍並至。很多的災就是這樣來的，因為貪心想不開，要求太過份，想一而再、再而三得到機會。「初九」，需要「遇其配主」，就像男怕選錯行，女怕嫁錯郎，也是要找到「配主」。但這都是遇，如果遇不上，也不能怪誰，即使當總統也有任期到的時候，與其下台後落寞，還不如在任期內好好幹。

「雖旬无咎，過旬災也。」時運是循環的，所以「天地盈虛，與時消息，況於人乎？況於鬼神乎？」這個自然法則我們必須尊重，太陽不可一家紅，哪有你一天到晚長紅的呢？我們只有在一個合法、合情、合理的時限內，睜大眼睛趕快找，這就是豐卦「初九」的境況。那麼，「配主」到底是誰呢？就是第四爻，就是上卦、外卦的核心，震的陽爻「九四」。因為九四有實力、有行動力，但不一定有頭腦、有智慧；而「初九」是下卦離之初，兩者結合，就叫「明以動」，內明外動，缺一不可，要找到這麼好的搭配不容易。

其實，豐卦也可以這麼看，「初九」跟「九四」搭配，明動相資，你需要我，我需要你；還有「六二」跟「六五」相應，「九三」跟「上六」不但相應還相與，這都是配合的。一個是明，一個是動，「初九」是明之初，「九四」是動之初；「六二」、「六五」是明之中與動之中，而且

「六五」是全卦的君位，這個相應的關係就特別重要，明動相資故稱豐。「九三」跟「上六」就不同了，「九三」的明已經夕陽西下，就像離卦的「初九」日出東方，二爻日中，三爻就是老態龍鍾、日薄西山。豐卦的「九三」就是夕陽西下的象，然後它的搭配也是過氣的大老——豐卦的「上六」，行動力衰微，所以智慧不足。豐卦三爻跟上爻的搭配絕對不可能好，這兩爻都糟透了。一個老邁昏庸、智慧不足，一個路都走不動，可是這兩個還是明動相資，明不足，動也不足；哪像二爻、五爻，一個有如日中天的智慧，一個是全卦君位。而「初九」跟「九四」，一個是日出東方，一個是行動力十足加上大權在握。

那麼，豐卦從「初九」開始，一定要找到「九四」，「九四」有權、有實力，「初九」就是民間深厚的文化底蘊，有智慧，是屬於「臥龍」型的人物。兩者的搭配很重要。「初九」跟「九四」這兩個爻如果都能找到對方，兩爻變就是地山謙（䷎），「謙亨，君子有終」。謙卦就是要求在面對天地人鬼神時，都能夠「謙受益」；豐卦本身是「滿招損」，如果「初九」、「九四」兩爻結合變成謙，再大的豐都不會有問題，因為它是以「謙」持「豐」，豐中有謙象，很不容易。「雖旬无咎」，花再長的時間去找都值得，「往有尚」就是這麼來的。

我曾在上個世紀末問：中華文化在二十一世紀的氣運如何？答案就是豐卦「初九」。也就是說，中國文化絕對是如汪洋大海般富藏智慧的寶藏。在二十一世紀，文化興邦非常重要，初爻的文化底蘊要用得其所，就要「遇其配主」，所以中國的富強崛起，剛好提供「配主」的機會。不像清末民初國家積弱，再優秀的文化沒有配主，只能用大刀跟人家的船堅炮利相拚，怎麼拚得過呢？現在綜合國力起來了，國家富強，文化底蘊開發得好，跟富強的國力配合在一起，當然就能夠豐，這是千載難逢的機遇。豐卦「初九」代表中華文化的底蘊，取之不盡，用之不竭，在這個世紀有機會「遇其配主」，跟強大的國力結合，而顯出其光輝燦爛的本質。「雖旬」就是要掌握「旬」的時間，在沒有太大的外在干擾時，經過努力的實踐，讓軟實力跟硬實力結合、富強跟文化結合，就「无咎」，「往有尚」，前途不可限量，遲早會如日中天。如果「過旬」，大家都不努力，都沒意識到這個工作的重要性，富而驕橫無禮，就會變災。所以二十一世紀中華文化的運勢最重要的就是要「遇其配主」，這個機會不容易，我們要珍惜。

關於「旬」字，除了十天一個週期的意義外，還有「均」的意義，也就是均衡發展。「初九」代表文化、智慧，「遇其配主」跟「九四」的富強實力結合，結果相得益彰，力量無窮。但「初九」代表的文化力量跟「九四」代表的富強力量，誰比較重要呢？均等，沒有主從。其實「九四」也以「初九」為主，雙方都在摸索。對「九四」來講，「初九」是主；對「初九」來講，「九四」也是主。也就是說，軟實力跟硬實力互相需要，不分主從。雙方互相尊重，軟實力、硬實力維持均衡發展，國家再大也不會有問題。如果「過均」就災，如窮兵黷武或只知道追求財富，都是「過均」。那麼徒有文化，而沒有富強的實力，仍然是災。所以綜合國力的發展一定要講求均衡，那才有可能「永豐」；如果追求片面的畸形發展，就不可能久，不是「旅」就是「渙」，這是一定的。

四爻：向民間尋找智慧

䷶

九四。豐其蔀，日中見斗，遇其夷主，吉。

〈小象〉曰：豐其蔀，位不當也。日中見斗，幽不明也。遇其夷主，吉行也。

第四爻出現太陽了，如日中天，中午的太陽是豐卦的基本象。豐中的「大過」就是中午的太陽出現不尋常的天象。在過去人們對宇宙天文的理解普遍不足之時，日食的現象常被認為是一種凶險的徵兆。中國古代天文記錄對日食的記載是全世界最豐富的，每一次日食都被記錄下來；一旦有日食，人君、人臣就覺得代表天譴，是老天爺示警，帝王就得齋戒沐浴，反省是不是施政有問題，必須趕快改弦更張，不然會有更大的災難降下來。以現在天文學的知識來看，我們都知道日食是可以預測的正常現象。豐卦的寫作估計就是取象於在如日中天的中午發生日食。所以第二爻到第五爻就是日食觀測的過程，第五爻太陽恢復光明，剛好落在君位的改弦更張，調整錯誤政策。第二爻開始日食，第三爻是日食的高潮，也是最黑暗的時候，第四爻慢慢恢復光明。第四爻跟第二爻的爻辭之所以那麼相似，就是因為第二爻開始黑一半，第四爻又恢復一半。第五爻完全恢復光明，第一爻沒有日食，第六爻是日食恢復光明之後的象，也是豐極轉旅的象。

我們看第四爻。發生「豐其蔀，日中見斗」的現象，怎麼辦呢？解法就是「遇其夷主」。「夷主」就是「初九」，代表民間有智慧的臥龍。「九四」要找民間智庫幫忙解決難題。因為居高位的掌權者不一定有智慧，所以要「遇其夷主」，遇到「初九」，把「初九」當主人。「夷」是平的意思，代表沒有任何官爵的一般人。「遇其夷主」就吉，在日食所象徵的一片黑暗中找到出路。「初九」指引「九四」，「九四」落實，兩相配合，問題乃得以解決。

「豐其蔀，日中見斗。」斗就是北斗星，是自有人類以來就可以用肉眼看到的天象，「日中」就是中午的太陽，因為發生日食，月亮、地球跟太陽在一條線上，太陽被陰影蓋住，光明立刻變黑暗，白天變晚上。「見斗」就是中午看不見太陽，卻看到了北斗星。當然，這個說法有點誇張，要知道再強烈的日食都不至於到這一步，這是指光明的社會因為第四爻的施政錯誤而導致黑暗，所以一定要找到有智慧的「夷主」，趕快調整，恢復光明，才可以重新贏得基層民意的支持。「豐其蔀」的「蔀」就是日食的陰影範圍非常大，代表黑暗勢力侵蝕光明的太陽，在中午時分居然看到晚上才看得到的北斗星。

〈小象傳〉說：「豐其蔀，位不當也。」「九四」當然是位不當，陽居陰位，居高位而不正，「位不當」也代表日月星辰的相關位置不對，才會「日中見斗，幽不明也。」太陽被遮住，變得一片幽暗。「遇其夷主，吉行也。」等到「九四」從「初九」那邊得到智慧的光明，馬上調整，推行新政，結果就是吉。如果不按爻辭所說的去做，爻變就是黑暗無邊的明夷卦（䷣）。

可見，「豐其蔀，日中見斗」是「九四」感覺到黑暗的可怕；「遇其夷主，吉」，他的智慧被開啟了，「吉行也」。「九四」有震卦行的實力，但沒有透徹的眼光，所以需要「初九」的智慧。「初九」和「九四」兩爻一動就是謙卦（䷎），堪稱為最好的搭配。

「幽不明」跟「吉行也」，也在困卦出現過。困卦第一爻「入于幽谷」，困在幽谷之中，三年都看不到人。「困于株木」，也是「幽不明也」。豐卦「九四」「日中見斗」的狀況跟「入于幽谷」的狀況是一樣的，都是「幽不明」。困卦上爻「動悔有悔，吉行也」。從困卦第一爻到上爻，由「幽不明」——找不到出路，到上爻改弦更張，找到脫困之策，「動悔有悔」就「吉行也」。豐卦第四爻把困卦初爻跟上爻的〈小象傳〉的評斷集中在一起，「日中見斗」的時候是「幽不明」；有智慧的人點醒你，教你怎麼調整，不要陷在日食的黑暗裡，懂得怎麼做了，那就是「吉行也」。

換句話說，困卦初爻是最低的位置，是在「幽不明」的人生谷底，境遇悲慘，離自殺不遠。

可是對於在豐卦這個大集團中居高位的「九四」來說，他也是「幽不明」，可見官大也不見得全然是好的。「九四」會有這麼黑暗的象，是因為豐卦有很多問題，而且資源太多，引來大家爭奪；加上「九四」跟「六五」是陰乘陽、柔乘剛的關係，上卦是震，「九四」是典型的功高震主，當然會招致第五爻的猜忌。日食就象徵著人際關係、君臣關係、老闆跟高幹之間的關係，重重猜忌、疑雲滿腹；就像睽卦上爻的神經病一樣，那是非常危險的環境，資訊不明，大家互相猜忌。可見，在豐卦這麼大的林子裡，什麼鳥都有。豪門大宅中是非特別多，大紅燈籠高高掛，各房都要爭寵，所以「幽不明」、不可告人、藏汙納垢的事在豐卦中特別多。在這種環境中，「日中見斗」的「幽不明」，跟困卦的「入于幽谷」沒什麼不同，跟地位高低也不相干。越是地位高，越加「幽不明」，一定要想辦法走出去，要「遇其夷主」，躲開人際猜忌或老闆的猜疑。

「遇豐之明夷」是「九四」的象；「初九」是「遇豐之小過」，都不大舒服，可是兩者結合起來，是「遇豐之謙」，那就不得了了，豐卦的所有問題統統化解。可見，人生的配合很重要，雁行團隊之所以那麼重要，就是因為不可分割，少一個都不行。人的教育發展也是越均衡越好，德智體群美均衡發展，過度或畸形發展絕非好事。「遇豐之謙」就給我們很大的啟示，大國崛起要「謙亨，君子有終」，就是要「遇其配主」、「遇其夷主」，兩者均衡發展必成豐，少一個都不行。「初九」沒有「遇其配主」，縱是滿腹經綸，也沒有施展的機會，就像孔、孟，無法「遇其夷主」。此外，有錢有勢而沒有智慧，也是「豐其蔀，日中見斗」，前途黑暗。

二爻：日久見人心

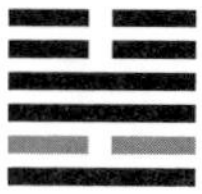

六二。豐其蔀，日中見斗。往得疑疾。有孚發若，吉。

〈小象〉曰：有孚發若，信以發志也。

我們看第二爻，第二爻剛開始日食，天黑到一半，和第四爻的情景有點像。第四爻是從全黑的第三爻慢慢恢復一半光明。故「六二」跟「九四」的爻辭前半部完全一樣，都是描述日食的景象：「豐其蔀，日中見斗。」

「初九」還未進入豐卦中象徵非常天象的大過卦，「六二」則已進入瞬間的黑暗時期。照講「六二」中正，跟「六五」也相應，明動相資；可是「六二」跟「六五」之間，被「九三」跟「九四」隔斷，所以「六二」跟「六五」不能誠信往來。二跟四又時常爭寵，第五爻跟第四爻又是陰乘陽的關係，時日久了就生出猜忌，加上豐卦資源太多，大家都想分一杯羹，「六五」很難管好這個家。「九四」作為中央執政大員，卻在那裡搞派系，暗中發展私人勢力；「六二」是地方諸侯，也是如此。「六二」中正，是下卦、內卦離之中，像離卦「六二」是「黃離，元吉」；豐卦「六二」應該也是最光明的地方，現在卻發生日食，下卦的太陽被遮住了。

豐卦二、三、四、五爻是日食的象，可是〈彖傳〉講的不是日食，而是月食——月盈則食。兩者取象不同，但都是發光體被黑暗的形勢遮蓋。當然不會永遠被蓋住，說不定黑暗過去又可以恢復光明。在整個豐卦的過程中，二、三、四、五爻很黑暗，可能有官商勾結的共犯結構，或者是同僚之間互相猜忌。人在鬥爭時很容易喪失理智，只看到自己想要的東西，這種紛爭就很麻煩。

「六二」「豐其蔀，日中見斗」，陰影「豐」得不得了，黑暗面很大，蓋住了中午的太陽，連北斗星都看得到。二爻因為受到「九三」、「九四」的阻隔，也開始受到「六五」的猜忌，所以光明蒙塵，二跟五的關係出現陰影。「六五」既懷疑「九四」，又猜忌「六二」，可見，豐卦的「六五」不好當。這時候怎麼辨呢？「六二」並不急，既然本身是光明的，就不要在乎一時被誤會，也不用急著解釋，日久見人心。所以在大家都神經過敏、互相猜忌的時候，所有的解釋只會越描越黑，還不如讓日食過去，太陽自動出現。這樣才經得起考驗。

「往得疑疾」，「往」就是「六二」被「九三」、「九四」隔斷，被「六五」懷疑，而急著要去澄清、解釋。這樣的「往」不會有任何好處，只會讓老闆更懷疑你。我們說「寡人有疾」，通常都是指位高權重的人，錢越多、權越大，越容易疑心別人想謀害他、利用他，這實在是沒辦法的事。「六二」如果還去解釋，「九三」、「九四」就會繼續破壞，「六五」耳朵一軟，除了對「六二」更加猜忌，也會懷疑所有人。坤卦上爻為什麼「龍戰于野，其血玄黃」，因為「陰疑於陽，必戰」。人一旦有猜疑心，就會跟精神病一樣，越看對方越像，其實這都可能是「无妄之疾，勿藥有喜」。无妄卦的君位「九五」就是無藥可救的精神病，爻變是噬嗑卦，演變為政治鬥爭。所以在那個位置上通常身心都不會太健康。

「六二」要跟「六五」解釋，反而讓「六五」更懷疑他，與其這樣，還不如讓事實證明一切，不必急，因為遮住太陽的陰影一定會過去。為了繼續發光，就要「有孚發若」，用信望愛繼續發光，最後就會吉，不必急於一時。

真金不怕火煉，故〈小象傳〉說：「有孚發若，信以發志也。」「六二」中心有主宰，可是不為人所瞭解，反而蒙上不白之冤，但總有一天會驅散黑暗，不白之冤自動消失。睽卦（䷥）上爻也是精神病，看到「載鬼一車」，看到泥巴豬，弓箭拿起又放下，差點引發戰爭。「六二」爻一變就是大壯卦（䷡），「大壯，則止」，理直氣壯就不需要解釋；試圖解釋，反而會「羝羊觸藩，羸其角」，討不到任何好處，既然「往得疑疾」，不如不動。

五爻：改弦更張

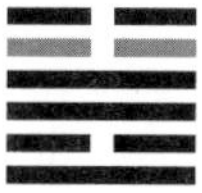

六五。來章有慶，譽，吉。

〈小象〉曰：六五之吉，有慶也。

我們來看「六五」。「六五」是豐卦的領導人，不僅爻位重要，角色也不好演，要管這麼大的家產，沒一點本事、智慧是辦不到的。「來章有慶，譽，吉。」「六五之吉，有慶也。」眾喜曰「慶」，「慶」就是皆大歡喜。領導人如果做對了，大家都有福報；領導人若做錯了，大家都倒楣。尤其是豐的領導人，那就更不用講了。

「章」是光明的意思，不是我們寫的文章，這一點大家應該都很熟悉了。坤卦（䷁）第三爻講「含章可貞，或從王事，无成有終」，爻變是謙卦（䷎）。姤卦（䷫）「天地相遇，品物咸章」，第五爻「以杞包瓜，含章，有隕自天。」這裡的「章」都是光明的意思。噬嗑卦（䷔）講「章」，賁卦（䷕）就講「文」；賁卦是天文、人文的人文化成，噬嗑卦講章法，法一定要有明確的依據。章是光明的，文就不一定；文是文飾，賁卦有時就是官樣文章，不能太明確。可是噬嗑卦講法，絕對要明確、公正，故曰「雷電合而章」。

豐卦第五爻的「來章」，即恢復光明。「來」是爻往內、往下運動發展。「六二」急著向「六五」解釋，可是「往得疑疾」。「六五」如果想到達「六二」這個光明中心，就得跨越「九三」、「九四」的陰影阻隔，這就是「六二」和「六五」的一往一來。「六五」想從「六二」那裡取得光明——「來章」；「六二」急著去向「六五」解釋——「往得疑疾」，但時機尚未成熟。一旦走到「六五」的時位，發現誤會「六二」，自然會去找「六二」取得光明。「六五」「來章」，也就是日食過去、恢復光明。領導人突然想通了，悔過了。「六二」的光明終於讓「六五」大徹大悟，誤會冰釋，心裡又恢復光明。大船掉頭很難，大國的領導人要道歉更難。「六五」如果肯道歉，就必須改弦更張。這在古代來說，就是受到日食的天譴警告，趕快調整過來；老天爺接納了，日食過去，太陽又恢復光明。領導人因為改過向善，這樣的「來章」真是萬家生佛。人孰能無過，知過能改，善莫大焉，何況豐卦的領導人肯誠心道歉，絕對要讚美。

「六五」如果認錯就有好的結果，不然就會走向「上六」的萬劫不復。「有慶」是皆大歡喜；「譽」是說大家對領導人敢承認過錯而交相稱讚；「吉」是絕對有實惠的意義。就像〈小象傳〉說的：「六五之吉，有慶也。」這個爻的爻變就是洗心革面的革卦（䷰），「豐多故」變成「革去故」，真的不容易。這就叫「一人有慶，兆民賴之」。領導人一念之間，就像老子說的「道大，天大，地大，人亦大。域中有四大，而人居其一焉。」「人」就是人間的王者，影響力很大，所以最好有正確的想法，有錯就改，馬上就變成革卦的元亨利貞，全面調整，「悔亡，已日乃孚」。不然大家就會跟著從豐卦第五爻走到豐卦第六爻。所以占卦如果占到豐卦第五爻，就看能不能改過成功。《論語・子張篇》子貢云：「君子之過也，如日月之食焉。過也，人皆見之；更也，人皆仰之。」這裡講的就是豐卦第五爻，上面的人犯錯，天下人都看到了；等到他改過了，大家也都看到了，繼續仰望他，接受他犯的過錯。第五爻如果做得不對，「飛龍」會變「亢龍」，「黃裳」會變「龍戰」，所以第五爻跟第六爻絕對有因果關係。第五爻如果做對了，可能就免除第六爻的災禍；第五爻如果打死不改，一定是「豐」極轉「旅」。

從卦中卦的觀點講，如果「六五」做到了「來章有慶，譽，吉」，就會被大家接受，繼續擁戴他；如果「六五」沒做到，到底會有多慘呢？除了按照本卦本爻會變成豐卦的「上六」，還有就是卦中卦——二、三、四、五爻構成的大過卦（䷛）。「六五」是大過卦上爻——「過涉滅頂，凶。」徹底完蛋。所以改過很重要，一定要有改過的彈性。人都會犯錯，大國的領袖更容易犯錯，而且影響很大。另外，「六五」跟革卦的關係也很密切，一方面爻變是革，一方面他又是初、二、三、四、五爻構成的卦中卦革卦上爻——在「大人虎變」之後發生一連串的影響——「君子豹變，小人革面」。可見豐卦「六五」，不要怕道歉，調整對了，依然會重新贏得大家的稱讚、擁護。

豐卦中有兩個爻不言「豐」，第五爻是其一，因為豐卦領導人要謙虛謹慎，絕對不要傲慢自大。豐卦初爻也不言「豐」，因為還在「尚大」的階段，需要好好努力，「遇其配主」，以成其大，所以這時候不可以稱「豐」。最基層的豐之初跟最盛的豐卦君位都不能稱「豐」，以免傲慢自大，意義十分深遠。

三爻：黑暗時代

䷶

九三。豐其沛，日中見沫。折其右肱，无咎。

〈小象〉曰：豐其沛，不可大事也。折其右肱，終不可用也。

三爻跟上爻這一對是豐卦中非常慘烈的爻。一個是老邁昏庸的三爻，已經夕陽西下。一個是不具生命力與行動力的上爻。這兩個糟糕的爻互相搭配，會產生什麼結果暫且不論。豐卦「初九」跟「九四」兩爻配合得好，結果是謙卦；「六二」跟「六五」如果配合得好，結果是「君子道長，小人道憂」的夬卦（䷪）；「明以動」，做出重大決策，結果是「決而和」。而豐卦三爻跟上爻配合，兩爻動是強勢鬥爭的噬嗑卦。智慧、體力都衰退了，結果兩個還要結合在一起，鬥爭到死。

「九三」過剛不中，又是慣常的三多凶，而且「豐其沛」，是日食最黑暗的時候。第二爻、第四爻的「蔀」是指日食遮蔽的陰影面積，是天文現象。「沛」是水字邊，一般人以為是水量豐沛，其實還是天文現象，指太陽全部被遮住了。還有後面的「日中見沫」，「沫」不是泡沫的「沫」，看起來都是水，其實講的還是天文現象。

「豐其沛，日中見沫，折其右肱」才能換到「无咎」。得斷臂求生，可說是犧牲慘重。「毒蛇螫手，壯士斷腕」，「棄車保帥」，壁虎的「斷尾求生」，都是「折其右肱」。為了保命，即使「折其右肱」也得幹；而要付出如此慘烈的代價，就是因為智慧不夠，識人不明，形勢判斷嚴重失誤，在日食最嚴重的時候，身心都在全黑狀態，要換得无咎，代價就是斷掉右手，變成殘廢。〈小象傳〉的批判就毫不留情：「折其右肱，終不可用也。」「九三」處在下卦離的頂端，沒有頭腦、也沒有智慧，又需要「上六」震的手足股肱幫忙，而「上六」根本沒有行動力。這一配合，必然是「折其右肱」，根本沒有可用之人——「終不可用也」。「上六」就是終。〈小象傳〉前面還有一句：「豐其沛，不可大事也。」在「九三」這樣的狀況下，絕對沒有辦法應付國之大事，能保命就不錯了。所以在「豐其沛」的時候勉強做大事，就是這個結果，犧牲慘重，苟延殘喘而已。

「豐其沛」，沛是一個很大很黑的陰影，日食的區域比「豐其蔀」還嚴重，整個被遮住。「沬」是小星星，日中見沬，肉眼難以分辨的小星星都看見了，那就代表更黑暗，你會發現很多平時不易見到的事。這就是日食的高潮——「豐其沛，日中見沬」，可見黑暗到了極點。在這裡作者並不完全是講天象，而是藉天象來講人世的黑暗。三爻、四爻日食這麼嚴重，三多凶，四多懼，都是人位。人在豐的時候亂搞，「豐其沛，日中見沬，折其右肱，无咎」，在黑暗中像瞎子一樣盲動，結果斷手斷腳。我們說這個爻跟震卦壁虎的斷尾求生是同一個象，因為爻變是震卦（䷲），震卦是政權保衛戰，為了挽回敗局，常有很多黑箱作業發生，有時就需要「折其右肱」，以求无咎。

上爻：霸權末日

䷶

上六。豐其屋，蔀其家，闚其戶，闃其无人，三歲不覿，凶。

〈小象〉曰：豐其屋，天際翔也。闚其戶，闃其无人，自藏也。

上爻更慘，這是豐極轉旅的階段。「豐其屋」，有豪宅、有大房子。《大學》云：「富潤屋，德潤身。」人有德就修身，有錢就要裝飾房子。「豐其屋」就是把房子裝飾得豪華氣派。照講豐卦上爻是退休大老，哪來那麼多錢呢？可見這些錢很多是黑錢。

「蔀其家」，「豐其蔀」的「蔀」在這裡成為動詞，就是遮掩的意思。退休之後用不義之財修築豪華的官邸，因為心虛，不敢跟群眾接觸，所以要遮遮掩掩。如此看來，上爻的大老可能「盜取」公共資源，退休之後住豪宅，極盡奢華，還有很多隨扈、保鏢，把住家團團遮掩，行蹤也不欲人知。「闚其戶」，可是一般老百姓對這種神秘客特別好奇，一天到晚都有人在暗中窺視，只是「闃其無人」，那麼大的房子沒住多少人，又神秘兮兮的，沒一點人氣。這一定是做了虧心事，為了保護自己，搞得像墳墓一樣死寂。「三歲不覿，凶」，長達三年之久都不敢見一般群眾，結果一定凶。因為豐極轉旅，好日子不會太久，下面就是旅卦。

〈小象傳〉說：「豐其屋，天際翔也。」這是講氣派的高樓飛簷如在天際飛翔。這人摟了一堆錢住豪宅，好像在誇耀財富和勢力。「闚其戶，闃其無人，自藏也。」但是那麼豪華的一間屋子，徒有其表，卻沒有人文精神、沒有靈魂，只是把自己藏在那個幽暗的所在，跟困卦初爻「入于幽谷」沒什麼不同，所以經文都說「三歲不覿」。沒有人會想要被困，可是豐卦第四爻、第六爻是這麼豐的人，其實是困的；精神貧乏得要死，就像在蹲監牢一樣，豪宅就是他的監牢，不敢見人。上爻爻變看起來頗有希望「大人以繼明照于四方」，是充滿溫暖光明的離卦（䷝），但其實「離」不起來，下面極有可能轉「旅」；而且這個爻也象徵霸權的末日，豐卦就是想要霸，轉到旅卦就是霸權的末日，已經過了第五爻的鼎盛期，如果不改弦更張，就會走到這一步。

西漢學者揚雄曾著〈太玄〉，對「豐其屋」這種霸權末日有一段千古名言。有不少人曾在公開場合對〈太玄〉發難，揚雄則以針鋒相對，這段答話在《漢書・揚雄傳》和《文選・揚雄〈解嘲〉》中都出現過。其原文如下：

客嘲揚子曰：「吾聞上世之士，人綱人紀，不生則已，生則上尊人君，下榮父母。析人之圭，儋人之爵，懷人之符，分人之祿；紆青拖紫，朱丹其轂。今子幸得遭明盛之世，處不諱之朝，與群賢同行，歷金門，上玉堂，有日矣，曾不能畫一奇，出一策，上說人主，下談公卿——目如燿星，舌如電光，一縱一橫，論者莫當，顧而作〈太玄〉五千文，枝葉扶疏，獨說數十萬言，深者入黃泉，高者出蒼天，大者含元氣，細者入無間，然而位不過侍郎，擢纔給事黃門。意者玄得毋尚白乎？何為官之拓落也？」

揚子笑而應之曰：「客徒欲朱丹吾轂，不知一跌將赤吾之族也。往者周網解結，群鹿爭逸，離為十二，合為六七；四分五剖，並為戰國。士無常君，國無定臣，得士者富，失士者貧，矯翼厲翮，恣意所存，故士或自盛以橐，或鑿坏以遁。是故騶衍以頡頏而取世資，孟軻雖連蹇，猶為萬乘師……且吾聞之：炎炎者滅，隆隆者絕；觀雷觀火，為盈為實；天收其聲，地藏其熱，高明之家，鬼瞰其室；攫挐者亡，默默者存；位極者宗危，自守者身全。是故知玄知默，守道之極；爰清爰靜，游神之廷；惟寂惟漠，守德之宅。世異事變，人道不殊，彼我易時，未知何如。今子乃以鴟梟而笑鳳皇，執蝘蜓而嘲龜龍，不亦病乎！子徒笑我玄之尚白，吾亦笑子之病甚，不遭俞跗、扁鵲，悲夫！」

這段話中的「炎炎者滅，隆隆者絕」，說的就是興隆之勢越大，滅絕的速度越快。這就是豐卦上爻，是滅亡的前兆，下面就是失去一切的旅卦。別看他聲勢隆隆，氣焰薰天，其實早就注定他會斷子絕孫。「高明之家，鬼瞰其室」。「高明之家」，不是說智慧高明，而是指有權勢、做太多壞事的人，這樣的人「鬼瞰其室」；早就被天地人鬼神盯住了，冤親債主都在等著收拾他，只能暫時躲在豪宅裡，但不會太久，下面就是旅卦的失其居所。

豐卦上爻不僅是霸權的末日，也代表房子大而無用，因為精神空虛，只能把自己藏起來，像「入于幽谷」一樣，眼看他起高樓，眼看他宴賓客——「豐其屋」，眼看他樓塌了。全部都包含在這個爻裡面，這是歷史規律。臺灣的中小企業界有一個共同的傳統，就是創業成功，有了一點資金，一般都不流行去買大辦公室。如果哪一天董事長、總經理各有一層豪華辦公室，一般基層員工都見不到他們，這就是敗亡的開始。「豐其屋」就不再接觸外人或下屬，隔斷與基層的溝通，所以是衰敗之始。「舊時王謝堂前燕，飛入尋常百姓家」，就是如此。因為面對天地人鬼神的「折獄致刑」，人間法庭不能定罪，天地鬼神卻不會饒他。所以不要羨慕一時的「豐其屋」，樹大招風，往往是敗亡的前兆。人的愚昧就在「豐其屋」，設備再多的安防設施也沒用，因為「鬼瞰其室」，天地所不容。

再看卦中卦的豐卦第六爻，這可以加深我們對豐卦的理解。一個是三、四、五、上爻構成的歸妹卦（䷵）。豐卦「上六」就是歸妹卦上爻，「豐其屋」就是「承虛筐」——「女承筐无實，士刲羊无血，无攸利」，最後一場空。另一個卦中卦是二、三、四、五、上爻構成的恒卦（䷟），豐卦上爻就是恒卦上爻。恒卦上爻是「振恒，凶」，「大无功」；總有一天地震會把「豐其屋」全部震垮，不可能長久。歸妹卦上爻跟恒卦上爻，「承虛筐」跟國本動搖，就是「豐其屋」的象；可是人一般都迷信「豐其屋」，以為可以把自己保護得很好——「蔀其家」，可是最後都不免於覆亡。所以恒卦第六爻是走向遯卦，「物不可久居其所，故受之以遯」。

關於揚雄所說的滅絕，我再提醒一點，柳宗元的〈江雪〉詩大家都很熟：「千山鳥飛絕，萬徑人蹤滅。孤舟蓑笠翁，獨釣寒江雪。」絕、滅、孤、獨，把豐卦「上六」的處境說透了，就是身心失衡，軀殼跟靈魂完全分離。在二〇〇八年金融風暴之前，我們看到很多「豐其屋」的象，別說個別的屋，甚至可能整個城市、整個國家都是虛的；這種象絕對是不祥之兆，精神匱乏到極點，而且是掠奪別人的資源得來的，非遭天譴不可。人一富就想「富潤屋」，人跟國家都不例外，大家都想爭誰是世界第一高樓。高樓絕不是好事，就等著「振恒凶」或者「承虛筐」而已！與其把錢用在堆疊一個指標去誇耀，不如挪作其他更實惠的用處。「豐其屋」其實就是講人偏執到極點。

占卦實例1：二〇二五年的中國國勢

一九九五年中，我推算三十年後的中國國勢，為豐卦三、四爻動，齊變為復卦。豐卦資源雄厚，如日中天，復卦剝極而復，萬象生新，應該與美國分庭抗禮吧！然而豐卦「九三」爻辭：「豐其沛，日中見沬。」「九四」爻辭：「豐其蔀，日中見斗。」為何意？內部發生日食，太陽看不見了，看到一顆大星星和幾顆小星星……

二〇一五年四月初，我與工商建研會的學生上坪林山裡聚餐上課，當晚還有月全食。正好講到豐卦，山行道上我心念牽動，再問十年後的兩岸情勢，又得「遇豐之復」，天命人事，冥冥中似有定數？

占卦實例2：過去一千年的文明發展

一九九七年十月中，我問過去一千年人類文明的發展，應如何總評？為豐卦上爻動，爻辭稱：「豐其屋，蔀其家，闚其戶，闃其无人，三歲不覿，凶。」科技發達，物質文明大幅提升，高樓大廈林立，人性卻汨沒於窮奢極慾之中，難以自拔。精神文明相對空虛，這是人類自己打造的樊籠，不易脫困。易占的批判相當嚴厲，卻也反映了文明發展的危機。

占卦實例3：美伊二次戰爭的後遺症

二〇〇二年底，美伊戰爭一觸即發，我問若打起來對全球經濟的影響如何？為豐卦初、三、五、上爻動，「九三」值宜變為震卦，齊變成否卦。「遇豐之否」，負面影響極大，也多少種下了幾年後全球金融風暴的根苗。我接著再問二〇〇三年美國的經濟情勢，為不變的旅卦，失時失勢失位。豐之後為旅，二卦相綜一體，豐極轉旅，因果歷歷不爽。《焦氏易林》對旅卦的斷辭：「羅網四張，鳥无所翔；征伐困極，飢窮不食。」

天地羈旅——旅卦第五十六（䷷）

旅、遯二卦的差別分析

旅卦之「旅」，除了旅行、旅遊、旅館的意思外，也是軍事編制單位。在過去，旅是一個靈活的基本作戰單位，只是現在不太常用了。作為軍事單位，旅跟師不同，師是比較大的部隊，旅則比較輕巧靈活。這個編制在夏朝就有了。少康中興時，「方十里為成，五百人為旅。傳夏少康憑此滅過、戈而復禹業。後遂用為勢微力弱卒能克敵制勝、光復舊業之典。」四千多年前的一個旅大概是五百人，現在約有幾千人。《左傳·哀公元年》記載：「有田一成，有眾一旅，能布其德而兆其謀。」《說文解字》曰：「旅，軍之五百人為旅。从㫃，从从。从，俱也。」都是軍事編制。

旅卦注定是漂泊的，失時、失勢、失位，一天到晚在外漂泊流浪，更慘的是無家無國，沒有依托。孔子晚年周遊列國，找不到安身之處，他的主張不見容於當時一心只想富國強兵、噬嗑鬥爭的諸侯，最後只得回到魯國。這個周遊列國、一無所獲的過程，其實就是旅。

整體來講，旅卦就是根基有問題。光看卦象就知道，旅卦初爻、二爻是虛的，沒有地位。這和遯卦（䷠）很像。遯卦為什麼要遯？因為沒有立足之地，四陽在上，二陰在下，跟旅卦一樣地位都是虛的。旅卦為什麼失時、失勢、失位？就是因為兩腳踩空，只能飄飄蕩蕩，陷入羈旅漂泊；不能進入權力核心，不能掌權發揮效力，只能到處尋找機會、尋找固定的平台。旅卦和遯卦相比，只差在君位的爻變。

由豐轉旅肯定是很難受的，豐卦如日中天、資源雄厚，可是不懂得均衡的重要性，畸形發展到「豐其屋」，也許經過一場劇變，之後就進入旅卦；一下子全盤衰敗下來，過去擁有的一切都失去了，甚至逼不得已要出國流亡、到處漂泊。

初爻、二爻的地位是空的，遯卦也是如此。但遯卦是人的退場機制，地位雖空，但君位卻實實在在。遯卦「九五」「嘉遯，貞吉」，四陽在上，君位是實在的，但初爻、二爻兩個陰爻代表的新興勢力已經起來了，這時就要準備安排退路。旅卦除了初爻、二爻的立足之地有問題，連君位都是虛的，沒有掌握實權。這就構成了火山旅三陰三陽的象，完全使不上力，無法打入核心，只能在外飄蕩。

以身體來講，從卦象上看，旅卦是全身上下每一個關節都錯位、失位；所以遇到旅卦可千萬要小心，要趕快調整。如果從政治、事業來講，顯然是在核心之外，失去權力，失時、失勢、失位，輕飄飄的站不住腳。

旅卦的卦中卦

旅卦中間四個爻構成的卦中卦跟豐卦一樣也是大過卦（䷛）。旅是失意的象，中間又有大過之象，故而趨向覆亡的可能性極大，這就很難受了。為什麼豐、旅二卦中都有「大過」之象？因為豐和旅都不是人生常態。「大過」的特點一是身心超負荷，二是有顛覆的可能，三是非常。所以人一定是在家的時間多，如果一天到晚在外跑來跑去，就容易出問題。所謂「在家千日好，出門事事難」；在陌生的國度寄人籬下，肯定不舒坦。所以旅卦在〈雜卦〉中被形容為「親寡」，形單影隻、淒涼寂寞。如果對這種狀況身心難以負荷，就會想回家；要是回不了家，就會懷鄉。旅是回不了家，只能在失意、寂寞、淒涼中承受「大過」崩盤的打擊。中國人離鄉在外，上了年紀就特別想家，想要落葉歸根，即使出家人也不能免。像六祖惠能已經是大徹大悟了，當他知道自己將不久於人世，就想回老家看一看。從哪裡來就回到哪裡去，人生的旅程也是如此。光著身子來，光著身子走，這輩子擁有再多豐，到頭來也帶不走。這就是旅卦的終極涵義。所以旅卦〈大象傳〉強調「不留」二字，過去就過去了，大部分的東西都留不下來。只是人常常犯貪，在豐的時候追求這、追求那，永遠不滿足；到旅的時候，才知道什麼也帶不走。李白繼承莊子的論述，在〈春夜宴從弟桃花園序〉中說：「夫天地者，萬物之逆旅也；光陰者，百代之過客也。」人即使活到一百歲，也一樣是過客；即使佛菩薩輪迴轉世，他的肉身也有生老病死。所以要想得通，「旅」就是不留。豐後面是旅，其實就是老子所說的「多藏必厚亡」——不留。在不留的情況下，什麼東西能留下來？這就是旅卦的人生要思索的，關鍵就在旅卦第五爻的文明永續。因此，人生的旅程到底要追求什麼，答案要在旅卦六個爻中尋找。哪一種才是智慧具足的人生旅行？哪一種是愚昧的、貪嗔癡俱全的？注意，旅卦跟節卦（䷻）相錯，豐、旅、渙（䷺）、節四個卦，有必要合起來作總體思考，人生大事，乃至未來這個世紀的所有事情都在其中。

我們回到旅卦的卦中卦。旅卦中有大過卦的象，也就是說，如果抗壓能力太低，在旅的情況下就容易導致身心扭曲。豐卦如果是在朝掌政，旅卦就是投閒置散，無法進入權力核心。你看那些失意政客，天天發牢騷，就是有大過的象。

再看三、四、五、上爻構成的睽卦（䷥）。家人會反目成仇、互相猜忌，何況是陌生人！旅卦中有睽象，說明陌路人互相猜忌，因為不是一家人。前兩個卦中卦是負面的，我們再看正面的。旅卦的初、二、三、四爻構成的是漸卦（䷴），也就是說，最好不要一個人出國或旅行，要組成團隊，在旅途中落單是很危險的。到國外做生意，也需要循序漸進的鋪排，如雁行團隊般在某種程度上互相依靠、也互相保護。

再看五個爻構成的卦中卦。初、二、三、四、五爻構成的是咸卦（䷞），二、三、四、五、上爻構成的是革故鼎新的鼎卦（䷱），這個卦很鼓舞人。旅卦是相對於故鄉、相對於我們所熟悉的本土，一旦旅居他處，就會感覺舉目無親，即使有心奮鬥，也難以施展，但這裡居然有鼎卦的象，就是鼓勵流浪在外的人要勇於開創新的人生；既然回不去，就得面對現實、落地生根。

旅中有鼎象，鼓舞人在異鄉展開新生活，拋開舊時的得失寵辱。旅中有咸象，則說明人不親土親，通常人對本鄉本土自然有感情，如果回不去了，對異鄉又沒感情，那要怎麼安頓呢？所以就要慢慢產生認同感。我們思考旅中有咸、旅中有鼎的意義，還要跟相應的爻位結合，這樣人生的視野就不會那麼狹隘。

旅卦卦辭

䷷

旅。小亨，旅貞吉。

旅卦卦辭只有五個字：「小亨，旅貞吉。」「小亨」，就是說即便在旅的時候還能想得開，能賺錢做生意，像外商。但畢竟是在人屋簷下，不得不低頭。在本土再強大，到他鄉做生意，絕對不能得罪當地勢力；強龍不壓地頭蛇，這是一定的。因為有「在地」因素，所以強大如美國的Google都得服從當地法令，不怕官，只怕管。在人家的地方就要接受控管，任何活動都得小心翼翼，這樣才能亨通。「小」就是柔，陽大陰小，豐卦講大，因為在自己家裡，有權，又掌握大量資源，當然可以大。但是出門在外，你敢大嗎？絕對得用柔。豐大旅小，旅卦就要用坤卦順勢用柔的工夫，「厚德載物」才能西南得朋，低調行事；「小」才能亨，用柔才能亨。而且，在旅的時候即使能亨通，規模也有限，不可能大亨。就人情人性而言，每個地方多多少少都是排外的，所以人在旅的時候要奮鬥到頂尖，其辛苦程度遠超過在本鄉本土，除非你真的太特殊。所以，能夠嶄露頭角的華裔一定是少數，絕大部分只能開餐館；反過來也一樣，如果外國人要在我們的地盤上喧賓奪主、出人頭地，那也是很難的。所以旅一定要懂得「小亨」，要柔才能亨。旅卦的小跟豐的大正好相反，可是旅卦有可能是從豐變來的，這就是從側面告訴你，你雖然曾經顯赫一時，但現在一無所有地漂泊異鄉，就得慢慢調整身段，適應由大變小的情境；在國外沒人會理你那一套，只有低調才能跟人相處。〈序卦傳〉說「旅而无所容，故受之以巽，巽者，入也。」想家，又回不去，這時就要固守正道，貞才能吉。不貞就有很多後遺症。像我們在自己的地方出事，找律師也方便；在他鄉外地出事就很麻煩。

因此，旅卦最大的可能就是「小亨」，要小才能亨；旅的時候最容易不貞，所以要貞才能吉。這就是提醒我們，在旅的時候，最要克服一般的人性弱點。《論語》中說：「造次必於是，顛沛必於是。」不論在匆忙急迫或危險困頓時都要堅持如此。造次、顛沛就是旅，人在那個時候常常方寸大亂，一不小心逾越了尺度，就可能遭禍。所以，在旅居他處時，更要固守大原則，有時還要拜拜碼頭，入境問俗，千萬不要惹事。可見，旅卦是越柔順越好，不能逞強。所以旅卦「貞吉」的「貞」，一定不是乾卦元亨利貞的「貞」；而是坤卦的「利牝馬之貞」；即順勢用柔，在一個充滿敵意的陌生環境中，小就亨，貞就吉。

旅卦〈彖傳〉

〈彖〉曰：旅，小亨，柔得中乎外而順乎剛。止而麗乎明，是以小亨，旅貞吉也。旅之時義大矣哉。

我們接著看〈彖傳〉。「旅，小亨，柔得中乎外而順乎剛。」這是在說卦辭。「柔得中」，就是強調柔，當地勢力為剛，有財有勢，好幾代的根扎得很深了；你這個外鄉人啥也不是，買不起房子，甚至得不到居留權，要在那裡長久待下去，就絕對不要跟當地勢力起衝突；和諧互動，他們才會接受你。這裡強調柔，一是解釋「小亨」，二是把旅卦關鍵的君位爻點出來——「柔得中乎外」。「六五」居外卦離卦光輝燦爛的文明中心；「而順乎剛」，出門在外，柔一定要順乎剛，而且要謹守中道。

「止而麗乎明」，止就是內卦艮。到處漂泊回不了家，還是得找一個地方待下來，不再流浪，這就是止。想要待下來暫時生根發展的地方，最好有光明的前景，這就是「麗乎明」。上卦離就是麗，麗是附麗、附著，互相需要的關係。「止而麗乎明」，說明旅人希望被地主國收留，可以入境或變成國民，就要有附麗的關係；而且這裡也是像離卦一樣溫暖、光明的地方。孔子周遊列國，也是希望有明君接納自己的意見。「麗乎明」就是上卦離的境界，「止」的目的就是要停在一個明的地方，希望上卦收留自己。如果做到了，下一卦就是巽卦的落地生根。這就是內卦跟外卦、下卦跟上卦的關係。「止而麗乎明」，就是指所依附的地方必須是離卦那樣溫暖光明之地。危邦不入、亂邦不居，我們出國旅行也是一樣，最好「止而麗乎明」，待上幾天或幾十天都是止，如果「止而麗乎暗」，就絕對不能小亨。

「是以小亨，旅貞吉也。」這又是在說卦辭，不難理解。注意最後的慨歎——「旅之時義大矣哉」。這是最後一個「時義」。前面四個「時義大矣哉」——「豫之時義大矣哉」、「隨時之義大矣哉」、「遯之時義大矣哉」、「姤之時義大矣哉」，都是強調機運來了千萬要掌握。「旅之時義大矣哉」就是說旅之時雖然很難過、很容易出事，這時候該怎麼做才對，這種智慧很重要。

旅卦〈大象傳〉

〈大象〉曰：山上有火，旅。君子以明慎用刑而不留獄。

〈大象傳〉的文字很簡單，「山上有火，旅」是講卦象；「君子以明慎用刑而不留獄」，又是跟司法有關。豐卦稱「折獄致刑」，是司法審判。豐卦的交卦噬嗑卦（䷔）稱「利用獄、明罰敕法」，是立法權。賁卦的「明庶政，无敢折獄」，是行政權，要尊重司法獨立，不可以干預司法審判。噬嗑卦的立法權跟賁卦（䷕）的行政權是相綜一體的兩面。旅卦也是《易經》中非常重要的法治思想，強調掌握法跟政的分際。旅卦在豐卦之後，豐卦做好司法審判，之後就要執行，於是司法審判權到此為止，下面就交給行政權處理，即「明慎用刑」。這裡還是在講行政權與司法權的關係，行政權可能干涉司法權，有各種枱面下的通融或官官相護。賁卦說行政權不要干涉司法審判權，但行政權如果不干涉司法審判權，也可能會干涉刑獄，所以會出現特權或種種干擾。而旅卦的「明慎用刑」就是要避免這種干擾。「用刑」接著「致刑」，司法審判定讞之後，如果無罪就釋放，有罪就要交給監獄執行刑期。「明慎用刑」就是要公正謹慎地對待審判，勿枉勿縱。但現實中，行政權有上級就有更上一級，可能會有各方面的勢力干擾審判結果，或者影響執行，為服刑人爭取特殊待遇，這就會衍生種種問題。

三權分立的思想，西方社會最早是由孟德斯鳩開始闡述的。但是在幾千年前，噬嗑卦、賁卦、豐卦、旅卦〈大象傳〉就已明確提出政法分際的思想，主張絕對不能把所有權力集中在一個機構，否則流弊無窮。如果這是周朝初年就有的思維，距今已有三千一百年，而〈易傳〉只是沿襲中華文化的傳統，這就非常寶貴了，但學術界明白這一點的人很少。

我們回到旅卦的〈大象傳〉，「君子以明慎用刑而不留獄」，「留獄」就是故意積壓公文，這就有政治操作的嫌疑。「明慎」的明是指上卦離，要明鏡高懸，不能冤枉人；「慎」就是下卦艮，不容政治操作或故意積壓、留滯。之所以要「明慎用刑」就是要避免行政、司法之間的灰色地帶出問題。「而不留獄」，審判後要完全依據「折獄致刑」的結果去執行，不允許用公權力影響公文執行的快慢，否則就會弊端叢生。這就是「君子以明慎用刑而不留獄」。

「山上有火」的卦象其實是講森林火災。前面的漸卦（䷴）是開始育林的象——「山上有木」。因為十年樹木，百年樹人，豐美的森林育成不易，故森林區域要小心火燭，否則不可收拾。可是，漸卦花了那麼大的力氣才使得「山上有木」，經過歸妹卦（䷵）的失控再到豐卦、旅卦，從「山上有木」變成「山上有火」，發生森林火災，一燒就一大片，「十年樹木」的心血毀於一旦。所以旅卦要特別小心在羈旅中遇到災難，失去一切，就像森林火災把數十年辛苦付之一炬。人生建設不易，但毀滅只在旦夕之間。

把「山上有火」解釋為森林火災是完全合適的，但有些解釋卻說成是火山爆發，但我不認為旅卦是火山爆發的象，因為《易經》包括〈易傳〉的寫作都集中在黃河流域，這個地區罕有火山現象；但從漸卦「山上有木」的封山育林，到旅卦「山上有火」的森林火災倒是常見的。當然，如果真是火山爆發這種大災難，逼不得已也要「旅」，但我相信這不是火山爆發的象。

三界如火宅不留獄

「君子以明慎用刑而不留獄」，剛才我們講的是政、法要公正，不要用政治手段影響司法審判。引申下去就是人生旅程也要「不留獄」。如果熟悉佛教的《法華經》，就會明白人間「不留獄」所指為何？旅是「山上有火」，三界如火宅，不光是人間世，欲界、色界、無色界，都像一棟起火的房子，痛苦之極。有時辛苦一輩子，一把無明火就燒光光。所以要思考人生值得留戀的是什麼，要懂得「多藏必厚亡」、「明慎用刑而不留獄」的道理。按照佛經輪迴的說法，有些人來到人世其實是來服刑的，因為前生造孽太多，這輩子來服刑，一生的積累很可能會被離卦第四爻那樣突如其來的無明火燒掉。

「不留」就是我們對人生的領悟，要設法掙脫欲望的束縛，因為很多東西想留也留不住；天要下雨，娘要嫁人，再怎麼有錢、有勢，到該走的時候誰都留不住。有句老話說得好：人生沒有所有權，只有使用權。包括身體在內，大部分的東西都只是暫時使用，能夠用到一百年就相當不容易，用完了還得還回去，不會真正擁有。

旅卦如果是使用權的概念，我們來到人世走一遭，就像一趟旅程。豐卦自以為能夠擁有什麼，所以努力奮鬥、拚命聚斂，等到豐的另一面翻過來發現是旅，才知道人生無法真正擁有什麼，而且擁有越多，往往也失去越多。當然，一定還有些能夠留下來的東西，這就很值得注意了。

二○一一年去世的蘋果電腦創始人賈伯斯，富可敵國，旗下的蘋果系列產品更是席捲全球，但他在五十六歲時離開人世，什麼都帶不走。相對的，微軟創辦人比爾•蓋茨，就因為深悟這個道理，而把自己的大部分財產捐獻出來。人生就是這樣，想得通不容易。想留財產給子女，這也是人之常情；可是旅卦中有大過卦，要突破這個常情，就要有非常的見識。假如子孫比你優秀，留錢給他何用？假定子孫不如你，留錢給他不是糟蹋他嗎？

佛教有帶髮修苦行的頭陀，他們沒有自己的道場，到處掛單，就像旅一樣，有地方就住，否則就找一棵樹坐下來。而且他們有個戒律——不在同一棵樹底下連坐三晚。因為佛經有云：「浮屠不三宿桑下，不欲久生恩愛也。」如果連續在一個地方待上三個晚上，就會產生留戀之情，捨不得走，這是有損於修行的。旅卦初、二、三、四、五爻構成的咸卦就指出這個情形。人生捨不得的牽掛很多，旅卦明確告訴我們不要留情，不然徒增痛苦；要超脫這種痛苦，就要明白所有權跟使用權的分際。

旅卦跟節卦相錯，一般來說旅卦不是正面的，尤其是不變的旅卦，因為造成旅的原因，跟不節、失節有關；就像人在外面不守正道，就會影響身心健康。通過錯卦的節卦來理解旅卦，就會發現不節就是旅。旅卦卦辭說「旅貞吉」，告訴你出門在外難免孤單寂寞，很可能會失控，失控就難免失節，平常做不出來的事，在旅的時候就做出來了。所以旅卦強調「旅貞吉」，因為在旅的時候缺乏安全感，首先會想到自己，忘記群體公益，許多習氣、劣根性就會像照妖鏡一樣統統現身出來。

旅卦六爻詳述

初爻：瑣事纏身

䷷

初六。旅瑣瑣，斯其所取災。

〈小象〉曰：旅瑣瑣，志窮災也。

我們進入旅卦具體的六個爻。首先是「初六」：「旅瑣瑣，斯其所取災。」旅才一開始，災就來了。這是旅途中有許多繁瑣的事引起的。旅途中最起碼的就是吃飽睡好，也就是所謂的「三飽一倒」，一天至少應付三餐，還要找地方下榻歇息。現在很多人旅行喜歡找旅行團，讓旅行社安排。如果要每天得自己安排這些瑣事，那麼什麼事都不要幹了。人在豐的時候僕從如雲，日常生活不需要自己打點；一旦旅了，瑣碎的事都得自己煩心。旅卦「初六」是在旅之初，剛剛失去過去的一切基礎，馬上被怎麼填飽肚子、在哪裡找地方住等等瑣事搞得焦頭爛額；加上又處在陌生的環境，如果發生一些意想不到的災變，往往連逃生都不知道該往何處去，這樣最容易出事，這就是「取災」。〈小象傳〉說：「旅瑣瑣，志窮災也。」人一旦陷入生活細節中，什麼都要張羅、照顧，哪還有餘力做什麼大事？這就叫「志窮」，志窮就有災。值得注意的是，「初六」爻變為離卦（䷝），離本來是溫暖光明，可是在「旅瑣瑣」的時候就是缺乏這些支持。

可見，人生旅程的第一階段，首先要學會照顧自己的生活。換句話說，在初爻「潛龍勿用」的位置上，為了掙得一席之地，常常得付出大量的時間精力，然後才談得上後續的發展。而且，在「旅瑣瑣」的時候，發生災變的可能性特別高，如果沒有防備，往往受傷最深。這個爻也是我一位女學生的宿命。她患有癌症，一個人過，光是照顧自己就要花很多時間，很是孤單寂寞。根據《河洛理數》，這位女學生的本命爻就是旅卦初爻，她的命假定一輩子都是「旅瑣瑣，斯其所取災」，去世的時候也會是一個人。真實的情形確實如此。她的先天本命是旅卦第一爻，上半生要把旅卦六爻全部走完；零歲到六歲是「旅瑣瑣」，七歲到十二歲走第二爻，然後要花四十五年才把旅卦走完，但她沒活過四十五歲，孤苦伶仃一輩子。去世的時候就在上爻的「鳥焚其巢」這個很慘的爻。她的後天本命是離卦第四爻，「突如其來如，焚如，死如，棄如」，旅卦初爻變成離卦四爻。也就是說，即使她活過四十五歲，熬過「鳥焚其巢」這麼慘烈的爻，進入後半生的第一個九年，卻是更慘的象，果真是命運坎坷。

二爻：入境隨俗

六二。旅即次，懷其資，得童僕，貞。

〈小象〉曰：得童僕貞，終无尤也。

第二爻「旅即次」，「次」即旅館，是暫時投宿的地方。不能宿在荒郊野外，一定要找個下榻之處，什麼星級酒店都沒關係，只要能遮風擋雨，再簡陋都可以。受《易經》的影響，中國人把旅途稱為「旅次」。「即」是動詞，是靠近、接近。我們說跟一個事物不要靠得太近也不要離得太遠，就是成語「若即若離」或「不即不離」。不管時間或空間，「即」都是很接近、很靠近的意思。出門在外，因為環境陌生，往往怕迷路，不管投宿在哪裡，那裡就是陌生環境中唯一熟悉的地方，所以不敢離得太遠，就是逛街也只是在附近繞一繞。這個爻就充分顯現人在旅的時候充滿不安全感。

「次」是暫時的居所，我們要找「次」，要找客舍、旅館，就是因為它能幫我們解決初爻「旅瑣瑣」的問題。出門在外，要花很多時間解決生活瑣事，那就無法尋求長期發展，所以一定要找到暫時安身的所在。在人生來說，將來是一定要離開的，但一定也要有暫時休息的地方。這個休息的地方就是目前唯一的安全所在，但這個安全也是短暫的，因為到了第三爻，旅館就被燒掉了。這個白天累得要死，在旅館睡得比誰都熟，渾然不知旅館正在鬧火災，熟門熟路的當地人早就跑掉了，卻沒人通知你，這就很要命了。所以在暫時獲得安全時，還要提高警惕。你看，「旅即次」的一個「即」字，道盡旅人心中的恐慌和不安全感，所以才要找暫時安頓的基地。

「懷其資」，就是找到旅店之後，還要注意財不露白。旅卦第一爻「旅瑣瑣」時倉皇流亡，匆忙之間，金條也來不及帶；到了第二爻，要想安頓下來，一定要找地方住，或者娶一個原住民。從旅卦第一爻的窮光蛋，到第二爻想辦法租房子，暫時有個小窩，然後慢慢奮鬥、積了一點錢財、有了些資本，但不敢存進銀行，也不知道銀行在哪兒，就把錢統統揣在兜裡。這就是「懷其資」，錢財不敢露白。幾十年前人們出國，換到旅行支票或現金，都要藏在兜兜裡，女生就放在高跟鞋鞋底。商人到外地經營，賺了點錢，不敢存銀行，跟銀行也沒有信託關係，而且準備隨時撤資走人，不會有長期的打算，所以就把財產綁在褲腰帶上。這種「懷其資」的心態是非常保守、也非常沒有安全感。

「得童僕」，到旅館享受童僕的服務，不必自己清掃房子，所有的生活瑣事都由「次」裡面的童僕代勞。就像外商到異地經營事業，一定要雇用當地勞工。第二爻就是這樣，沒有買房子做長期打算，只是暫時借住；其次是資金處理，此外還要雇當地人幫你生產或者做其他服務。

爻辭最後一個字是「貞」，這裡可以說是「得童僕，貞」，也可以說是「旅即次，懷其資，得童僕，貞」。這樣的斷句我覺得蠻好的，因為這三種心態都是保守的「貞」，而不是出征的「征」。不是放膽擴張經營，而是固守。「懷其資」是典型的保守作風，「旅即次」是租房子，甚至不敢簽長期約定；「得童僕」也是貞，因為彼此不見得有什麼感情，只是雇傭關係。第二爻顯現的整體作風，就是固守，實際就是「利牝馬之貞」的心態，小心翼翼，保守經營；「小亨，旅貞吉」，「旅之時義大矣哉」，就表現在第二爻上。

但是從〈小象傳〉來看，它重視的倒不是資金問題，也不是暫時的辦公室或住宿問題，而是人和。「得童僕貞，終无尤也。」需要雇傭幫忙時，勞資關係、上下關係就很重要；尤其值得重視的是，雇用的勞工是本地人，老闆卻是外地人，外地老闆不可能從自己的國家帶工人來，大部分得用當地人，人生地不熟的，就千萬不能頤指氣使，得罪他們。所以人到任何一個地方，一定要廣結善緣、入境隨俗，不能擺出咄咄逼人的高姿態，這樣才能「得童僕」，讓他「貞」——對你忠誠、好好幫你幹事，最後才會「終无尤也」。「終」就是得善終，「尤」就是怨尤。也就是說，不要結惡緣，要廣結善緣。儘管你是老闆，他是勞工，也不能忽略這一點。如果要長期發展，不可能永遠「旅即次」或「懷其資」，把賺來的錢統統揣在兜裡、綁在褲腰帶上。所以要重視跟當地工人保持和諧關係。賁卦第四爻，「白馬翰如，匪寇婚媾」，也講「終无尤」；蹇卦第二爻「王臣蹇蹇，匪躬之故」，也強調不要怨尤。一旦有人恨你，他要整你就非常容易。「尤」也是特殊的意思，你太特殊，就成為靶子，人家要是排斥你，要搞你是易如反掌的。所以不要結怨，也不要強出頭。人在旅的時候最好混在群眾裡，跟當地人打成一片，看不出你是外地人，以免成為別人的目標。這就是「終无尤也」。所以，出門在外事事難，各方面都要小心，一點小事沒處理好就會出大事。

接下來看看這個爻的爻變。「六二」爻變為鼎卦（䷱），要開始過新生活了。既然不可能回到豐卦，「旅瑣瑣」的時候可能還認為一切都是暫時的，結果隔了幾十年還沒回去，那就要落地生根，要「即次」、「懷資」、「得童僕貞」；要革故鼎新，嘗試在新的地方展開新生活。鼎就有安靜、穩定、平衡的象，就像鼎的三個腳一樣，生活日趨穩定。這是爻變。另外，我們看到旅卦的

二、三、四、五、上爻構成的也是鼎卦。所以，通過鼎卦，就可以更全面地瞭解「六二」；過去的就永遠過去了，要面對未來，在異鄉展開新生活，就要展開新的佈局。六二是鼎卦初爻，「鼎顛趾」，徹底切斷過去的東西，面對現實，把鍋子裡的剩飯剩菜統統倒掉，開始嘗試新生活。這樣一來，就有顛覆性的改變，生活需要很大的調適。鼎卦初爻後半段是「得妾以其子」，既然回不了故鄉，就得安家落戶，如果跟老婆兩地分離，只得另娶，生育小孩。這其實是常見的人生場景，要顛覆舊有的生活，就要有新的安排，這和旅卦第二爻是不是異曲同工？「旅即次」就是「鼎顛趾」，「懷其資，得童僕」，就是「得妾以其子」。若是這樣，童僕還可以解釋成生小孩。先是「旅瑣瑣」的單身漢，自己照顧自己，到第二爻就想找一個伴侶，小夫妻買不起房子，就租房子，兩個人開始奮鬥，慢慢累積一點小資本，也不敢存銀行，就放在枕頭下，然後「得童僕」——小孩出生了。「貞」就是開始全新的家庭生活，由最初的漂泊不定，到第二爻迫切期盼安定。

三爻：人和第一

䷷

九三。旅焚其次，喪其童僕，貞厲。

〈小象〉曰：旅焚其次，亦以傷矣。以旅與下，其義喪也。

第三爻是衝著第二爻來的，真是造化弄人！「九三」過剛不中，又是下卦重重險阻的小山頭，好不容易從「旅瑣瑣」的混亂中暫時穩定下來，但是第三爻「旅焚其次」，好不容易經營起來的暫時棲身之所，竟被一把無名火燒掉了。「旅」說明還未取得當地的合法居留權，仍是過客。「旅焚其次」，這下沒地方住了，而且「喪其童僕」。這就有各種可能，一是童僕跟「次」一起燒掉了，在火災中喪生。一是勞資關係出問題，童僕喧賓奪主，或是關係不好辭退童僕，以致童僕挾怨報復。如此一來，大概也可以推斷房子失火，說不定就是離職員工放的火。這種事情是很常有的，因為得罪當地人，「喪其童僕」，人際關係沒處理好，使得一切歸零。

「貞厲」，本來是想在旅卦的時候「小亨，旅貞吉」，想守住一點自己可以控制的東西，結果不可得。「厲」就充滿動盪、風險，想守都不一定守得住。人生就有很多意外，「六二」「得童僕」，「九三」則「喪童僕」，人生的得失非常快，剛得到就失去了。

二爻想要貞，三爻卻「貞厲」。「六二」為什麼能暫時安定呢？這跟爻的本性有關，因為「六二」中正，陰居陰位，完全合乎「小亨，旅貞吉」，「柔順乎剛」。旅卦利柔不利剛，這是一定的。「九三」是火爆浪子，個性有問題，在客居地混到第三爻的派系小山頭，累積一定的根基，但態度不好，開始對人頤指氣使，導致各方力量背叛他，結果他擁有的全部資產都被燒光了。所以「焚其次」很可能就是童僕幹的。這就是眾叛親離。這跟「九三」的過剛不中有關，在旅卦中太剛強絕非好事，即使已經混到第三爻，過去好不容易累積建設的東西都可能化為烏有。因此，旅卦〈彖傳〉才要強調「旅之時義大矣哉」。

〈小象傳〉說：「旅焚其次，亦以傷矣。」傷得很深很重，一切都要從頭來。其實從爻辭也知道可能跟態度有關。人在旅時，「六二」寄人籬下，可能很低調，慢慢自己擁有的東西越來越多，驕傲的本性又顯露出來了。三多凶，「亦以傷也」，「次」沒了，童僕也喪了。那麼為什麼會「喪其童僕」呢？〈小象傳〉解釋說：「以旅與下，其義喪也。」「以」就是因為，「與」就是相與。

爻際關係或人際和諧相處，就是「相與」；好的邦交國稱「與國」，我肯定他，他認同我，不分彼此。但是在旅之中，部屬的上下關係非常重要，「九三」先天不利，怎麼可以這麼剛硬呢？一定要跟當地的部屬打成一片。這一點非常重要，誠心待人，不要製造糾紛，把他們當奴僕一樣欺負，要儘量幫他們解決問題。因為「旅之時義」就應該「與下」，跟下面打成一片，這樣才是真正懂得「旅之時義大矣哉」。為什麼會「旅焚其次，喪其童僕，貞厲」呢？因為「其義喪也」，違反、喪失了「旅之時義」，驕縱、傲慢，不重視員工，下面當然會反彈；會發生「旅焚其次，喪其童僕」的狀況，一點也不意外。「以旅與下」是很深刻的提醒，你現在是客居，就得跟當地人親善相處。「其義喪」是接著「終无尤」來的，二爻跟三爻存在著因果關係；「義」就是〈彖傳〉中講的「旅之時義」。

從卦中卦認識旅卦「九三」

旅卦「六二」「得次、得資、得童僕」，「九三」則是「焚、喪、厲」，人生真是辛苦之至，費了半天勁，好不容易有了一點累積，一朝全沒了，又得從頭來。「以旅與下」，我們來人世走一遭，就要盡量產生「與」的關係，沒必要結怨，但有時候也不由自主，或者造化弄人，「其義喪也」，還是會失去一些東西。

「九三」也包含在旅卦中的咸卦裡面，它剛好是咸卦的第三和第四爻。咸是感應，是「觀其所感，而天地萬物之情可見」。第三爻「執其隨，往吝」，有包袱，有罣礙；第四爻則是心裡鬧騰騰地，「憧憧往來，朋從爾思」。另外也可以透過卦中卦的漸卦去理解「九三」。它是漸卦的三爻、五爻。三爻是鴻雁齊飛，雖然有孤雁離群，「夫征不復，婦孕不育」，但這是人生的過場，不必沮喪，只要歸隊繼續往前飛，最後「終莫之勝，吉」；超越一切障礙，終究會飛到漸卦第五爻的頂峰，「鴻漸于陵」。這裡就很有激勵人心的意思。換句話說，人生有得有失，「即次」可能被焚毀，好不容易得到的童僕也「喪」了，更不可能「懷其資」，得失在頃刻之間發生。但再多的波折，就像離群孤雁一樣，重組團隊，一樣有機會突破萬難飛抵頂峰。

旅卦充滿危機感，好不容易拉攏的一些東西也靠不住，來的會走、組織會散夥。《水滸傳》中的一百零八條好漢再怎麼熱鬧，最後還是「旅焚其次，喪其童僕，貞厲」；死的死，傷的傷，出家的出家。人生聚散本無常，讀完旅卦，我們對人生可能就有新的看法。

四爻：權錢的不安全感

九四。旅于處，得其資斧，我心不快。

〈小象〉曰：旅于處，未得位也。得其資斧，心未快也。

第四爻是陽爻，照講旅卦利陰不利陽，可是「九四」懂得憋氣，懂得剛而能柔、陽而能陰，所以懂得運用陰爻的處世方針。「九四」經過二爻、三爻得而又失的淬煉之後奮鬥有成，居於高層，可是他還是小心翼翼。「九四」不當位、不正，但是剛而能柔，知道形勢比人強，願意坦然接受命運的安排。所以「旅于處」，有固定處所。「處」跟「次」的不同就在這裡，「次」是暫時居住的地方，「處」就有長期安身的所在，甚至有永久性的發展想法。

一般來說，在旅卦時，「旅于處」還算是滿意的，但「得其資斧，我心不快」，這就要命了。第二爻「懷其資」，第四爻「得其資」；「懷其資」沒有利息，第四爻就懂得長久打算，把錢借給朋友或者存在當地銀行，讓本金生利息，開始資金周轉。有錢，有辦公處所和長期居所，可是這時候煩惱來了，為了捍衛既得利益——「處」和「資」，就要雇隨扈、買武器。這是有錢人的煩惱，隨時得準備一把斧頭防身，用武力保護錢財。「斧」是隨著「資」而來的，就像噬嗑卦第四爻「得金矢」；矢是因為有金，要買武器保衛金。所以單有錢不行，還要有一定的權才能捍衛錢。旅卦「九四」要立身，就要有一些資金、資源；可是相對的，就可能遭到掠奪，所以要有防身利器或者雇幾個保鏢來保護自己。

以一個國家來講，有錢一定會買武器，所以富國不夠，還要強兵。強兵是為了捍衛富國，如果國家富足卻沒有防衛武力，那就非常危險。所以「得其資」之後，一定要「得其斧」，因為旅卦還是不安全。錢、權介入旅卦高層，可見整體還是戰戰兢兢，缺乏安全感，活得一點都不痛快。換句話說，資斧不能給人生帶來永遠的保障和快樂，這就是「其心不快」。也就是說，有錢而沒有文化教養，你的心還是不快樂的。一個國家或一個公司、乃至個人，發展到第四爻就是這麼一個情況。〈小象傳〉說：「旅于處，未得位也。」每個人「旅于處」的時候都以為自己站在還不錯的地位，但〈小象傳〉卻提醒——你未得位，因為「九四」是陽居陰位，位不正。所以，一則活得不快樂，二則隨時可能下台、喪失一切，甚至可能一命嗚呼。換句話說，人生追求到第四爻已經不容易了，從「旅鎖鎖」一路拚到「旅即次」；再從「旅焚其次」、「喪其童僕」拚到「旅于處」；居於高位，有錢有權，但心裡不痛快，不知所為何來。這就要注意了，因為這個爻爻變為艮卦（䷳），還是有重重阻礙、很難突破，所以就要懂得艮卦的意思，止欲修行。

上爻：寡情薄義

䷷

上九。鳥焚其巢，旅人先笑後號咷。喪牛于易，凶。

〈小象〉曰：以旅在上，其義焚也。喪牛于易，終莫之聞也。

我們先跳開「六五」，先看「上九」。這個爻簡直是開人生玩笑，旅卦走到最後，「鳥焚其巢」一場空，就像歸妹卦最後的「承虛筐」，啥也沒有；也像豐卦最後一爻，住在如同鬼屋的豪宅裡。旅卦最後一爻是人生走到終點，一輩子耗盡心力建立的基業，最後一把火燒光，就像鳥失去了巢，安居之所被燒掉。這一爻也是過氣大老的位置。

「旅人先笑後號咷」，從「旅于處」開始，要錢有錢，要權有權，什麼都有，這是「先笑」，可是到最後卻付之一炬、白幹一輩子，忍不住號啕大哭。「喪牛于易，凶」，這和大壯卦（䷡）第五爻「喪羊于易，无悔」一樣慘；但在古代，牛比羊貴，「喪牛于易」比「喪羊于易」還嚴重。「喪牛于易」的「羊」是指陽剛的陽喪失了；而「喪牛于易」的「牛」是坤卦的象徵，忍耐、負重行遠、順勢用柔，代表活得還不錯的情境，可是現在都喪失了，仍無法挽回徹底輸光的命運。牛是農業社會最重要的生財工具，沒有牛啥都不可能。人生柔順的特性喪失殆盡，就像「上九」過剛，不懂得旅卦利柔不利剛，而且掉以輕心，把人生的艱難看得太簡單，即使在陌生的地方安家落戶，還是可能一把火燒光光。「九三」過剛的毛病一犯再犯，人生的厄運就隨之而來。「滿招損，謙受益」，永遠保持柔順、服務眾生的態度，不然就等於在農業社會喪失了牛一樣，徹底輸光，再也無法產出任何有價值的東西。這就是「喪牛于易」，徹底輸光，無法翻身，結果當然凶，一輩子玩完了。

〈小象傳〉說：「以旅在上，其義焚也。」上爻比三爻更慘，「以旅在上」是亢龍的象，一個人高高在上，鄙視一切，這跟「豐其屋」也非常像。「義」仍然是「旅之時義」的「義」，違反「旅之時義」這麼重要的智慧，再大的帝國都可能垮台，因為你高高在上，忘了現在是旅的處境，你所擁有的資產、僕役都不屬於你，你只有使用權。「以旅在上」的姿態非旅卦之道，應該是「以旅與下」，違反「旅之時義」，就會「其義焚也」，在劫難逃，再堅固的巢穴都將毀於一旦。〈小象傳〉的評價更糟糕，「喪牛于易，終莫之聞也。」有些人走了，但是他流芳百世，但這個爻被定位為歷史罪人，沒有留下任何後續的影響力，以至於「終莫之聞」。可見，不管你曾經怎麼輝煌、得意，最後一醜遮百美，晚節不保，「不恒其德，或承之羞」，「喪牛于易」，徹底輸光光，後世沒有一個人記得你——「終莫之聞」。

這個爻爻變為雷山小過（䷽），小過卦是兌宮的遊魂卦，是小鳥練飛的象，就這麼飛過去了，「終莫之聞」，後人不會記得你。這就說明，蓋棺論定之後，旅卦上爻的歷史評價是非常負面的。換句話說，除了第五爻之外，所有奮鬥建構的東西到最後沒有一個留得住，人生就是一個旅人，最後連巢穴都被燒掉了。這跟同人卦第五爻剛好是一個對照。同人卦的「九五」是「先號咷而後笑」，因為它懂得同人，「同人，親也」，而「旅，親寡也」；所以同人卦「九五」靠著親愛精誠，「二人同心，其利斷金」，懂得誠意待人、懂得信望愛，中間雖然經過波折，結果依然是好的；旅卦卻薄情寡義，到最後形同陌路，再大的成功最後都會失去。兩個爻的結果截然不同。「終莫之聞」對人的啟發很深刻。生前努力宣揚自己的政績、成就，到處建銅像，到最後灰飛煙滅，什麼也不剩。

五爻：大徹大悟

六五。射雉，一矢亡，終以譽命。

〈小象〉曰：終以譽命，上逮也。

「六五」是旅卦中真正大徹大悟的爻。旅卦中即使用盡各種控制手段，所有的東西最後都留不住，徒增精神上無限的痛苦，幸好出現一個大徹大悟的旅卦君位「六五」。注意，旅卦君位的爻辭是唯一沒有卦名的，表示它已超越人生旅程中失時、失勢、失位的命運。「六五」在上卦、外卦象徵人類文明、精神文明的離卦中心，而且有大貢獻足以流芳百世。歷史上很多大思想家、宗教家、發明家因為對後人貢獻良多，在人世留下深遠的影響，其他芸芸眾生則統統留不下來。

「射雉，一矢亡，終以譽命」，爻辭就這麼九個字。〈小象傳〉說：「終以譽命，上逮也。」五爻的「終以譽命」跟上爻的「終莫之聞」天差地遠，上爻費盡心機，強大地控制一切，還築成巢穴，每一個地區都建立分部，最後還是保不了。第五爻代表上卦離卦的光輝文明遺產，或者在文明發展上有重大貢獻的世界級人物，最後「終以譽命」，得到大家的稱譽。「命」是天命的命，天命之謂性，這些特殊的人最後絕對得善終，不但獲得當世稱讚，後世也繼承其思想，這些都是「終以譽命」。「六五」爻變為天山遯（䷠），也就是說，肉身早就遯了，但精神還活在人們心中。所以「上九」可能遺臭萬年，「六五」就可能流芳百世。「上逮也」的「逮」是「極」的意思，攀登人生旅程最高峰的成就，就像「大人與天地合其德」一樣登峰造極。那麼，人生到底要「終莫之聞」，還是「終以譽命」呢？答案很明顯，第五爻的「譽」是實至名歸，有具體的貢獻跟成就。

那麼，為什麼有這麼好的結果呢？它沒有去築房子、買房子、租房子，也沒有拉幫結派、懷資得資，更沒有買武器，它只是拿起弓箭去「射雉」。關於雉，我在鼎卦第三爻講過，〈說卦傳〉云「離為雉」，代表文明的巔峰，雉的羽毛很漂亮，就是離卦的象，離就是文明。「射雉」就象徵第五爻以追求人類文明的最高成就為目的。「射雉」的結果是射中了，達到人生「上逮」的成就——「一矢亡」，這一箭射出去，百步穿楊，一箭穿心。意思就是說，他得到最高的文明貢獻的桂冠，一箭射去就射到了。這也說明，人生只要在關鍵時刻射出一箭，就可以得到雉所象徵的文明最高成就，而且最後「終以譽命」，進入歷史排行榜。人只要鎖定一個最高目標，一箭就可以奠定歷史地位，這就是「一矢亡」。有些人一天到晚亂射箭，不知道自己到底要幹什麼，盲目地跟別人一起射向房子、車子、錢、權，最後一場空，得到的是留不下來的東西。

第五爻講得更淺顯一點，就像那些諾貝爾獎得獎者，他們對世界的發展做出了巨大貢獻，很多獲獎者在得獎前根本就沒人認識，但只要他得了諾貝爾獎，「十年寒窗無人問，一舉成名天下知」，人只要在關鍵的地方得到最高成就，節省亂放箭的工夫，鎖定人生的終極目標，一箭就可達成目標。這就是「射雉，一矢亡，終以譽命」的真正意義；超越了旅的限制，跨越國族限制，成為人類的共同資產。歷史上那些有大貢獻的人，我們會管他是哪一國人嗎？不會，像孔子，他是哪一國人重要嗎？不重要，他的思想是世界遺產。還有耶穌、佛陀，都是如此。而旅卦的悲劇就是被排外，不容於當地，於是每個人都要爭取在地主權、搞本土化。如果成就超越本土、外鄉的限制，有世界級的貢獻，國籍和出生地都不重要，因為你的成就已成為全人類的遺產。所以旅卦第五爻就掙脫了旅卦悲慘的情境，道理就在這裡。

占卦實例1：一夫一妻制的前景

這個問題大家大概都有興趣。問題是：未來三十至五十年內一夫一妻制的前景如何？大概在七、八年前，有一項關於人類文明發展的研究，認為從二十一世紀開始，很多事物會受到衝擊，其中一個就是一夫一妻制，很多地方早已名存實亡。這個制度真正實施也不過上百年，東方西方都一樣。有的人雖不滿意但可以接受，有的人不滿意也不接受。不管怎麼講，除了信奉伊斯蘭教的某些國家外，這是法律上的一個規定。那麼一夫一妻制到底將如何？這是不是最圓滿的公式？很多人對它的前途並不看好，認為可能到二十一世紀中葉就名實俱亡。對於這樣的說法，我就心生疑惑：一夫一妻制在未來三十至五十年真的會徹底破產嗎？如果破產的話，會有什麼樣的制度可以取代它？《易經》很快就回答說，一夫一妻制在未來三十至五十年的前景是旅卦的三爻與上爻，第六爻為宜變之爻，兩爻齊變為豫卦（䷏）。豫卦是說對未來要有新的謀劃，「利建侯行師」，要思患預防。可是旅卦第三爻「旅焚其次」，這個制度可能會被燒掉、破壞掉，「喪其童僕，貞厲」。這還不嚴重，旅卦上爻則是徹底沒有了，聽起來好高興啊！「鳥焚其巢」，全部毀掉，就得重建，「旅人先笑後號咷，喪牛于易」，「終莫之聞」。這個答案一出來，估計有一半人心情沉重，有一半人芳心竊喜。這個回答是不是有道理？有道理，制度本來就是要與時俱進、解決問題的，一夫一妻制在人類長期的文明發展中終究只是很短的一段，不容易維繫，最後是「鳥焚其巢，旅人先笑後號咷，喪牛于易，凶」。豫卦就提醒我們要未雨綢繆。

占卦實例2：痛失英才

二〇〇六年初，我作一年之計，問自己當年往大陸發展的策運，竟得旅卦「九三」爻動，爻辭：「旅焚其次，喪其童僕，貞厲。」此為何意？從二〇〇二年起，我開始積極兩岸奔波，無論開會或參訪，都有不錯根基，怎會出現此象？當年八月十四日，我們周易學會執行長徐崇智不幸心臟病發去世，他跟我跑了幾年，原來「喪其童僕」是指這個意外！我才想起年初深夜占完時似有幻象，渾身冰冷，冥冥中都有預示？「九三」爻變為晉卦，為乾宮遊魂卦，也是凶兆？晉卦〈大象傳〉稱：「君子以自昭明德。」輔弼既失，往後只能靠自己招呼了！

崇智往生後，學生邱雲斌接任執行長，他占問徐的真正死因，為旅卦「九四」爻動，爻辭：「旅于處，得其資斧，我心不快。」徐當時各方面的表現都不錯，為何心不快？他往生後我們才知道內情。另外，旅上卦離為心火，「九四」爻變成艮卦，障礙重重，艮止不動，在外開車時出事，亦合旅卦之象。

占卦實例3：縣長大命將傾

一九九六年十月中，我南下高雄演講，商界學生引介與南部一位縣長晤面，他有官司纏身，我連占到幾個大過卦，凶象昭著，也直言不諱。事畢後再去台中上課，夜宿學生家，占測該縣長官司最後吉凶，為旅卦上爻動，爻辭：「鳥焚其巢，旅人先笑後號咷，喪牛于易，凶。」沒幾天，該縣長赴新北板橋應訊，被裁定當庭收押，政治生命宣告結束。再過幾年保外就醫，流亡大陸，客死異鄉。旅卦上爻變為小過卦，為兌宮遊魂卦，真是不祥之甚啊！

占卦實例4：美國牛肉事件大反彈

二〇〇九年底，臺灣朝野就是否開放美國牛肉進口案爭議不斷，掀起軒然大波，國安會秘書長蘇起因此下台。我問此事對國內局勢的衝擊如何？為旅卦初、三、上爻動，齊變成震卦。「遇旅之震」，一波未平，一波又起。三年後馬英九連任，再推此案，又遭民意強烈反彈。旅卦「初六」為基層民意，爻辭：「旅瑣瑣，斯其所取災。」「九三」傷害甚深，爻辭：「旅焚其次，喪其童僕，貞厲。」「上九」爻辭：「喪牛于易，凶。」直接出現了牛肉為禍之象。豐、旅二卦一體相綜，島內局勢如此動盪，皆因美國豐強欺人所致啊！

易經密碼：易經六十四卦的全方位導覽 / 劉君祖著 .
-- 初版 . -- 臺北市：大塊文化 , 2015.11
冊；　公分 . --（劉君祖易經世界；8）

ISBN　978-986-213-654-6（第七輯：平裝）

1. 易經　2. 研究

121.17　　104020591

劉君祖易經世界8

易經六十四卦的全方位導覽

易經密碼　第七輯

作　者：劉君祖
責任編輯：李濰美
封面設計：張士勇
文字校對：陳錦生、鄧美玲、劉君祖
法律顧問：董安丹律師、顧慕堯律師
出　版：大塊文化出版股份有限公司
地　址：台北市 105 南京東路四段二十五號十一樓
網　址：www.locuspublishing.com
讀者服務專線：0800-006689
電　話：(02) 87123898　傳眞：(02) 87123897
郵撥帳號：18955675　戶名：大塊文化出版股份有限公司
總　經　銷：大和書報圖書股份有限公司
地　址：新北市新莊區五工五路 2 號
電　話：(02) 89902588（代表號）　傳眞：(02) 22901658
初版一刷：二〇一五年十一月
初版五刷：二〇一八年十月
ISBN　978-986-213-654-6
定　價：新台幣四〇〇元
Printed in Taiwan